大学生英语隐喻能力培养方法与途径

莫振银 ◎ 著

吉林出版集团股份有限公司

图书在版编目（CIP）数据

大学生英语隐喻能力培养方法与途径 ／ 莫振银著
． — 长春：吉林出版集团股份有限公司，2022.9
ISBN 978-7-5731-2158-5

Ⅰ．①大… Ⅱ．①莫… Ⅲ．①大学生－英语－学习方法－研究 Ⅳ．①H319.3

中国版本图书馆 CIP 数据核字 (2022) 第 172914 号

大学生英语隐喻能力培养方法与途径

著　　　者	莫振银
责任编辑	王　平
封面设计	林　吉
开　　　本	787mm×1092mm　　1/16
字　　　数	210 千
印　　　张	9.5
版　　　次	2022 年 9 月第 1 版
印　　　次	2022 年 9 月第 1 次印刷
出版发行	吉林出版集团股份有限公司
电　　　话	总编办：010-63109269
	发行部：010-63109269
印　　　刷	廊坊市广阳区九洲印刷厂

ISBN 978-7-5731-2158-5　　　　　　　　　　　定价：68.00 元

版权所有　　侵权必究

作者简介

莫振银，男，山东财经大学外国语学院副教授，文学硕士，硕士研究生导师，教育部学位中心学位论文评审专家，山东省翻译系列职称评审专家，中国英汉语比较研究会写作教学与研究专业委员会会员，山东省国外语言学学会理事。本科毕业于解放军空军工程大学外语系英语专业，获文学学士学位；研究生毕业于山东大学外国语学院英语语言文学专业，获文学硕士学位。2006年赴英国爱丁堡龙比亚大学访学。主要研究方向为外语教学、英语语言学、认知语言学和翻译；主要讲授英语语言学、语义学、外语教学法、商务笔译、翻译硕士论文写作、研究生英语等本科生和研究生课程。以第一作者在英国 *Seda Special*、《山东外语教学》、《当代教育科学》、《中国成人教育》等学术刊物上发表论文20余篇，出版专著1部，主参编教材及著作8部；主持省部级科研项目2项，参与中英合作科研项目1项、省部级科研项目5项；出版译著1部，在《世界科技译报》《中国青年报》等报纸杂志上发表译文80多篇。曾获军队级教学成果二等奖、第三届中国教育教学创新成果一等奖和中央电视台"希望之星"英语风采大赛优秀指导教师称号。军校任教期间荣立三等功两次，山东财政学院和山东财经大学任教期间获优秀教师、优秀党员、研究生教育先进工作者、师德标兵等荣誉。

前　言

本书系山东省社会科学规划研究项目"大学生英语隐喻能力培养方法与途径研究"（项目编号：15CWXJ27）的最终研究成果。

进入 21 世纪以来，我国经济迅猛发展，国际地位日益提高，对外交往愈加频繁，外语教学的重要性与日俱增。大学层次的英语教学一直是我国外语教学的主阵地之一，如何提高大学生的英语水平一直是高校师生非常关注的焦点问题。

语言是隐喻性的符号系统。无论在概念层面、思维层面还是表达层面，语言均具有丰富多样的隐喻性。隐喻能力指识别、理解和创建跨概念域类比联系的能力，是一种创造性的思维能力。大学生学习英语多年，但自感英语水平不够高，英语应用能力不够强，英语思维能力远不及母语。究其原因，与英语教学和英语学习中忽视英语的隐喻性、忽视英语隐喻能力培养有一定关系。

隐喻能力是能够熟练运用英语的一个重要标志。在英语教学过程中以隐喻为切入点，将隐喻理论与语言教学有机结合起来，利用隐喻理论解释语言事实，促进英语学习，开发学生的隐喻能力与创新思维，这对激发学生的学习兴趣，提升学生的英语综合应用能力，培养学生的跨文化交际能力，均具有重要的理论意义和现实意义。此外，将隐喻理论引入英语教学，将隐喻能力培养、创新思维培养和语言应用能力培养有机结合起来，有利于提高教学效果和学习效果，有利于丰富教学方法和教学模式。

本书主要探讨在隐喻理论的关照下，在大学英语教学过程中培养学生隐喻能力的方法与途径。全书共分十章。第一章为绪论，主要阐述概念隐喻与隐喻能力，包括隐喻概述、概念隐喻、隐喻能力与隐喻意识等内容；第二章主要阐述英语学习与隐喻能力之间的关系，包括隐喻与语言的关联性、隐喻能力与语言能力的关联性、隐喻与英语学习的关联性等内容；第三章主要阐述英语教学与隐喻能力培养，包括英语教学的本质与特性、英语教学的理论基础与影响因素、隐喻理论对英语教学的启示、隐喻能力培养的基本策略等内容；第四章主要探讨英语词汇教学中隐喻能力培养的方法与途径，包括隐喻在英语词汇中的作用、隐喻理论对英语词汇教学的启示、词汇教学中隐喻能力培养方法与途径等内容；第五章主要探讨英语听力教学中隐喻能力培养的方法与途径，包括英语听力教学现状、隐喻在英语听力中的作用、听力教学中隐喻能力培养方法与途径等内容；第六章主要探讨英语口语教学中隐喻能力培养方法与途径，包括英语口语教学现状、隐喻在英语口语中的作用、口语教学中隐喻能力培养方法与途径等内容；第七章主要探讨英语阅读教学中隐喻能力培养方法与途径，包括英语阅读教学现状、隐喻在英语阅读中的作用、阅读教学中隐喻能力的培养方法与途径等内容；第八章主要探讨英语写作教学中隐喻能力培养方法与途径，包括英语写作教学现状、隐喻在英语写作中的作用、写作教学中隐喻能力培养方法与途径等内容；

第九章主要探讨英语翻译教学中隐喻能力培养方法与途径，包括英语翻译教学现状、隐喻在翻译中的作用、翻译教学中隐喻能力培养方法与途径等内容；第十章主要探讨英语文化教学中隐喻能力培养方法与途径，包括隐喻与文化的关联性、隐喻在文化中的作用、文化教学中隐喻能力培养方法与途径等内容。

本书在撰写过程中参阅了诸多相关著作、期刊论文和研究报告，在此谨向上述文献的作者表示诚挚的谢意。

本书得到了山东省社会科学规划研究项目（15CWXJ27）资助，衷心感谢山东省哲学社会科学工作办公室和山东财经大学的大力支持！

由于笔者水平有限，加之时间仓促，书中难免存在一些疏漏和不足，恳请同行专家和读者朋友批评指正。

目　录

第一章　概念隐喻与隐喻能力 ··· 1
　　第一节　隐喻概述 ··· 1
　　第二节　概念隐喻 ··· 8
　　第三节　隐喻能力与隐喻意识 ·· 18
第二章　英语学习与隐喻能力 ·· 21
　　第一节　隐喻与语言的关联性 ·· 21
　　第二节　隐喻能力与语言能力的关联性 ···································· 23
　　第三节　隐喻与英语学习的关联性 ·· 27
第三章　英语教学与隐喻能力培养 ·· 30
　　第一节　英语教学的本质与特性 ·· 30
　　第二节　英语教学的理论基础与影响因素 ·································· 34
　　第三节　隐喻理论对英语教学的启示 ······································ 49
第四章　英语词汇教学中隐喻能力培养方法与途径 ······························ 52
　　第一节　隐喻在英语词汇中的作用 ·· 52
　　第二节　隐喻理论对英语词汇教学的启示 ·································· 58
　　第三节　词汇教学中隐喻能力培养方法与途径 ······························ 68
第五章　英语听力教学中隐喻能力培养方法与途径 ······························ 81
　　第一节　英语听力教学现状 ·· 81
　　第二节　隐喻在英语听力中的作用 ·· 84
　　第三节　英语听力教学中隐喻能力培养方法与途径 ·························· 85
第六章　英语口语教学中隐喻能力培养方法与途径 ······························ 95
　　第一节　英语口语教学现状 ·· 95
　　第二节　隐喻在英语口语中的作用 ·· 96

第三节　口语教学中隐喻能力培养方法与途径……………………………97

第七章　英语阅读教学中隐喻能力培养方法与途径……………………101
  第一节　英语阅读教学现状……………………………………………101
  第二节　隐喻在英语阅读中的作用……………………………………103
  第三节　阅读教学中隐喻能力培养方法与途径………………………107

第八章　英语写作教学中隐喻能力培养方法与途径……………………113
  第一节　英语写作教学现状……………………………………………113
  第二节　隐喻在英语写作中的作用……………………………………114
  第三节　写作教学中隐喻能力培养方法与途径………………………115

第九章　英语翻译教学中隐喻能力培养方法与途径……………………120
  第一节　英语翻译教学现状……………………………………………120
  第二节　隐喻在翻译中的作用…………………………………………121
  第三节　翻译教学中隐喻能力培养方法与途径………………………122

第十章　英语文化教学中隐喻能力培养方法与途径……………………130
  第一节　隐喻与文化的关联性…………………………………………130
  第二节　隐喻在文化中的作用…………………………………………131
  第三节　文化教学中隐喻能力培养方法与途径………………………134

参考文献……………………………………………………………………139

第一章　概念隐喻与隐喻能力

语言是隐喻性的符号系统，无论在概念层面、思维层面还是表达层面，语言均具有丰富多样的隐喻性。

比喻通常分为明喻与隐喻两类，二者密切相关，但有许多明显区别。明喻和隐喻的相同之处是实现比喻的方式，二者都是通过比对两个截然不同事物的共同特征而构建比喻；明喻和隐喻的区别之处在于，前者通常聚焦于两个事物的共同特征，后者则用某个带有形象意义的词汇直接称谓某个事物。

该章主要介绍概念隐喻与隐喻能力，包括隐喻概述、概念隐喻、隐喻能力与隐喻意识等内容。

第一节　隐喻概述

要详细讨论隐喻以及隐喻能力，须先对隐喻做一个概要式的叙述。该节主要概述隐喻的界定、隐喻的类型、隐喻的语义特征、隐喻的功能、隐喻的理解等与隐喻有关的基本概念与知识。

一、隐喻的界定

隐喻研究可以追溯至古希腊先哲亚里士多德（Aristotle），通常认为亚氏开了隐喻研究的先河。亚里士多德认为隐喻是一种修辞手段，是借用类比字做隐喻，主要用于文学作品当中。但随着现代语言学理论的发展，尤其是认知语言学的兴起和发展，亚里士多德提出的隐喻定义显示出其局限性，受到了严峻挑战。

隐喻研究在20世纪有了长足进展。20世纪30年代，理查兹（Richards）、布莱克（Blake）等对隐喻进行了比较深入的研究。20世纪80年代，乔治·莱考夫（George Lakoff）和马克·约翰逊（Mark Johnson）在隐喻理论研究上取得革命性突破和发展。此后，隐喻研究一直是研究热点，隐喻理论研究成为一种潮流和时尚。

传统隐喻理论往往从修辞学角度和修辞层面界定隐喻，但莱考夫和约翰逊打破了这种传统，在认知范畴内界定隐喻，将其定义为"隐喻就是通过另一类事物来理解和经历某一类事物。隐喻不仅属于语言，而且属于思想、行为和活动"。（张彩丽，2010）这既拓宽了隐喻研究的范围，也提供了崭新的研究视角，堪称隐喻研究的一次革命。

隐喻研究在我国发轫于20世纪80年代。受国外隐喻研究成果的影响，我国学者结合汉语对隐喻进行尝试性研究，尤其是对隐喻进行尝试性界定。著名认知语言学家束定芳教授基于语境角度,把话语意义和语境因素纳入隐喻,将隐喻定义为"隐喻是所用语言字面意义与语境发生冲突时所选择的与语境相符的另一种理解"。著名理论学家王松亭教授基于语言与文化的关系,从语言使用角度出发,认为隐喻是一种语言现象,是在语言的使用中所产生的一种语义转化现象。(周晓月,2011)学者谢之君从修辞学的角度界定隐喻,认为隐喻是用指一个事物的词来指另一事物,而这两个事物在特征上存在某一相似之处,并指出特征相似是隐喻的基础。理论学家林肖喻从思维角度出发,认为隐喻是思维相互作用的产物,即以已知喻未知、以具体喻抽象、以简单喻复杂,并提出识解与使用隐喻须发挥人类最基本的思维方式。(姜喜梅,2005)

上述隐喻界定各有千秋,但也有所忽略;在强调隐喻某个或某些侧面的同时,往往又忽视了其他侧面。比如考虑到话语意义和语境因素,却忽略了语言主体对意义的认知功能;提到了语义转化,却没有提及转化方式或路径;提及隐喻与思维密切相关,但隐喻还涉及其他方方面面的因素。

虽然隐喻研究经历了一个漫长的过程,但要对隐喻下一个全面、系统、精确和公认的定义并非易事。所以,对隐喻的理解和界定,必须将语言现象作为前提和基础,从思维方式、认知功能、主体意志、语境因素甚至文化背景等角度和方面进行综合而系统的考量。

二、隐喻的类型

莱考夫和约翰逊二人联手打破了从修辞层面研究隐喻的传统。自此以后,国内外语言学家对隐喻的研究大多从认知学领域进行,这使隐喻研究进入了一个崭新的领域,进入了一个崭新的时代。学者根据不同的标准,把隐喻划分为不同类型,以便更加全面、更加系统地探讨隐喻。

从隐喻类型的划分角度讲,国外的代表人物为莱考夫,国内代表学者为束定芳。前者将隐喻划分为结构隐喻、方位隐喻和实体隐喻三种类型,后者将隐喻划分为根隐喻和派生隐喻两种。

1980年,莱考夫和约翰逊二人联袂出版了 *Metaphors We Live By*(《我们赖以生存的隐喻》)一书,该书的出版堪称隐喻研究的里程碑。莱考夫和约翰逊在该书中将隐喻分类为结构隐喻(structural metaphor)、方位隐喻(orientational metaphor)与实体隐喻(ontological metaphor)。(Lakoff & Johnson,1980)

按照莱考夫和约翰逊的阐述与界定,结构隐喻必须由两个成分构成:一是目标域(target domain),即所描绘的对象;二是始源域(source domain),即用来作比的概念。目标域和始源域需属于两个不同的概念体系,并且需有质的差别,同时二者需有某种相似之处。

结构隐喻正是依赖目标域和始源域之间的相似点,用一种概念对另一种概念进行比拟阐述。换言之,将谈论一种概念的词语用于另一种概念,依据一种概念的结构来建构另一种概念。结构隐喻在语言中非常普遍,比如在英汉两种文化中,金钱和时间都有着密切的联系。具体来说,金钱和时间在"宝贵"这一属性上有着相似性,所以就有了"Time is money"(时间就是金钱)这一概念隐喻。中国人常说的"时间就是金钱""浪费时间""节约时间"等类似表达方式和英美人常说的"Time is money""waste time""save time"等类似表达方式,就是基于"Time is money"这一概念隐喻。正如莱考夫所言,我们在日常生活中经常会不自觉地利用一种概念来阐释另一种概念，我们的概念系统是以隐喻为基础来构筑的。（Lakoff & Johnson,1980）

按照莱考夫和约翰逊的阐述与界定，实体隐喻指将人们日常生活中最为熟悉的、看得见摸得着的实体用作喻体，并借助其来理解和认识抽象或模糊的概念，如心理、思想、情绪、事件或状态等。换言之，就是借助具体的实体来理解抽象的概念，或者说将抽象概念具体化。比如"We are out of trouble"（我们摆脱了麻烦）这句话，就是基于"Trouble is a container"（麻烦是一个容器）这一实体隐喻：把"trouble"（麻烦）视为一个有形的实体（容器），将"摆脱困境"这种状态比作从一个容器中走出来，让无形的抽象概念有了实际形象，这样的比喻既形象又易懂。结构隐喻在语言中是普遍存在的，它既是语言本身的特征之一，也是人类思维方式的语言体现。

无论是具体事物，还是抽象概念，很多时候都涉及方位问题，而方位隐喻可以把具体方位和抽象方位联结起来。按照莱考夫和约翰逊的阐述与界定，方位隐喻指将诸如上下、左右、前后、里外、中心与边缘等方位词用作始源域，并借助其来理解和认识诸如反映人们的情感情绪、身份地位以及身体状况等抽象概念的"位置"或"方位"。比如"快乐"和"悲伤"原本是没有方位的，但人们根据身体体验和生活经历，总结出"Happy is Up,Sad is Down"（快乐是上，悲伤是下）这一方位隐喻，用"上"比喻"幸福""愉快"与"活力"，用"下"比喻"低沉"和"伤心"，给原本没有方向的事物或抽象概念标识上一个方向，给抽象概念"快乐"和"悲伤"确定一个具体方位。这样，一切与"快乐"有关的抽象概念可以用与"上"有关的语言表达式来表述，一切与"悲伤"有关的抽象概念可以用与"下"有关的语言表达式来表述。如"in high spirits"（兴高采烈）、"in low spirits"（心情低落）、"wage increase"（涨工资）、"wage decrease"（减工资）、"position promotion"（职位升迁）、"position demotion"（职位降低）等方位隐喻，既生动形象，又通俗易懂。

国内著名外语学者束定芳教授根据隐喻的认知功能，参照英语构词法对词根词缀的分类方式，将隐喻分类为根隐喻与派生隐喻。（束定芳，2000）顾名思义，根隐喻与单词词根的功能与作用类似，指作为中心概念的隐喻，即一个带有方向性的、涵盖范围很广的隐喻，具有宏观性和覆盖性。比如"Life is a journey"（人生是一次旅程），所有与人生有关的阶段、事项和特征都可以借助旅行中相似的阶段、事项和特征来表述。一般来说，根隐喻具有隐含性，不易被语言使用者明确察觉到。派生隐喻与单词词缀的功能与作用类似，它是基于根隐喻派生出来的，可以视为根隐喻的具体外在表现形式。比如"the starting point of life"（人生的起点）和"the station of life"（人生的车站）就是派生隐喻，可以看作是基于根隐喻"Life is a journey"派生出来的派生隐喻。人类的概念系统由根隐喻及其派生隐喻构成，人们借此对周围的事物进行认知和理解。

三、隐喻的语义特征

作为一种认知方式的语言体现，隐喻具有许多重要的语义特征。隐喻最显著的语义特征包括系统性、语义矛盾性、方向性和模糊性。

系统性是隐喻的主要语义特征之一。根据莱考夫和约翰逊的研究结果，隐喻概念以及隐喻语义均具有系统性这一特点。隐喻的系统性通常指隐喻涉及所在领域整个系统内部关系的转移，即某一概念隐喻的始源域特征可以全部映射到其目标域上。比如从"Time is money"（时间就是金钱）这一隐喻概念出发，凡是能够与"money"搭配使用的词语和表达方式，如"spend""waste""save"等，都可以用来描述"time"。鉴于隐喻概念的始源域和目标域之间具有系统性和对应性，可以利用隐喻表达式来研究隐喻概念的本质。

语义矛盾性是隐喻的本质语义特征之一。语义矛盾性指语言表达式的字面意思在逻辑上与语境相矛盾。从本质上来讲，隐喻是将两个不同类别的概念或事物等同起来，用一个事物来比喻和认知另一个事物，这就形成了逻辑上的矛盾和语义上的冲突，这是隐喻的本质特征之一。比如在"Life is a glass of wine"（生活是一杯酒）这一隐喻表达式中，"life"和"wine"原本分属两个不同范畴的概念，将两者等同并置后，逻辑上就出现矛盾，语义上也出现冲突。但从另一个角度来讲，正是这种矛盾和冲突，凸显出两者相似的特征，帮助人们依据已知概念去识解未知概念，从而达到认知世界的目的。

方向性也是隐喻的主要语义特征之一。方向性是就隐喻的结构方向而言的，通常指隐喻的始源域和目标域的位置不能互换。始源域和目标域位置固定，各司其职，不能任意调换位置。还是以"Life is a glass of wine"（生活是一杯酒）这一隐喻表达式为例。该隐喻表达式用"wine"这一始源域来说明"life"这一目标域的特性，二者的位置不可任意调换，不能说成"Wine is a glass of life"。一般来说，人们借助比较熟悉的概念或事物（始源域）来理解比较陌生的概念或事物（目标域），即把始源域的特征映射到目标域上。如果二者位置互换，用比较陌生的概念或事物（即目标域）来识解比较熟悉的概念或事物（始源域），既不符合逻辑，也不符合人类的思维规律和认知规律。

模糊性是隐喻的另一个主要语义特征。模糊性是就隐喻理解而言的，通常指需要借助语境才能认知和理解隐喻意义。以"John is a machine"（约翰是台机器）这一隐喻表达式为例。始源域"machine"有许多特征，积极特征包括生产效率比较高、产品质量比较高、工作起来不知疲倦等，消极特征包括死板机械、缺乏决策能力、缺乏应急能力等。说话人用"John is a machine"这一隐喻意欲说明"John"具有"machine"的哪个特点或哪些特点，须视话语发生当时的语境而定，至少要知道"John"的工作业绩和工作习惯，再结合说话人的交际意图，才能在"machine"的诸多特征中，识解、分辨和固定"John"与"machine"相对应的特征。由此可见，模糊性是隐喻固有的内在特征。实际上，隐喻的理解过程就是将始源域的对应语义特征映射至目标域上。

四、隐喻的功能

传统隐喻理论认为隐喻是一种修辞手段，而当代认知语言学认为隐喻是一种认知手段。修辞功能和认知功能正是隐喻的两个主要功能。

（一）隐喻的修辞功能

以亚里士多德为代表的传统隐喻研究者认为，隐喻主要是一种修辞方式。与其他修辞手段相比，隐喻有其独特的修辞功能。传统隐喻理论对隐喻的修辞功能进行过详细论述，并将其归纳为以下三个方面：①语言表达功能。隐喻所具有的特质不仅能够增强语言的修辞效果，还能增强语言表达的意象性、生动性、趣味性和诗意性，能够令人耳目一新，从而满足读者深层次的审美需求。②感情渲染功能。生动形象的隐喻有助于增强语言的感情渲染。③文体功能。隐喻是文体的高级装饰物，平淡无奇的文体通过使用隐喻可以平添文体魅力和文体特色，从而产生崇高文体。

（二）隐喻的认知功能

传统隐喻理论认为隐喻是修辞手段和语言附加物，这一观念曾经在隐喻研究中长期占据主导地位，直到以莱考夫和约翰逊的研究成果为代表的现代隐喻观将其突破并颠覆。

现代隐喻理论认为隐喻是人类的一种思维现象，具有普遍而强大的认知功能。隐喻不仅可以装饰语言，赋予词语崭新的意义，更重要的是能够表达新的思想，是人类认知过程中的一座桥梁。借助隐喻这一认知桥梁，人类能够以已知为基础，达到认知未知的目的。

隐喻的认知功能主要表现在以下几个方面。

首先，从语言表达和语言使用的角度来讲，隐喻的认知功能表现为能够创造新的意义，表达新的思想。这一认知功能主要表现在两个方面，即定义新事物和赋予旧事物以新概念。就定义新事物而言，隐喻可以将事物的本质直接诉诸"形象"，这不仅有助于人们理解对概念的科学阐释，还有助于人们从一个独特的视角认知和释解新事物。

其次，从认知和表达新事物的角度来讲，隐喻是观察世界和认知世界的重要手段与途径。维柯在其著作《新科学》中指出，想象活动是人类历史发展的最初阶段，原始初民的语言本质上是诗，初民们正是借助这种隐喻性语言来认识世界的。（姜喜梅，2005）作为一种认知手段和认知工具，隐喻基于人们的自身体验，经常被用作抽象思维的先导，使人们以比较熟悉的事物为基础，去观察和认知世界，去认知和识解新事物。英汉两种语言中均有大量源自人体及其各个组成部分的隐喻，都是人们借助熟悉的人体词汇来认识和表达与之相似的抽象概念或陌生的实体。比如英语和汉语均有的"foot of a hill"（山脚）、"river mouth"（河口）、"leg of a table"（桌腿）等表达方式，就是非常典型的例子。再如，英语中通常将亚当的肌肤比作土地，将其血液比作海洋，将其头发比作草原，这些都是基督教文化中的典型隐喻。

再次，从探索未知事物和未知世界的角度来讲，隐喻是一座认知桥梁，引导着人们从已知走向未知。隐喻的始源域一般为人们比较熟悉的实体，借助这个已知事物的相似特征，通过比对和映射，能够逐步认知新概念，进而理解新概念。在人们从已知走向未知这一认知过程中，隐喻能够为人们提供认知事物的新视角和观察世界的新方法。具体来说，人们在认知未知事物的过程中，通常根据已知概念及其语言表达，充分发挥想象力和创造力，寻找已知事物和未知事物之间的相似特征，由此及彼地推测、理解和解读未知概念及其语言表达。比如"山"原本没有脚，但是人类都有双脚，所以当听到"山脚"（foot of a hill）这个隐喻表达时，很容易由此及彼地理解"山脚"（foot of a hill）指的是山的哪个具体位置。

五、隐喻的理解

隐喻不仅是语言现象，更是一种思维方式和认知方式。人们借助隐喻可以创造新意义，表达新思想，认知新世界。人们通常凭借一个较为熟悉的概念结构（始源域），基于并超越其字面意义，寻求始源域与目标域之间的隐喻性解释，从而识解另一个较为陌生的概念结构。因此，要研究和使用隐喻，首先要辨识和理解隐喻，进而推断隐喻意义及其内涵。

一般来说，对隐喻的理解过程须经历两个步骤：一是辨识隐喻，二是推断隐喻意义。

（一）隐喻的辨识

隐喻作为一种普遍的语言现象，有其明显的语言标记。可以借助隐喻的话语信号或话语标志、隐喻的语义或语用信号等来辨识隐喻。

1、隐喻的话语信号或话语标志

（1）领域信号和话语标志

有些隐喻表达式，如"economic downturn"（经济滑坡）、"the call of nature"（大自然的呼唤）、"intellectual stagnation"（智力停滞）等，从修饰语的内涵上看，其描述的领域与中心词所表述的领域有着明显不同，这表明该表达式是一种隐喻用法。换言之，当修饰语和中心词之间出现貌似相互矛盾的语义关系时，表明这是一个隐喻表述，其中心词的意义已经映射到另外一个不同的认知域。而这种语言现象可以称作领域信号或话语标志。

（2）元语言信号

所谓元语言信号，就是指用语言明确说明这是一个隐喻表达式。比如在"It is a metaphorical phrase when I say he has green fingers.I mean he is good at gardening."（我说他有绿色手指，这是一个隐喻性短语，我的意思是他擅长园艺）这一表述中，"It is a metaphorical phrase"就是元语言信号，明确告诉听话人这是一个隐喻表达式。这样既可以明确表达自己的意图，又可以避免听话者误会，可谓一举两得。常用的这类元语言信号包括英语的"metaphor""metaphorical""metaphorically"和汉语的"打个比方"等。

（3）模糊限制词

模糊限制词（linguistic hedge），也称模糊限制语，指像"a bit"（一点儿）和"in a way"（在某种程度上）等这类能够表达模糊程度的单词或短语。模糊限制词可以附加在意义明确的表达形式之前，使原本意义明确的概念变得模糊，具有一定程度的模糊性。在许多情况下，模糊限制词可以作为信号词，提示这是一个隐喻表达式。比如在"In a way, these police fficers are pigs themselves."（在某种程度上，这些警官本身就是蠢猪）这一表述中，模糊限制语"in a way"提示听话人这是一个隐喻。

2.隐喻的语义或语用信号

除了借助话语信号或话语标志识别隐喻，还可以依据语义或语用信号来识别隐喻。

大家知道，"X IS Y"是典型的概念隐喻结构。在这一隐喻结构中，"X"和"Y"须分属两个完全不同的认知域或概念范畴。将原本毫不相干的两种不同事物等同起来，从而形成语义上的不相容，这是隐喻的一个显著特征。

人们在语言交际和语言使用的过程中，为了保障交际的清晰与流畅，有时会使用话语信号或话语标志，提示听话人哪个表述是隐喻。但在大多数情况下，为了遵循与实现语言交际的经济原则（Economy Principle）或省力原则（Least Effort Principle），大部分隐喻的使用并未带有明确的话语信号或话语标志。在此情况下，听话人需要借助语义信号或语用信号来判断和识别哪些是隐喻表达。换言之，听话人需要将话语的字面意义与现时语境和意义逻辑进行一番比对，来辨别这种表述是否属于隐喻。一般来说，比对结果有两种：一是话语的字面意义与语境意义在逻辑、语义和语用上相冲突；二是话语的字面意义与语境意义在逻辑、语义和语用上相一致。前者即属于隐喻用法，需要映射和推理才能确切理解其隐喻意义。比如，当听话人听到"His father is an old fox."（他父亲是只老狐狸）这个表述时,会很快意识到该表述的字面意思有悖于正常逻辑,即"his father"和"an old fox"是截然不同的两种实体,分属两个不同的概念范畴,由此推断出这是一个隐喻表达式;然后根据语境去推测说话人意欲表达的意思,即"his father"和"an old fox"具有某些共同的特征,比如"狡猾"。

奥托尼(Ortony)提出另一种识别隐喻的方法,可以称之为"三要素"判断法。这三个要素指语用意义异常、语义异常不可消除和隐喻性理解符合说话者的意图。这是奥托尼考证、分析历史上种种对隐喻定义的缺陷后得出的结论。奥托尼经过研究发现,词和句子本身不能成为隐喻,它们之所以成为隐喻是因为某一种特殊的用法;而这种特殊用法,在很大程度上是依赖语境形成的。所以他指出,如果忽略语境因素,任何隐喻定义都是不完整的。(Ortony,1993)具体来说,奥托尼的"三要素"判断法如下所述:①语用意义异常:从语用角度或者语境角度来看,某一语言表达式必须是异常的,这是构成隐喻的第一要素;②语义异常不可消除:原则上这种语义异常或者语义冲突是没法消除的;③隐喻性理解符合说话者的意图:对隐喻表达式的理解须符合说话者的意图以及对其意图识别的期盼。某一语言表达式如果符合上述这三个要素,即可判断为隐喻表达式。

(二)隐喻意义的推断

识别与辨认隐喻是推断隐喻意义的基础和前提。一旦确认某一语言表达式是隐喻用法,接下来的任务就是推断隐喻所表达的意义。

一般来说,推断隐喻意义主要从两方面入手:一是利用语境,二是推定始源域与目标域之间共有的典型特征。具体来说,当听话人确认某一语言表达式是隐喻用法后,通常会依据当时的具体语境,判断隐喻表达式中始源域与目标域之间共有的典型特征,进而判断说话人将始源域中的哪一个或哪几个典型特征映射到目标域中,从而推断出目标域的新含义。这是推断隐喻意义的基本方法和基本过程。

语境通常分为语言语境(linguistic context)、情景语境(situational context)和文化语境(cultural context)。语言语境亦称上下文(context),指话语或语篇内部的语言环境,主要包括词、短语、语段或语篇的前后语言关系。情景语境亦称非语言语境(non-linguistic context),指一个交际情景中的所有因素,主要包括交际发生的时间、地点、场合、话题以及交际参与者的性别、年龄、教育程度、社会地位和主观意识等。文化语境主要指与言语交际相关的社会文化背景,主要包括文化习俗、行为习惯和社会规范等。

在推断隐喻意义的过程中,语言语境、情景语境和文化语境这三种不同类型的语境相互依赖、相互补充,各司其职,各自发挥着重要的作用。

语言语境是推断隐喻意义的基础和前提,因为语言语境提供了交际的语言基础,提供了推断隐喻意义的语言线索和语言背景。由于个别词语的使用能够激活整个隐喻,所以始源域本身就提供了理解隐喻的语言语境。比如在"The train was snaking its way through the mountains."(火车蜿蜒穿过群山)这一隐喻表达式中,"snake"一词为这个隐喻提供了语言线索和语言背景,让听话人凭借一条蜿蜒爬行的蛇的意象,推测出一列火车的前行方式,即在山间铁路上像一条蛇那样蜿蜒前行。

情景语境在判断一个语言表达式是否为隐喻表达以及推断隐喻意义的过程中起着不可替代的重要作用。首先,在缺乏情景语境的情况下,很难判断一个语言表达式是否为隐喻表达，即很难判断一个语言表达式所传递的是字面意义还是隐喻意义。比如"It's cold here."（这里很冷）这一语言表达式，在没有情景语境的情况下，通常按照其字面意思理解，谈论的是会话当时的气温或天气，此时该语言表达式不是隐喻。如果情景语境比较充分，比如是在谈论人际交往时说的这句话，那就是假借天气的冷暖来比拟人情世故，此时就是隐喻用法。所以就推断隐喻及其意义而言，情景语境是一个必要条件。

推断隐喻意义的另一个重要因素是文化语境，对跨文化交际而言尤为如此。语言是文化的重要载体，也是文化特质的重要体现。文化语境对语义具有解释和说明的功能，这种功能具有不可替代性。从某种意义上讲，文化语境对语言活动起着整体制约作用。就推断和理解隐喻意义而言，文化习俗和社会规范等文化语境因素更是起着这样的制约和解释功能。比如想要辨识"他是只铁公鸡"（He is an iron rooster）这一隐喻表达式，进而推断其隐喻意义，必须要理解"铁公鸡"在汉语文化中常用来表达"吝啬""小气"这一文化语境；否则无法识别该表述是一个隐喻，更谈不上推断出其隐喻意义。

著名语用学家塞尔（Searle）提出，听话者一旦确认应该从隐喻角度来理解一个句子，他/她通常借助一套求解可能值的原则推断隐喻意义，并将推断隐喻意义的具体过程形式化。这一过程可以表述为：当听话者听到"S"是"P"时，若要知道"P"的可能值，可以寻找"S"与"P"之间的相似之处；要确定"S"与"P"的可能相似之处，可寻找"P"事物不同于其他事物的特征，这一特征或这些特征显而易见且众所周知。（姜喜梅，2005）在这一过程中，听话者可以调动和利用其所有的知识。比如在听到"My love is a red, red rose."（我的爱人是一朵红红的玫瑰）时，听话者会马上联想到"rose"的鲜艳美丽、热情大方、天真纯洁、芬芳可人等一系列显著特征。当这些特征与"my love"相匹配时，即可得出"我的爱人漂亮美丽"这样的隐喻理解。

总之，推断隐喻意义首先要正确辨别隐喻，然后再结合语境因素来推断隐喻的含义，以便达到确切理解隐喻意义之目的。

第二节　概念隐喻

概念隐喻理论是当代认知语言学的主要研究成果和支柱性理论之一。探讨如何在英语教学中培养学生的隐喻能力，就必须先了解概念隐喻理论。本节主要讨论概念隐喻的内涵、概念隐喻的类别、隐喻映射、隐喻的本质与特征等内容。

一、概念隐喻

以莱考夫和约翰逊为代表的概念隐喻理论（Conceptual Metaphor Theory）学派认为，"隐喻不只是语言或词语的问题，人们的思维过程大都是隐喻的，即人类的概念系统是以隐喻为结构"。（Lakoff & Johnson, 1980:6）因此，他们将隐喻称作隐喻概念（metaphorical concept）。换言之，隐喻不仅是语言表达方式，也是思维方式。语言中之所以充满隐喻，是因为人们用隐喻来思考，并且通过语言来表达，隐喻是人们认知世界的重要手段。

以下是认知语言学家对隐喻所下的几个定义：

The essence of metaphor is understanding and experiencing one kind of thing in terms of another.（隐喻的本质是通过一种事物来理解和体验另一种事物。）

Metaphors allow us to understand one domain of experience in terms of another.（隐喻使我们借助一个经验域来理解另一个经验域。）

Metaphor is considered as a fundamental cognitive process, as a basic schema by which people conceptualize their experience and the external world.（隐喻被视为一种基本的认知过程，是人们借以将自己的经验和外部世界概念化的基本图式。）

由上述定义可知，解释隐喻如何影响人类的思维行为和语言行为，解释隐喻如何在两个认知域之间进行映射，是概念隐喻理论的主要目标和主要任务之一。

认知域（cognitive domain）又称概念域（conceptual domain），是某个社会文化中个人或集体关于某个领域的知识在大脑中表征的集合。概念隐喻涉及始源域（source domain）和目标域（target domain）两个不同认知域，依托始源域来辨识和识解目标域的过程就叫跨域映射，用公式表示就是：Target domain is source domain。请看以下例子：

① Housing price just keeps on going up.（房价一直在上涨。）

② Interest rates have come down.（利率下降了。）

上述两句描述的是价格和利率的变化情况，使用了"up"和"down"两个词，汉语常用"上涨"和"下跌"表达相同的意义。"上"或"下"表达了一种空间关系，而价格和利率不能"上"或"下"，只能以"多"或"少"来衡量。然而，人们常以"上"表示"多"（More is up），以"下"表示"少"（Less is down），以空间垂直关系来感知数量关系。这种感知关系不是凭空产生，而是以人们的经验为基础。例如，往瓶子里倒水，水面会上升；反之亦然。因此，人们以空间垂直关系来喻指和谈论数量关系。在这种概念隐喻中，空间垂直关系是始源域，而数量关系是目标域。

概念隐喻理论认为，始源域和目标域的内涵不同，前者多为具体的认知域，后者多为抽象的认知域。考威塞斯（Kovecses）的研究表明，常用的始源域包括人体、动物、植物、自然力量、热与冷、运动与方向、健康与疾病、机器与工具、建筑与房屋、游戏与运动、烹饪与食物、经济交易、光明与黑暗等，均为具体的认知域；常见的目标域包括情感、欲望、道德、思想、社会、宗教、政治、经济、交际、时间、人际关系、事件与行为、生命与死亡等，均为抽象的认知域。（Kovecses,2000）

西方传统哲学关注的主要话题之一是意义。莱考夫发现，为了使意义研究更加深入，必须改变传统的客观主义与绝对真理的哲学假说。因此，他认为人们对意义的理解应该来自日常生活的体验，而不是靠客观真理来实现。在人们日常生活的体验中，隐喻是客观世界与主观概念之间相互转换的媒介，是连接客观的现实世界与主观的概念世界的桥梁。因此，研究意义，必须要研究隐喻。

在莱考夫和约翰逊来看，隐喻本质上属于概念和认知层面，语言表达只是概念和认知的具体体现，是人们通过隐喻用一个语词的概念表达另外一个语词的概念。他们经过研究发现，英语有大量表达方式是以基本隐喻为基础形成的，这些基本隐喻称为概念隐喻。语言中普遍存在的隐喻表达式源自人们概念体系中的概念隐喻，所以说概念隐喻不仅是一种语言现象，更是一种认知方式。（Lakoff & Johnson,1980）值得注意的是，在认知语言学家之前，布莱克（Black）曾经指出隐喻的认知工具（cognitive instrument）特点。（Black,1962）

从某种程度上说，隐喻认知观是对隐喻浪漫观的继承与发展。隐喻浪漫观认为所有的语言都是隐喻，这太过绝对化。相比之下，隐喻认知观较为客观，认为隐喻在语言中普遍存在。隐喻不仅普遍存在于文学作品之中，也普遍存在于在日常用语之中。例如：

① Juliet is the sun.（朱丽叶是太阳。）

② You should discuss the matter with your head of department.（你应该和你的部门主管讨论这件事。）

③ The cliff face was starting to crumble into the sea.（悬崖表面开始崩塌入海。）

④ The pyramids came into view.（金字塔映入眼帘。）

⑤ She is deep in thought.（她正陷入沉思。）

⑥ I'll see you at 2 o'clock.（我2点钟见你。）

例句①出自莎士比亚的作品，"Juilet"被比喻成太阳；如此一来，始源域太阳所具备的特征就被映射到目标语"Juilet"上。例句②借助人体最重要的部位"head"，喻指"department"里最重要的人物。例句③借助人体一个部位"face"，喻指"cliff"与此相似的部位。例句④和例句⑤显然把"view"和"thought"比喻成一个容器。

例句⑥的情况有些复杂。介词 at 原本用于表达空间关系，但在这里却用于表达时间关系。这体现了从始源域（空间关系）到目标域（时间关系）的映射。人们在使用"at"表达空间关系时，通常并不把它看成是隐喻意义，已经约定俗成地把该意义作为"at"的一个义项来使用。也就是说，"at"表达空间关系的意义已经词汇化（lexicalized），这种隐喻被称为规约化（conventionalized）隐喻或词汇化隐喻。"当语言单位与其隐喻意义已经规约化和词汇化时，那么其隐喻意义就不再活跃。该隐喻就成了死喻（dead metaphor）。"（Ungerer & Schimid,1996）与规约化隐喻不同的是，文学作品中出现的隐喻多为新喻（novel metaphor）。

人类在日常生活中所经历的事件由思维与行动呈现出来，这些思维和行动本身不容易让人理解。对于比较具体和比较直观的概念，人们可以通过自身的体验而掌握。但是对于比较复杂和比较抽象的概念，人们只能通过用具体事物与之比较来认识和理解。这样，具体事物的相似意义就被转移到抽象概念中，亦即将相似性由始源域映射到目标域，最终实现认知抽象概念的目的。概念隐喻超越了词汇层面的"死隐喻"，主要关注人们日常生活中所使用的"活隐喻"。

莱考夫接受了理查兹（Richards）和布莱特（Brett）创立的相互作用理论及其有关隐喻与语境之间关系的思想，认为概念隐喻与语境因素密切相关。因此，莱考夫比较关注概念隐喻在书面语篇与口头交际等语言环境当中的用法，并且认为概念隐喻的使用在很大程度上受制于不同文化共同体中的人们所共同拥有的文化语境。由于生活在不同文化共同体中的人们具有不同的人生观、价值观和世界观，所以人们对同一事物的体验可能有所不同，其思维方式更可能有很大差异。比如汉语经常用"脊梁骨"比喻骨气或骨干，华裔美国作家伍慧明曾以《骨》作为他的一部小说的名字，对于熟悉汉语文化的人来讲，该书名所具有的隐喻意义不言自明，但对于其他文化的人来讲，理解其隐喻意义可能要动一番脑筋。

修辞隐喻与概念隐喻既有联系，又有区别。两者都是用指一个事物的词来指另一事物，而这两个事物在特征上存在某一或者某些相似之处。特征相似是构成隐喻的基础，这是修辞隐喻与概念隐喻的相同之处。两者的不同之处在于，修辞隐喻是一种修辞方法，运作和呈现于语言层面，而概念隐喻则是一种认知方式，运作和呈现于认知层面。概念隐喻并非直接的语言表达式，其作用就像词根，能够生成一系列隐喻性语言表达式，并在深层的认知层面制约和支配着语言表达式，从而形成概念隐喻的系统性。人们在语言交际中使用的隐喻表达式，其实就是思维层面和认知层面的概念隐喻在语言使用中的具体表现形式。从这个意义上说，修辞隐喻相当于转换生成语法的表层结构（surface structure），而概念隐喻当于转换生成语法的深层结构（deep structure）或底层结构（underlying structure）。人们在语言交际中使用隐喻来交流思想或解释新事物时，通常只觉察到作为修辞格的隐喻，即隐喻的表层形式，一般觉察不到作为修辞隐喻基础的概念隐喻。只有我们在认知层面分析作为修辞格的隐喻时，才能意识到概念隐喻的存在。以"My heart sank."（我心灰意冷。直译：我的心沉了下去）为例。当听到这句话时，听话人马上意识到这是个修辞隐喻，用"心往下沉"比喻"情绪低落"，话语理解一般到此为止。只有进一步分析为什么用"心往下沉"比喻"情绪低落"时，才能意识到这一修辞隐喻表达式底层的概念隐喻，即"Happy is up, san is down"（乐为上，悲为下）。

二、概念隐喻的类别

概念隐喻到底有多少种类？不同学者从不同划分依据和划分角度出发，划分出的类别不尽相同，其中以莱考夫和约翰逊的类别划分最具代表性。

莱考夫和约翰逊于1980年联袂出版的 *Metaphors We Live By*（《我们赖以生存的隐喻》）一书将概念隐喻划分为方位隐喻（orientational metaphor）、实体隐喻（ontological metaphor）和结构隐喻（structural metaphor）三类。

方位隐喻亦称空间隐喻（spatial metaphor），它以人类与自然界互动的空间方位为基础，以空间为始源域，借助将空间结构投射到非空间概念上，赋予非空间概念一个空间方位。

概念隐喻具有人体体验性。人类生活在这个五彩纷杂的现实世界中，首先依靠自己的机体来感知外部环境和具体事物，进而形成对具体事物的概念，此后再由这些具体概念推演成抽象概念。这样形成的空间概念和方位概念会伴随人的一生，形成人类认识世界的概念。这些概念成为隐喻的主要来源，是我们日常生活及抽象思维活动等的认知基础，并进而帮助人类逐渐完善整个概念体系。所以莱考夫和约翰逊认为，在上述三类概念隐喻中，方位隐喻是概念隐喻的认知基础，这是因为概念隐喻主要来自人类的身体体验以及生活体验。

空间隐喻给人类的交际与交往提供了必要的认知工具。由于人类在生活中有许多相似的体验，所以不同文化有可能具有相同的空间隐喻。也就是说，某一文化群体所使用的空间隐喻有可能被另外一个文化群体所理解和接受。

在日常生活和科学研究中，人们或科研人员可以凭借自己的空间概念知识来阐释或认知、解决很多原本并非空间关系的问题。王寅教授曾指出："概念结构中的所有事件和状态主要是根据空间概念化组织起来的，并且所有的语义场几乎都有类似于空间的组织结构。"（王寅，2005）人类的其他感觉也往往与空间感觉相关联，形成跨认知域的概念。莱考夫曾提出"形式空间化假设"，认为通过对空间概念进行概念化假设和范畴化，可以将空间概念化过渡到概念空间化。（Lakoff, 1987）因此，空间隐喻成了人类思维的核心概念。

空间隐喻可以通过将空间结构投射到非空间概念上，赋予非空间概念一个空间方位。这个方位视具体情况而定，可以是前后、上下与内外，也可以是中心与边缘等。借助空间隐喻，诸如情绪、社会地位和数量等非空间概念可以用表示具体方位的词语加以描述，使其具体化和方位化。例如：

① More is up;Less is down.（多为上，少为下。）

② Hope my income will increase year by year.（希望我的收入逐年增加。）

③ If you feel too hot, please turn down the heater.（如果你感觉太热，就请把加热器调低点儿。）

例①是一个空间概念隐喻，赋予"数量"这一抽象的非空间概念一个纵向方位，于是便有了例句②和例句③给"income"和"heater"赋予一个空间方位这样的隐喻表达方式。再如：

④ Happy is up.sad is down.（乐为上，悲为下。）

⑤ They are in high spirits.（他们情绪高涨。）

⑥ I feel a bit down today.（我今天有点闷闷不乐。）

例句④是一个空间概念隐喻，赋予"情绪"这一抽象的非空间概念一个"上-下"的空间方位，并由此衍生出例句⑤和例句⑥这样的隐喻表达方式。

再以人的身体健康状况为例。依据人们的生理体验，人健康时身体大多是挺拔的，此时的状态从空间上看就是"上"；而人在生病或不舒服时通常需要躺下休息，死亡时也通常处于平躺状态，这些状态从空间上看就是"下"。此时的概念隐喻就是："Healthy is up, un healthy is down."（健康是上，不健康是下）。请看与健康状况有关的隐喻表达式：

① We must exercise every day to improve our immunity, so that we can work and live in high spirits.（我们必须天天锻炼身体，提高身体免疫力，以便能够精神焕发地工作和生活。）

② The pressure of life made him unbearable and finally fell ill.（生活压力不堪重负，他终于病倒了。）

例句①中的"improve"和"in high spirits"即为"上"，例句②中的"fell ill"即为"下"。

人的情绪也可以借助空间隐喻来描述。通常来说，人在激动和愉快时身体往往呈现直立姿态，在空间上可以赋予其"上"的方位；而人在沮丧和悲伤时往往呈现垂头驼背的姿态，在空间上可以赋予其"下"的方位。例如：

① Everyone reached out their thumbs to praise her. She was happy and embarrassed, and her face flushed up.（大家都伸出大拇指夸赞她，她既高兴又不好意思，脸涨得通红。）

② I failed the exam again! Out of the examination room, I bowed my head, dare not look at anyone, and the mood is extremely low.（又考砸了！走出考场，我低着头，不敢看任何人，情绪低到极点。）

例句①中的"flush up"即为"上"的情绪，例句②中的"bow head"和"mood is low"即为"下"的情绪。

"上-下"这样的空间概念，还可以从人的身体体验范畴，通过隐喻映射到其他范畴。比如权力和财力兼具之人，往往有更高的社会地位，在人们眼中是"上等人"；反之，穷人和普通百姓社会地位比较低下，往往被看作是"下等人"。例如：

① Hans' father drove Rolls Royce to the school gate to pick him up, and Hans' short and thin body became tall and strong in the admiration of everyone.(汉斯的爸爸开着劳斯莱斯到学校门口接他回家,汉斯那矮小瘦弱的身体在众人的羡慕中变得高大强壮。)

② The old scavenger bends his back and walks slowly on the road. His son follows him from a distance and lowers his head for fear that others will see him.(拾荒老人佝偻着背在路上慢慢走着,他儿子远远跟在后面,低着头,生怕被别人看到。)

从上述两个例子可以看出,例句①中的"tall and strong"比喻高高在"上"的社会地位,而例句②中的"bend back"和"lower head"则比喻卑微低"下"的社会地位。

在我们使用的基础隐喻当中,有很多是由多个空间隐喻通过内在关联而形成的一个连贯的隐喻系统。例如:

① The ups and downs of life is everyone's normal, and everyone must have the courage to face the truth.(人生的起起落落是每个人的常态,每个人必须有勇气面对这一现实。)

② Deep down in everyone's heart, there are hidden troubles.(每个人的内心深处都有不为人知的苦衷。)

上述两例中的"up and down"和"deep down"就是连贯的隐喻。

对于生活在地球上的绝大多数人,无论说哪种语言,无论属于哪个文化共同体,都会有一些相同或者相似的空间方位方面的体验。因此,方位概念隐喻在不同文化共同体的交流中往往不会存在太大障碍。当然,由于地理环境、生活环境以及价值观念的不同,也存在一些意义不同甚至相反的方位隐喻。

人类生活在自然界之中,而自然界又是一个复杂多变的物质世界,处处可以看到、接触到和体验到实实在在的有形物体,这就为人类表达抽象概念提供了坚实的物质基础,于是就有了实体隐喻。

莱考夫认为,"实体隐喻是人类通过客观物质去理解我们的经验,使得我们能够选择出经验的组成部分,并把它们看成是统一体中有区别的实物与物质"(Lakoff & Johnson,1980)。也就是说,人们可以依据对现实物体的经验,通过具体有形的物质实体概念,将抽象的概念表达转化为有形实体,从而理解那些无形的、抽象的概念,如事件、活动、思想、情感和观点等。比如将抽象的经济学概念"rising price"(物价升高)的隐喻"inflation"(通货膨胀)当作一个具体实在的物质实体,于是便有"Inflation is an entity."(通货膨胀是一个实体)这一实体隐喻,该隐喻在经济生活中得到普遍应用。请看以下例句:

① If inflation is increasing and even affects our lives, we will fight against it.(如果通货膨胀加剧,甚至影响我们的生活,我们将与之抗争。)

② Inflation has cornered us.(通货膨胀把我们逼得走投无路。)

③ Inflation has lowered our standard of living.(通货膨胀降低了我们的生活标准。)

通过使用"通货膨胀"这个实体隐喻,使实体隐喻与其相对应的实体具有了可以进行范畴转换的共同基础,因此人们在语言交际中可以用"fight against""corner"和"lower"等描述物质实体的词语来描述"通货膨胀",让人有具体形象的直观感觉。

容器隐喻就是比较典型的实体隐喻之一。容器隐喻依据人体本身就是一个容器这一物质特征和物质体验,将容器概念投射到人体以外的抽象事物上。例如:

① The ugly side of his character was exposed under pressure.（他性格的丑陋一面在压力之下暴露无遗。）

② He is in good mood today.（他今天心情很好。）

③ Out of sight, out of mind.（眼不见，心不想。）

例句①中的"character"、例句②中的"mood"以及例句③中的"sight"和"mind"均被视为容器，并将"容器"的物质特征和物质体验投射到"character""mood""sight"和"mind"这些抽象概念上，使得听话人可以借助"容器"的物质特征和物质体验清晰、容易、便捷地理解这些抽象概念。

在日常语言交际中，当人们讨论到诸如荣誉、尊严、责任等抽象概念时，通常需要将这些抽象概念具体化、实体化，以便听话人或读者更加直接更加便捷地进行感知和认知，更加具体形象地进行交流。由于抽象无形的概念可以通过人类的身体体验加以具体化，而人们对相同或相似的身体体验非常熟悉，因此实体隐喻在日常语言交际中大量存在。这主要依赖于拟人化的隐喻思维，将客观事物的特点拟人化，从而达到理解与交流的目的。比如前述例句中用来描述"通货膨胀"的"fight against""corner"和"lower"等动词就是拟人化的动作。

实体隐喻与空间隐喻一样，所形成的概念已经深植于心，沉淀在人们的思维之中，被人们不假思索地使用着，这应该就是为什么莱考夫说隐喻是"我们赖以生活的"原因之一。这样的概念隐喻正是探索人类认知机制和思维机制不可或缺的重要组成部分。

结构隐喻通常指借助一个结构清晰、界定分明的概念，去构建另一个结构模糊、界定模糊或者完全缺乏内部结构的概念。根据莱考夫的研究结果，"结构隐喻指通过一个概念去隐喻性地构建另一个概念。结构隐喻使我们能用一个构建性较高的、能清晰描绘的概念去构建另一个概念。"（Lakoff & Johnson, 1980）例如在"The mind is a machine"（大脑是一台机器）这一结构隐喻中，"mind"这一目标域没有清晰的结构，至少对普通人来说如此，但是"machine"这一始源域具有清晰的结构。基于"machine"这一具有清晰结构的概念，通过映射和认知加工，就可以轻而易举地理解"mind"这一原本没有清晰结构的概念，即"mind"和"machine"一样，是一个结构复杂、精密有序的系统。

结构隐喻通过相似性构建起始源域概念隐喻系统及目标域概念系统。不同的人从不同角度、不同层面或不同语境去认知，可以产生不同语义特征的隐喻意义解读。比如与"时间"这个概念相对应的概念隐喻中，使用最多的特征是时间的"宝贵性"，所以"时间就是金钱"（Time is money）这一概念隐喻使用最广泛。但除了"宝贵性"之外，时间在不同语境中还有其他特征，如时间的"有限性"。尽管隐喻概念是由一个或几个典型特征引发的，但是在形成一个概念系统之后，这个系统就具有了开放性，可以引发出这个概念隐喻的其他特征。

从整个概念隐喻系统及其不同隐喻类别之间的关系来看，结构隐喻的地位和作用非常重要，因为很多时候需要借助结构隐喻来识解方位隐喻和实体隐喻。通常情况下，人们辨别和识解某个隐喻语词或者隐喻句子时，会用到不同种类的隐喻类型，此时结构隐喻通常不可或缺。

三、隐喻映射

莱考夫和约翰逊将概念隐喻的两个不同认知域分别命名为始源域和目标域，并把这两个认知域之间具有方向性的互动称为映射 (mapping)。（Lakoff & Johnson,1980）

映射具有单向性的特点，即通常由始源域向目标域映射。比如在"Life is a journey."（生命是一次旅行）这一概念隐喻中，始源域"journey"的一些典型特征可以映射到目标域"life"之上，而不能反向映射。

映射还具有系统性的特点，即始源域的结构或特征可以系统地映射到目标域中。莱考夫将映射的系统性称为"不变原则"(Invariance Principle)，亦即隐喻映射在与目标域的内在结构保持一致的前提下，保留始源域的意象图式结构。在隐喻理解过程中，始源域的意象结构成系统地映射到目标域中，成为目标域意象结构的一部分，因此从根本上说，隐喻意义取决于始源域的意义和结构特征。（束定芳,2008)

再以"Life is a journey."（生命是一次旅行）这一概念隐喻为例。始源域"journey"所具有的显著结构特征，如旅行者、旅行的开始、旅途过程、旅行结束以及旅行过程中可能发生的各种情况，均可以系统性地整体映射到目标域"life"之上。因此就有了以下隐喻表达式：

① You got a good start in life.（你的人生起步很好。）
② He is at a crossroad in his life.（他正处在人生的十字路口。）
③ She's gone through a lot in her life.（她一生经历了很多。）

在上述隐喻表达式中，始源域"journey"的显著结构特征单向且系统地映射到目标域"life"之上。

在始源域的特征向目标域进行映射的过程中，始源域所具有的特征通常对该映射过程有一定的限制作用（Black, 1962）。如果一个概念隐喻有两个以上比喻意义，认知主体会在语境以及始源域所具有的特征的激活机制和抑制机制的双重作用下，推测、过滤和选择出与目标域有最大关联的焦点信息，而这个焦点信息往往就是隐喻话语所要表达的确切含义。以隐喻表达式"He is a fox."（他是一只狐狸）为例。始源域"fox"有许多特征，如哺乳动物、听觉灵敏、嗅觉灵敏、奔跑快速、以鼠类等小型动物为食、人们认为其生性狡猾等，但在多种因素共同作用下，往往只有"生性狡猾"这一个特征映射到目标域"He"之上，其他特征均被过滤掉。

从始源域到目标域的映射过程通常呈现出两种对应，即实体对应（ontological correspondence）和认知对应（epistemic correspondence）。实体对应指两个认知域内的要素之间的对应，认知对应则指始源域的要素与要素之间的关系与目标域内的要素与要素之间的关系的对应。例如，以下隐喻表达式均体现了概念隐喻"idea is food.（思想是食物）"。

① The book is good food for thought.（这本书很值得思考。）
② I can never swallow the strange idea.（我永远无法接受这个奇怪的念头。）
③ It will take you much time to digest today's lecture.（你要花很多时间才能消化今天的讲座。）

四、隐喻的本质与特征

有关隐喻的研究源远流长。不同历史时期的隐喻研究，对隐喻的理解和阐释有很大差异。因此，了解隐喻的本质与特征，是理解隐喻并进而掌握隐喻的基础与前提。本节从修辞性与认知性、描写性与规定性以及心智特征等几个角度，讨论隐喻的本质与特征。

（一）隐喻的修辞性与认知性

人类早在古希腊时期就已经认识到隐喻的修辞性，但直到20世纪80年代才认识到隐喻的认知性。

早在公元前300多年，古希腊思想家亚里士多德就注意到了语言中的隐喻现象，并对其进行了比较深入的研究与探讨。亚里士多德率先揭示出隐喻的修辞学特征，并在其著作《诗学》和《修辞学》中对隐喻的修辞学特征进行了阐释。亚里士多德认为，"隐喻是用一个陌生的名词替换另一个名词，或者以属代种，或者以种代属，或者以种代种，或者通过类推，即比较"。传统修辞学研究以及传统隐喻研究有一个共同特点，就是认为隐喻是一种修辞现象。

在亚里士多德之后两千多年的历史长河中，虽然隐喻研究取得了一定的进展，但基本都是把隐喻局限在修辞学领域内进行研究，亚氏将隐喻视为修辞手段的传统隐喻理论一直占据主导地位，直到20世纪70年代之前仍颇具权威性和影响力。就连当代的《朗文语言教学与应用语言学词典》也认为隐喻是一种修辞手段，是"单词携带文化意义和语言意义的重要手段""通过说明另一件可以与其相比的事来描写某事"；这种情况常在文学作品中出现，可以达到修饰、美化语言的目的。

隐喻研究从修辞性到认知性的革命性转向，经历了一个漫长的历史过程，直到20世纪80年代才得以实现，而促成这一重大转变的原因是认知科学的发展以及隐喻研究的拓展与深化。

1980年，莱考夫和约翰逊联手出版了 *Metaphors We Live By*（《我们赖以生存的隐喻》）一书，该书的出版标志着对隐喻进行认知层面研究的开端。莱考夫和约翰逊将隐喻定义为"隐喻的实质就是通过一事物来理解另一事物"，并且认为"隐喻普遍存在于我们的日常生活中，不但存在于语言中，而且存在于我们的思想和行为中。我们赖以思维和行动的一般概念系统，从根本上讲是隐喻式的"。（Lakoff & Johnson,1980:1）

对比"隐喻是修辞手段"和"隐喻是认知方式"这两种不同的隐喻观中可以看出，传统隐喻研究将隐喻现象局限在语言内部进行研究，而且仅仅停留在语言运用层面，就语言研究语言。换言之，传统隐喻研究没有突破语言层面，没有将与语言使用有关的其他非语言因素纳入隐喻研究，结果限制了隐喻研究的广度与深度。相比较而言，当代隐喻认知研究，或称认知语言学，不仅认为隐喻思维和隐喻现象是语言运用的普遍现象，而且将隐喻研究的范围从语言的运用层面扩展到思维领域，重点探讨与揭示人们辨识与理解隐喻的深层认知机理及其运行机制。

（二）隐喻的描写性与规定性

描写性（descriptive）与规定性（prescriptive）是瑞士语言学家、被称为"当代语言学之父"的索绪尔（Saussure）提出的一对术语,主要用来描述传统语法与现代语言学的区别。

按照目前语言学界普遍认同的观点,传统语法是规定性的,现代语言学是描写性的。从语法发展的历史轨迹来看,19世纪下半叶之前的语法绝大多数属于规定性语法。在描写性语法问世之前,几乎所有欧洲语法都是规定性的。规定性语法注重模仿拉丁语法,注重语言形式的规范化,强调语法规则,注重制定正确使用语言的规则,告知语言使用者怎样使用语言才是正确的,旨在使语言运用逻辑正确,行文优美。而描写性语法到目前为止只有百年多的历史。19世纪下半叶,语言学、心理学及其他相关学科相继兴起并得到长足发展,在此基础上出现了以重视描写语言使用现状为特征的描写性语法,提出与规定性语法截然不同的观点,即对实际的语言现象进行描述而不是规定其正确与否。当然,描写性与规定性是同一个语言现象的两个不同侧面,它们好似孪生兄弟,相互依存,不能随意分割开来。

描写性和规定性通常用于语法研究,但从宏观意义上来看,整个语言体系的各个不同层面都涉及描写性和规定性问题。就其本质而言,隐喻是描写性的,主要原因如下:

①隐喻运用具有描写性。无论是作为修辞现象进行研究的传统隐喻理论,还是作为思维现象进行研究的当代隐喻理论,其研究对象都是实际使用中的语言现象,都是着重描写隐喻是通过何种机制用一个概念来表达另一个概念的。

②隐喻思维具有描写性。当代认知语言学主要通过隐喻现象以及隐喻运用,探讨人类如何借助两个概念之间的相同特征或相似特征来识解新事物,进而揭示隐喻运作背后的思维机制和认知机制,解释隐喻思维和认知机制是如何运作和发挥作用的。这一研究过程具有显著的描写性。

③隐喻映射具有描写性。映射（mapping）通常指运用业已形成和掌握的隐喻思维,识别和发现始源域和目标域之间的某种联系,并凭借这一联系来识解目标域。尽管映射过程和映射内容视具体情况而定,但映射过程在隐喻构成和隐喻理解中的作用至关重要,可以借以研究和揭示概念隐喻的运作机制与运作过程。从这个角度来讲,隐喻映射也具有描写性。

总而言之,从隐喻运用、隐喻思维和隐喻映射等角度看,隐喻从整体上具有描写性质。

（三）隐喻的心智特征

隐喻具有显著的心智特征,这一观点在最近几十年得到了普遍认可。既然隐喻是一种普遍存在的思维方式,那么它肯定与心智有密切关联,甚至可以归结为一种心智现象。然而,有关隐喻心智特征的发现与揭示,却经历了一个漫长的历史过程。

人类何时起开始使用隐喻已经无从考证,但隐喻肯定与人类使用语言密切相关。隐喻研究的历史已经跨越两千多年,但隐喻的本质到底是什么,很难达成一个统一的概念与认识,因为这需要系统综合地考察研究与隐喻构成和隐喻使用有关的众多因素。由于历史条件、社会发展、现实需求、学术背景以及研究焦点等诸方面的不同,隐喻研究领域先后出现过替代论、互动论、比较论、创新论等不同理论与观点,从各种不同角度对隐喻加以阐释。但总体看来,心理学和心智哲学对心智的界定与探讨,对隐喻研究有着重要的启发作用。

在心理学研究领域,心智指人类的心理表现与智能表现。心智被界定为人类"对已知事物的沉淀和储存，通过生物反应而实现动因的一种能力总和"，通常主要指人类拥有的诸如感受、选择、推理、判断、理解、记忆等各种思维能力。由此可知，心理学领域的心智既包括大脑信息处理，也包括心理活动。

心智哲学认为"语言是心智的镜子，是心智的重要外在表征"。换言之，语言可以视作研究心智活动和认知过程的重要手段，借助语言可以描述和解读心智的作用及其作用过程。隐喻是一种普遍存在的思维方式和常见的语言表达现象，从这个角度来讲，隐喻就是心智的"重要外在表征"，隐喻的建构、使用与解读是基于人类心智得以实现的。依据心智哲学的研究结果，隐喻表达的形成通常需要经历"计算"和"表征"这两个过程。"计算"过程的主体与核心是隐喻思维，即人类利用心智并通过事物之间的相关性来了解外在事物。而这一相关性或这些相关性通过语言加工即产生隐喻表达，这一过程就是表征。

由此可见，隐喻具有很强的心智特质，而且隐喻表达或隐喻识解能否成功在很大程度上依赖于人类的心智水平。也就是说，心智水平越高的人，其理解力通常就会越强，其隐喻思维就有可能越成熟，使用和识解隐喻的水平就会越高。反之亦然。

第三节　隐喻能力与隐喻意识

隐喻不仅是一种普遍的语言现象，也是一种普遍的认知现象，更是人类的一种普遍的思维方式，这是现代隐喻理论的基本观点。

随着认知语言学，尤其是应用认知语言学的兴起与发展，隐喻能力成为重要的研究课题之一。不少学者经过研究认为，缺乏识别与理解隐喻的能力，或者识别与理解隐喻的能力比较低下，是我国学生英语应用不够规范、不够地道的原因之一，也是我国学生英语学习收效不够理想的重要原因之一。这一观点引起英语教学界和应用认知语言学研究领域的关注与重视。许多英语教师和学者将隐喻能力纳入教学与研究的范畴，强调在课堂教学中有意识地加强学生的隐喻能力培养。

隐喻属于人类思维的一种基本运作机制，也是语言学习的必然途径之一。因此，英语教学须将培养学生的隐喻意识和隐喻能力作为一项重要任务。

一、隐喻意识

隐喻意识与隐喻理解、隐喻能力密切相关。具有隐喻意识，才能借以发现隐喻，识别隐喻，并在反复实践中培养和提升隐喻能力。

隐喻意识通常指语言学习者察觉到隐喻形式和隐喻功能的程度以及对隐喻形式和隐喻功能的敏感程度。

隐喻意识有形式和内涵两个方面的含义。从隐喻意识的形式含义来看，隐喻意识指意识到隐喻在英语学习中的地位与作用，意识到隐喻不仅是修辞手段，而且具有构词、组句和谋篇布局的功能。从隐喻意识的内涵含义来看，隐喻意识指意识到隐喻是一种普遍的思维方式与认知方式，承载着目标语使用者的思维习惯、认知习惯以及文化内涵，进而意识到隐喻意识和隐喻能力有助于学好用好目的语，有助于流畅得体地运用目的语进行跨文化交际。

从目前情况来看，学生普遍地缺乏对英语隐喻的全面了解，对于隐喻性语言在英语应用中的重要性没有意识到或者意识不足，隐喻意识和隐喻能力普遍偏低。部分教师对概念隐喻理论不够熟悉，教授隐喻性语言的方法也有待改进。

根据波尔（Boers）的研究成果，培养学生的隐喻意识需要达到以下四个目标：①认识到隐喻是人类语言表达的普遍现象。②认识到隐藏在隐喻语言背后的概念隐喻或者概念意象。③认识到许多隐喻性语言的非任意性本质。④认识到概念隐喻中存在的跨文化差异性。（Boers,2000）

根据波尔（Boers）的研究成果，培养学生的隐喻意识，主要是为了达成以下四个目标：第一，认识到隐喻是人类语言表达的普遍现象；第二，认识到隐藏在隐喻语言背后的概念隐喻或者概念意象；第三，认识到许多隐喻性语言的非任意性本质；第四，认识到概念隐喻中存在的跨文化差异性。（Boers,2000）

由此看来，培养学生隐喻意识的首要任务，就是让学生意识到隐喻不仅是文学作品中的修辞手段，更是语言中普遍存在的人类思维的基本特征。因此，教师在外语教学过程中，应通过相关教学内容或教学素材，有意识地引导学生关注并发现英语中的隐喻表达，引导学生分析隐喻表达底层的认知机制，进而培养学生的隐喻意识与隐喻思维，开发与提高学生的隐喻能力，努力达到或者接近英语本族语者那样的概念流利，能够使用英语进行地道自然的流畅交际。

由此看来，培养学生隐喻意识的首要任务，就是让学生意识到隐喻不仅是文学作品中的修辞手段，更是语言中普遍存在的人类的一种基本思维特征。教师在教学过程中应通过相关教学内容和教学素材，引导学生发现并关注英语中的隐喻性语言，引导学生分析隐喻性语言底层的认知机制，进而培养学生的隐喻意识与隐喻思维，开发与提高学生的隐喻能力，努力达到或者接近英语民族那样的概念流利，能够使用英语进行地道自然的流畅交际。

二、隐喻能力

隐喻能力有广义和狭义之分。狭义的隐喻能力指在交际中正确识别、理解以及使用隐喻的能力，通常包括隐喻接受能力和隐喻产出能力两个方面，主要包括对隐喻及其用法的判断能力、识别能力、释解能力、评价能力以及隐喻产出和隐喻加工等方面的能力。而广义的隐喻能力除了涵盖狭义的隐喻能力的内容之外，还涵盖隐喻功能、语用意识以及跨文化交际等方面的能力。

通常而言，狭义的隐喻能力主要包括英语学习者隐喻加工方面的技能，即认知主体以自身体验为基础，在两个不同范畴的认知对象之间构建语义关联的能力。具体来说，狭义的隐喻能力主要包括英语学习者对隐喻及其用法的判断能力、识别能力、释解能力、评价能力以及产出能力和加工速度等方面的能力和水平。

英国学者利特尔莫尔（Littlemore）认为隐喻能力具体表现在以下四个方面：①使用隐喻的创造性；②理解隐喻的熟练程度；③理解新隐喻的能力；④理解隐喻的速度。（Littlemore,2001）卡雷尔（Carrell）认为隐喻能力主要包括隐喻意识与理解、隐喻创造策略两个方面。还有学者认为，隐喻能力是认知主体识别、理解和创建跨概念域类比联系的能力，不仅包括被动理解和习得隐喻的能力，也包括创造性使用隐喻的能力，较高层次的隐喻能力还包括丰富的想象力与活跃的创新思维能力。

语言学家和有关学者对于隐喻能力的研究，大多从狭义的隐喻能力定义开始。最早使用"隐喻能力"这个术语的是卡雷尔（Carrell）、波利奥（Pollio）与史密斯（Smith），他们从不同视角界定"隐喻能力"这个概念。卡雷尔认为隐喻能力包括隐喻意识与理解、隐喻创造策略两个方面，其中每个方面可以再进一步细分，如对新颖隐喻、常规隐喻以及原有隐喻变体的识别能力等。波利奥将"隐喻能力"具体划分为四个方面的能力，其中包括隐喻产出的原创性、隐喻解释的流利性、隐喻识别的准确性以及隐喻理解的快速性。而史密斯从隐喻的翻译、解释、产出以及评价等几个方面，对隐喻能力进行了定义。除此之外，Flashive认为，隐喻能力是识别与使用新颖隐喻的能力，这种能力主要由语境恰当性（context-appropriateness）与工具性策略（instrumental strategy）构成；语境恰当性指识别概念隐喻意象的能力，工具性策略指在交际中正确使用概念图式的能力。

综合现有研究成果可知，英语学习者的隐喻能力主要包括英语环境下的隐喻辨认能力、隐喻运用能力以及概念理解能力。隐喻辨认能力指在英语话语或语言中辨认、识别隐喻性表达的能力，隐喻运用能力指在口语和书面语交际中以恰当、合适的方式运用英语隐喻性表达的能力，而概念理解能力指理解隐喻概念与隐喻性表达背后的概念能力。

隐喻意识和隐喻能力密切相关，隐喻意识是隐喻能力的基础，隐喻能力是隐喻意识的体现与升华。有了隐喻意识，才能借以发现隐喻，识别隐喻，并在反复实践中培养和提升隐喻能力。

第二章 英语学习与隐喻能力

隐喻既是一种语言现象，也是一种认知方式，或者说隐喻是认知方式的语言体现。语言本身具有隐喻性，绝大多数交际活动是通过语言实现的，所以人们在日常交际中时时刻刻都在运用隐喻。语言学习的客体是语言，语言教学旨在使学生能够使用所学语言进行交际，所以隐喻与语言学习相伴相随，密不可分。

本章讨论英语学习与隐喻能力之间的关联性，主要涉及隐喻与语言的关联性、隐喻能力与语言能力的关联性、隐喻与英语学习的关联性等内容。

第一节 隐喻与语言的关联性

隐喻是一种无处不在、通俗常见的语言现象，对于隐喻本质的界定往往体现着对隐喻与语言关系的理解与认识。传统隐喻研究往往将隐喻视为文学语言之根本，是增加语言诗意性的必要手段。这种长期为人们所接受的传统隐喻观把隐喻视为一种修辞手段和修辞性语言，将隐喻视为一种语言的隐喻。此外，浪漫主义的隐喻观认为语言在诞生之初就是隐喻的，隐喻本身就是隐喻的语言。

本节从语言的隐喻、隐喻的语言、从隐喻的语言到语言的隐喻等角度，讨论隐喻与语言的关联性。

一、语言的隐喻

古希腊亚里士多德的隐喻研究及其对隐喻的阐释，开创了古典主义隐喻观。亚里士多德把语言分为逻辑的语言、修辞的语言和诗的语言三个类别，这三个类别可以看作彼此独立存在的项。这种划分意味着诗的语言有别于逻辑的语言和修辞的语言。"诗极大地依赖隐喻。与此相对，逻辑和修辞把'明白晓畅'和'循循善诱'作为它们各自的目标。并且，尽管为了某种效果，它们也可能时不时地来一个隐喻，然而它们紧密地与散文媒介和'普通'语言的结构联系在一起。"也就是说，亚里士多德认为语言的"普通的"或"散文性"的使用不同于"鲜明的"或"诗性的"使用。（王宝迪，2016）

亚里士多德明确指出，隐喻其实就是语言的装饰物，是作为装饰添加在语言之上的，因此人们可以在需要的情况下进行适当的添加和修饰。他认为"明白晓畅"属于"普通"语言，是非隐喻性的；而隐喻是一种造成特殊化和生动化的因素，是一套陌生的用法，这些用法由于与通常的习惯说法不同，可以把语言提高到日常语言的境界之上。也就是说，隐喻是从语言的日常使用过程中分离出来的，不同于日常语言"明白晓畅"这一特点。亚里士多德从朴素的唯物主义认识论出发，将语言"必然"存在着的"理性化"状态视为语言的本源，隐喻则是为了增加语言的表现力而派生出来的一种附属状态。在亚里士多德之后，西塞罗（Cicero）、贺拉斯（Horace）和朗吉努斯（Longinus）等人均站在亚里士多德开创的古典主义隐喻观的阵营中，对隐喻进行了更为深入的研究。但在看待隐喻与语言的关系认识上，这一派的研究者大都认为语言先于隐喻而存在，隐喻则是语言的一种附属性的存在。（王宝迪，2016）隐喻是语言的隐喻，即隐喻是一种可以添加在语言之上的修辞手段，可以配合语言完成某种具体的表达功能，是使语言变得更加优美的装饰性表达方式。

二、隐喻的语言

除了亚里士多德的古典主义隐喻观之外，古希腊还有以柏拉图（Plato）为源头的浪漫主义学派。浪漫主义学派的隐喻观与亚里士多德的古典主义隐喻观有着明显的不同。该学派认为，隐喻与语言存在着一种整体"有机"的关系，隐喻是语言诞生之初的形态，这一观点可以称为"有机统一原则"。

柏拉图没有明确解释过语言，也没有明确解释过隐喻现象。"有机统一原则"是柏拉图明确阐释过的艺术原则之一。他在 *Phaedo*（《斐德若篇》）中说，每一篇作品都应该创造得像一个有生命的物体一样，它的组成因素不能分开，这些因素联系在一起才构成整体。与此类似，语言是一个整体，不能把修辞语言从语言中分割出来。

浪漫主义者基于柏拉图隐约触及的隐喻与语言的内在统一关系，从语言的源头出发探讨隐喻与语言的关系，展开自己的理论阐述。在他们看来，语言自诞生起就是隐喻性的。卢梭（Rousseau）在《论语言的起源——兼论旋律与音乐的模仿》（*On the Origin of Language and the Imitation of Melody and Music*）中提出，"最初的语言必定是象征性的"。在卢梭看来，人的语言产生于激情，若不是为了表达爱、憎、怜、怒等强烈情感，人类完全可以用肢体语言完成基本的交流。正是为了传达激情，人类才慢慢发展出带有激情的语言，其中必然包含着原始人的创造性想象。因而他认为语言自始就是修饰性的，就是隐喻性的；古老的语言不是系统性的或理性的，而是生动的和象征性的。（王宝迪，2016）在卢梭看来，隐喻是语言的原始状态，并非语言发展到一定阶段的产物；隐喻是语言的本源，并非语言的附属品。尽管柏拉图没有更多地论述隐喻与语言的起源，也不像亚里士多德的理论那样自成系统，但他开启的浪漫主义隐喻观及其关于隐喻与语言之间关系的认识，为后来的学者研究隐喻提供了一种更接近于隐喻本质的研究启示。

德国批评家赫尔德（Herder）在其关于语言起源的著作《论语言的起源》（*On the Origin of Language*）中，将语言本身的起源与隐喻联系在一起。他认为，最早的语言是一部心灵的字典，其中隐喻和象征相连接。

意大利法学家和修辞学家维柯（Vico）在《新科学》（*New Science*）中认为，原始人有一种与生俱来的"诗的"能力，它通过隐喻、象征和神话向现代抽象的和分析的思维模式发展。我们生活在一个我们的语言为我们设计的词语的世界里。在这个词语的世界里，语言的属性塑造我们的头脑，而不是语言由我们的头脑所塑造。

英国的雪莱（Shelley）、华兹华斯（Wordsworth）和柯勒律治（Coleridge）等人也表达过类似的观点。雪莱认为"自有人类便有诗"，并且"语言本身就是诗"。华兹华斯在《抒情歌谣集·序言》(*Preface to Collection of Lyric Ballads*)中表明，他认同语言本身就充满隐喻性这一观点。柯勒律治同样认为，"名副其实的所谓人类语言的最好部分是源于心灵本身活动的反映。它是通过故意使固定符号专用于内在活动、专用于想象的过程和结果而形成的"。(王宝迪，2016)

浪漫主义隐喻观强调人与自然世界的具体联系，对发展到他们那个时代的语言现象进行了揭秘式的溯源与分析。浪漫主义隐喻观认为，语言在开始阶段就是隐喻性的，语言在本质上就是"隐喻的语言"和"诗性的语言"，因此语言不可能有什么办法"洗净"隐喻。我们生活在一个充满隐喻的世界里，这是在凭借语音交流的语言诞生之初就确定了的，源自原始人对世界神秘之象、莫名之物的想象性认知。

三、从隐喻的语言到语言的隐喻

隐喻研究发生认知转向始于20世纪70年代至80年代，这一转向的代表人物是莱考夫和约翰逊，他们二人于1980年联袂出版的 *Metaphors We Live By*(《我们赖以生存的隐喻》)一书堪称隐喻研究发生认知转向的风向标和里程碑。隐喻研究的认知转向体现了人们对隐喻本质认识的革命性转变。此后，隐喻认知研究逐渐进入多学科、多角度研究阶段，并成为多个学科的关注对象，尤其是成为当代认知语言学的研究焦点之一。

认知语言学将隐喻视为人类的思维方式和认知现象，是人类基于某一个认知域的经验来认知和理解另一个认知域的经验，并对抽象范畴进行概念化的认知工具。当代认知语言学一改传统隐喻观把隐喻视为纯粹语言现象的观点，认为隐喻并非语言附属物，而是人类普遍存在的认知手段，人类的思想和认知中处处都有隐喻存在。由此将隐喻的研究重心转移到思维和概念系统之中，这更加趋近于把握隐喻的本质。

第二节　隐喻能力与语言能力的关联性

对广大英语教师和学生而言，语言能力耳熟能详，因为这是大学英语教学的培养目标之一，也是语言学研究，尤其是外语教学研究经常提及的话题。

语言学和应用语言学比较注重对语言能力的研究。由于语言能力涉及的因素比较繁多比较复杂，从不同角度界定语言能力，得出的定义就有所不同。

一般认为，语言能力指内在的语言知识和外在的语言能力之和。内在语言知识通常指人们已经内化了的语言知识，主要包括语言形式知识、语法规则知识、语义规则意识和语用知识等，在一定程度上类似于索绪尔提出的"langue"(语言)和乔姆斯基提出的"competence"(语言能力)。外在语言能力通常指在具体语境中对语言的实际运用，在一定程度上类似于索绪尔提出的"parole"(言语)和乔姆斯基提出的"performance"(言语行为)。内在语言知识是外在语言能力的基础，外在语言能力是内在语言知识的具体呈现。第二语言习得研究领域通常所说的"语言水平"，实际上就是指学习者运用语言知识的能力。

此外，应用语言学研究领域有学者认为"语言能力等于知识加速度"，这里的"速度"指的是"不同程度的语言反应能力"。还有些国内学者认为语言能力主要包括语法能力、语篇能力、言语功能能力和社会语言能力，这一界定主要是基于语言学、社会学与心理学三角论框架做出的。

隐喻能力涉及心理机制和心理加工，是一种典型的认知方式和思维能力。语言能力更侧重语言系统，其心理表征更多的是语言性的，尽管也与人类的心理机制密切相关。虽然两者有许多不同，但隐喻能力和语言能力都是通过语言承载和体现的，所以隐喻能力和语言能力密切相关，相辅相成，就像一枚硬币的两个面一样。

隐喻能力与语言能力密切相关，或者更确切地讲，隐喻能力就是语言能力的一个有机组成部分。隐喻能力与语言能力的关联性体现在以下几个方面：

一、隐喻能力与语言水平密切相关

隐喻能力和语言水平密切相关，相互依赖、相互促进。

从体现过程的角度看，隐喻能力和语言水平密切相关。隐喻能力体现在认知主体通过一个范畴的事物来表达另一个不同范畴事物的特点，语言水平较高的语言使用者能够以较高效率辨识与捕捉隐喻性语言表达式，并比较确切地理解其隐喻意义。

从认知和思维的角度来看，隐喻能力和语言水平密切相关。语言水平较高的语言使用者能够较好地在不同范畴的事物之间建立语义联系；换言之，认知主体可以通过语言能力过渡到认知能力或者隐喻能力。一般说来，当认知主体遇到隐喻性语言表达时，往往先理解该隐喻表达的字面意思，这一过程主要运用语言能力。当意识到该语言表达是借助一个范畴的事物来描述另一个范畴的事物时，认知主体会开动脑筋，在概念的基础上运用意象进行认知思维活动，找寻这两个不同范畴的事物在概念和语义方面的相似性特征，这一过程主要运用隐喻能力。从产出隐喻的过程来看，认知主体运用隐喻能力找寻这两个不同范畴的事物在概念和语义上的相似性特征，然后在这两个不同范畴的事物之间建立起语义联系，借助一个事物的特征来表达另一个事物的特征。

从心理加工的角度看，隐喻能力和语言水平密切相关。语言水平较高的语言使用者依赖语言来加工处理隐喻性语言表达，尽管认知主体处理加工不同隐喻时对语言的依赖程度有所不同。通常情况下，认知主体在加工处理具体事物时，可以基于事物的表象或意象进行思维活动；但在加工处理抽象事物时，认知主体脑海中没有具体的意象，所以只能借助语言进行抽象思维，以便寻找不同范畴的事物之间的相似性。由此可见，心理加工是一个隐喻思维的过程，而这一心理加工的结果会产生隐喻能力。

从预测作用的角度看，隐喻能力和语言水平密切相关。语言水平在隐喻理解中表现出明显的预测作用，这是因为隐喻理解能力首先是语言驱动的，即先从辨识隐喻词语开始。尽管有学者认为隐喻理解能力不一定包括辨认词语延伸意义这一过程，而是直接获取意义，但是大多数研究者还是认为辨识隐喻首先要对表达隐喻的词语有基本的理解。（Gibbs，1999）根据埃文斯的观点，词语的基本意义往往会为其隐喻意义的激活提供指向。特别是当构建陌生隐喻短语的意义时，对语言形式如何承载意义的了解程度会影响语言使用者对隐喻的理解。（Evans & Green，2006）这样看来，语言使用者的语言水平自然而然地对隐喻理解起着非常重要的作用。此外，学习者要想正确理解基本隐喻性语言，其语言水平必须达到一定的阈值。奎肯（Kuiken）和维达（Vedder）的研究也从另一个角度支持了这一观点，他们认为在外语学习者的语言能力达到处理抽象复杂任务水平时，解决任务的关键

就在于认知能力。(Kuiken & Vedder, 2008)

二、隐喻能力与认知能力密切相关

隐喻属于认知和思维现象,隐喻能力强调认知主体在不同范畴的事物之间建立语义联系。毋庸置疑,认知能力在英语学习者的隐喻理解和隐喻能力培养方面均起着非常重要的作用。

一般认为隐喻从辨识词语开始,然后根据上下文甄别判断这些词语的延伸意义,选取合适的意义以获得正确的理解。这一甄别判断过程的效率高低和结果正确与否,在很大程度上取决于认知主体的认知水平,而且越复杂的隐喻需要付出越多的认知努力。(Mulken et al, 2010)

隐喻理解有赖于信息记忆节点的激活及调控,一是增强与在线理解相关的重要信息记忆节点,二是抑制已经激活但会影响隐喻理解或与隐喻理解不相关的信息记忆节点。在隐喻理解过程中,认知能力比较强的学习者有充足的认知资源来激活广泛的概念网络,从而能够比较顺利地理解隐喻;而认知能力比较弱的学习者只能激活有限的语义网络,从而出现难以理解隐喻或理解错误的情况。当然,在隐喻理解过程中,仅仅具有充足的认知资源还是不够的,还存在一个抑制机制是否发挥作用的问题。也就是说,在理解隐喻的过程中,学习者可能会激活与认知工具相关联的比较丰富的语义网络,认知工具所有的特质此时会处于一种竞争态势,学习者的抑制机制在这种情况下就要发挥作用了。(Bunting et al, 2004)

英语学习者在理解隐喻过程中一般使用两类约八种认知策略,以获取最合理的隐喻释解,认知能力比较强的学习者往往会采用更加多样和更加灵活的认知策略。更加重要的是,认知能力比较强的学习者能够有效抑制同时出现的各种干扰信息,特别是抑制那些和认知工具相关联、高度显性但确实潜在的干扰信息。(Pierce & Chiappe, 2009)以隐喻表达式"Lawyers are sharks."(律师是鲨鱼)为例。在理解这个隐喻表达式时,可能会出现多个有关鲨鱼的相互竞争的干扰信息,正确理解这个隐喻表达式需要学习者激活鲨鱼的"vicious"(凶猛危险)和"predator"(捕食性动物)等上类概念意义信息的同时,也需要抑制鲨鱼所表示的一般概念意义与字面意义,如游泳快速、牙齿锋利、皮肤坚硬、暗灰色外皮等,以便在始源域和目标域之间建立一种合理的关联,并将始源域的典型特征映射到目标域之中。如果认知能力较弱,在理解隐喻的过程中没有广泛的语义网络可以利用,有可能难以激活上类概念意义并抑制一般的字面意义,从而不能在始源域和目标域之间建立一种合理的关联,更做不到将始源域的典型特征映射到目标域之中,以致影响对隐喻的理解。理解隐喻过程中的抑制机制对认知能力的要求更高。

认知能力和语言水平对隐喻理解有着非常重要的影响。认知主体的认知能力与语言水平不同,其认知能力与语言水平在隐喻理解过程中所起的作用也不同。对于认知能力较低的学习者而言,认知能力对隐喻理解的解释力并不明显,但其语言水平对隐喻理解的预测能力却非常明显。对于认知能力较高的学习者而言,认知能力对隐喻理解的解释力非常明显。究其原因,可能是当认知能力比较弱时,学习者理解隐喻会出现以下两种情况。一种情况是,学习者理解隐喻时只停留在对词语基本意义的理解上,不能有效地使用相关认知策略,没有广泛的语义网络可以激活利用,或者不能有效地抑制相互竞争的显性干扰信息。另一种情况是,当学习者发现不能用词语的基本意义来解释隐喻时,仍会进行认知努力,但其较弱的认知能力不足以使其做出正确合理的理解。（魏耀章,2012）换言之，当学习者认知能力不足时，会更多地依靠其语言知识来寻求对隐喻的理解。因此，在以上两种情况下，学习者语言水平的作用要大于其认知能力的作用。对于认知能力较强的学习者而言，情况则正好相反。由于认知能力较强，他们在理解隐喻时会很快发现超越词语基本意义的意义网络，继而进行比较高效的认知推理，剔除显性干扰信息，从而达到正确理解隐喻的目的。在这种情况下，认知能力的作用比语言水平的作用更大。

总之，隐喻能力与认知能力密切相关，提高认知能力有助于提升隐喻能力，反之亦然。

三、隐喻能力与语言能力密切相关

通常认为，隐喻以及隐喻能力既属于语言的范畴，也属于认知的范畴。虽然隐喻能力和语言能力有所不同，但二者有着很高的相关性。

隐喻能力的研究历史虽然比较短暂，但是有不少理论和成果出现。关于隐喻能力与语言能力二者之间的关系，有许多不同见解和不同观点。目前，比较有代表性的观点有三种，即隐喻能力隶属于语言能力、隐喻能力统领语言能力、隐喻能力和语言能力分属不同能力范畴。

持隐喻能力隶属于语言能力这一观点的学者认为，既然隐喻是语言的一个组成部分，那么释解和使用隐喻的能力自然就是语言能力的一个组成部分。这一观点的主要特点是没有将隐喻和隐喻能力纳入认知的范畴，而是把隐喻视为一种修辞手段。这与传统隐喻理论对隐喻本质的认识是一脉相承的。

持隐喻能力统领语言能力这一观点的学者认为，当代认知隐喻理论将隐喻界定为认知方式和认知手段，根据建构主义关于语言能力和认知能力交互作用、共同发展的理念，隐喻能力包含并统领语言能力与交际能力。（严世清,2001）

持隐喻能力和语言能力分属不同能力范畴这一观点的学者认为，隐喻能力是独立于语言能力之外的一种单独的能力。（Littlemore,2001）换言之，隐喻能力和语言能力分属不同的能力范畴，是两种彼此独立的能力。

以上三种观点各有所长，也各有所短。第一种观点强调隐喻的修辞属性，但没有关照到隐喻能力的思维属性和认知属性。第二种观点将隐喻能力凌驾在语言能力之上，有本末倒置之嫌。第三种观点注意到隐喻能力和语言能力之间的差异，但似乎割裂了二者之间的整体性和密切关联。

人类生活在同一个地球、同一个世界，虽然生活环境和文化环境有诸多不同，但总体来看还是相同之处多于相异之处。人体的结构特点和大自然的结构特点制约和影响着人类的基本思维方式，大自然和客观世界的相似性决定着人类的思维和认知具有比较广泛的共性。即便是生活在不同社会制度、不同文化背景和不同语言背景中的人们，只要有着基本相同或相似的生活体验，就会对客观事物的属性有着大同小异的感受与认知，就会拥有基本相同或相似的概念化能力。

总而言之，语言水平可以提升隐喻能力，而隐喻能力反过来又有助于提升语言水平，二者相互依赖、相互促进。因此，广大英语教师需要进一步认识语言水平和隐喻能力的相互关系，进一步认识隐喻能力的本质，在提高学生英语语言能力的同时，着力提升其隐喻思维和隐喻能力。

第三节　隐喻与英语学习的关联性

语言和话语作为最直接的外在表现形式，与隐喻有着密切关联。莱考夫和约翰逊指出，"隐喻不仅是一种语言修辞手段，更是人们感知世界和认识世界的一种方式，即对周围世界进行概念化的手段。隐喻无处不在，它不仅存在于人类的语言，也存在于人类的思维和行动中。人们赖以思维和行动的概念系统从本质上说是隐喻性的。概念的形成是隐喻性的，行为的形成是隐喻性的，语言的构成也是隐喻性的。"（Lakoff & Johnson,1980）

英语语言的听、说、读、写、译五种基本技能的教学与学习，均与隐喻联系密切。由于传统英语教学模式和教学方法不重视甚至忽视隐喻在英语教学和英语学习中的作用，导致许多问题出现，严重困扰着英语师生的教学与学习，也严重影响着教学效果和学习效果。因此，认识到隐喻在英语语言中的地位与作用，重视隐喻在英语语言中的思维与认知功能，对英语教学和英语学习均非常重要。

本节主要从语音、词汇、语篇和文化等层面，讨论隐喻与英语学习的关联性。

一、语音层面

从语音层面来看，隐喻与语言的密切关系显而易见。

在口语表达和听力理解中，重音和语调等超音段特征不仅使话语铿锵有力、节奏起伏、韵律丰富，而且还能帮助说话人更加清晰地表达自己意欲表达的意义，帮助听话人更加清楚地理解说话人意欲表达的意义。因此，教师在教学过程中应该让学生认识到重音、语调等语音隐喻的存在及其重要性，引导学生恰如其分地理解和运用英语的超音段特征。

重音和语调等超音段特征在英语表达中可以起到许多隐喻表意作用。一个词语和结构均相同的语句，如果说话人用不同重音模式或不同语调模式说出，就有可能表达截然不同的话语意义。例如：

① Bob has been to Edinburgh.
② Bob has been to Edinburgh?

从书写符号上看，除了句末的标点符号之外，句①与句②是一模一样的。但从句末的标点符号来看，句①是一个陈述句，传达的信息是"她已经结婚了"这个事实；而句②是一个疑问句，传达的信息是不相信"她已经结婚了"这件事。当上述两个句子的书写符号转化为语音信号时，前者需用降调，后者需用升调；而且在这两个语句中，"married"一词均需重读。

重音和语调等超音段特征在语音层面具有一定的隐喻作用，即降调通常喻指"确定"和"陈述"等含义，升调通常喻指"不确定"和"疑问"等含义，重音则通常喻指"惊讶"和"愤怒"等强烈的情感。句①和句②即说明了发生在语音层面的隐喻作用。

根据王寅教授的研究成果，英语的同音异义现象（homonymy）、语音双关和语音仿拟（parody）等均属于语音层面的隐喻现象。（王寅,2007）

此外，认识、了解和掌握隐喻在语音层面的作用，也有助于学生提高英语口语能力。

二、词汇层面

在词汇层面，隐喻与语言的关联非常密切。词汇与隐喻的密切关联通常体现在两个方面：一是很多词汇中包含隐喻意义；二是借助隐喻理论可以正确选择和运用词汇。

遣词造句需要词汇，而要积累和掌握足够的词汇量，需要借助隐喻理论，因为词义之间的引申与扩展，很多情况下是通过隐喻完成的。从正确选择和运用词汇的角度讲，隐喻理论有助于提升正确选词和用词的能力，有助于提升正确运用词汇的隐喻意义的能力，使语言表达丰富多彩，同时避免出现重复用词、词不达意等情况。

扩大词汇量是大学英语教学的基础任务之一。教师在教学过程中可以引导学生利用隐喻理论和隐喻思维更加有效地习得英语词汇，积累厚实的词汇储备，扩大词汇量，为提高英语综合应用能力打下坚实基础。

以英语多义词"foot"（脚）为例。学生在掌握"foot"的基本含义"the lower part of the human body（脚）"后，教师可以引导学生根据脚位于身体最下面的特征，充分发挥相似联想，借助概念隐喻映射原理，就能够比较容易理解"foot of the table"（桌腿）"foot of the mountain"（山脚）等类似隐喻性表达。然后从脚的基本尺寸与长度方面联想，可以得出"英寸"这一丈量物体的基本单位。如果从脚的功能进行映射，可以推测出"set foot in"（进入）"a foot in the door（迈向目标的第一步）""a foot in both camps（脚踩两只船的人）"等类似隐喻性表达的喻义。经过上述几个步骤，学生就能将"foot"的几个义项联系起来，构成一个有机结合的语义网络，这给学生理解和记忆词汇提供了方法与途径。

从这个角度讲，隐喻可以直接促进英语词汇教学和词汇学习。

三、语篇层面

语言中的隐喻表达式在句子层面和语篇层面体现得更加明显，更加集中。几乎所有英语语篇都含有隐喻表达，文学作品自不必说，就连精确严谨的科技英语语篇和经贸英语语篇，也含有不少的隐喻表达。由于隐喻是一种思维和认知方式，只要涉及人类思维和认知的语篇，里面一定包含隐喻表达。概念隐喻在语篇中的作用和功能更加显著，也更加丰富。

作为一种认知和思维方式，隐喻是构建和生成语篇的重要机制之一，在语篇发展过程中起着非常重要的衔接与连贯作用。请看《英语沙龙》2005年第5期上一篇题为"Packing A Person（人的包装）"的文章：

A person, like a commodity, needs packaging. But going too far is absolutely undesirable. A little exaggeration, however, does no harm when it shows the person's unique qualities to their advantage. A master packager knows how to integrate art and nature without any traces of embellishment, so that the person so packaged is no commodity but a human being, lively and lovely. A young person, especially a female, radiant with beauty and full of life, has all the favor granted by God. Youth, however, comes and goes in a moment of doze. Packaging for the middle-aged is primarily to conceal the furrows ploughed by time. Elderly people are beautiful if their river of life has been, through plains, mountains and jungles, running its course as it should. There is no need to resort to hair-dyeing. Let your looks change from young to old synchronizing with the natural ageing process so as to keep in harmony with nature, for harmony itself is beauty. As long as one finds where one stands, one knows how to package oneself,just as a commodity establishes its brand by the right packaging.(http://www.worlduc.com.)

不难看出，这篇美文是基于"A person is a commodity that needs packaging（人是需要包装的商品）"这个概念隐喻来谋局布篇的，整篇文章以这个概念隐喻为主线，文中所有的隐喻性语言表达均是通过这个概念隐喻映射而来的。也就是说，作者把包装商品的用语系统性映射到目标域"Packing A Person"之中。

由此可见，如果不能充分识别与理解语篇中的概念隐喻和隐喻性语言，就会影响理解与把握语篇的整体布局、逻辑脉络、上下文的衔接与连贯，从而影响对语篇深层内涵乃至对整篇文章的理解。

四、文化层面

在文化层面，尤其是在跨文化交际语境中，隐喻与语言的关联更加密切。语言是文化的载体，也是文化的主要体现方式之一。语言学习不仅要学习词汇、语法和语用，更要学习目标语的文化。因此，作为语言内在和普遍的现象，隐喻自然是语言教学与学习的重要任务之一。

隐喻学习有助于学生了解英语文化，进而养成用英语进行思维的习惯，有助于培养学生的英语思维方式。教师在具体教学过程中，可以依据相关教学内容向学生介绍隐喻现象和隐喻知识，包括英汉文化中相似的隐喻现象和隐喻知识，也包括英汉文化中不同的隐喻现象和隐喻知识；并着重对比英汉语言中相异的文化隐喻，强化对英语文化隐喻的讲解与阐释，强化培养学生的英语隐喻思维，提升学生英语交际的地道性和得体性，减少由于英汉文化差异而造成的"中式英语"和文化休克现象。

举例说来，中国文化大多用老虎比喻"勇猛"，所以才有"勇猛如虎"这样的表述。然而英语文化经常用狮子来表达"勇猛"这样的概念，因为在英语文化中"lion"才是百兽之王，是"勇猛"的象征，而老虎在很多时候用来比喻"凶残"。所以，如果一位中国学生用"This police fficer is really a tiger"这样的隐喻来描述一位自己非常崇敬的警官，很容易误导英语母语者，造成所谓的文化休克。如果使用"This police fficer is really a lion"来比喻这位警官的"勇敢"，双方的语言交际就会非常流畅，不会出现误解。

第三章 英语教学与隐喻能力培养

在英语教学中培养学生的隐喻意识和隐喻能力非常必要也非常重要,但现行的英语教学大纲基本没有涉及隐喻能力培养这一课题。因此,要想在英语教学中培养和提升学生的隐喻意识和隐喻能力,而且要保证教学效果和学习效果良好,必须对现行英语教学做出一些必要的认识、调整与改革。

本章讨论英语教学与隐喻能力培养之间的关系,主要探讨英语教学的本质与特性、英语教学的理论基础与影响因素、隐喻理论对英语教学的启示、隐喻能力培养的基本策略等内容。

第一节 英语教学的本质与特性

本节主要讨论英语教学的本质与特性。首先从语言学视野下的英语教学、教育学视野下的英语教学、概念隐喻理论视野下的英语教学等角度讨论英语教学的本质,然后从人文性、实践性、工具性、科学性、跨文化性、审美性和创造性等角度讨论英语教学的特性。

一、英语教学的本质

该部分从语言学视野下的英语教学、教育学视野下的英语教学及概念隐喻理论视野下的英语教学等角度,讨论英语教学的本质问题。

(一)语言学视野下的英语教学

英语教学的内容是英语语言及其文化,如何教授英语语言理所当然会涉及对英语语言和语言活动本质的认识与理解。语言学把人类语言和语言活动作为研究对象,因而语言学理论,尤其是应用语言学理论对英语教学有着举足轻重的影响。总体说来,语言学对英语教学的影响主要有以下三个方面:

第一,语言学研究对语言的描写,可以帮助英语教师,特别是英语为非母语的英语教师对自己所教授的语言性质有更加清晰的认识和了解。英语教师对语言本质的认识在很大程度上决定他们如何教授英语语言。

第二,语言学研究成果有助于英语教师对教学内容做出正确合理的选择。英语语言的范围极其广泛,语言学对英语的研究和描述也多种多样,这就需要英语教师根据语言学研究成果对教学内容做出选择。(吴文,2012)

第三,语言学研究成果有助于英语教师更加有效地组织课堂教学与教学过程。英语教学是一个相当复杂的系统过程,其中涉及的问题很多,如教学大纲的设计、教学内容的选择、课堂教学的组织以及学生的学习反馈等，有了语言学理论和研究成果作为理论支撑，教师解决上述问题时就会有底气和比较坚定的信心，至少可以从语言学理论和研究成果中汲取理论营养，得到启发与灵感。

语言学理论和研究成果对于英语语言课程的教学内容和教学方法均有直接或间接的影响。比如结构主义语言学给英语教学提供了许多方法，如分离、观察和分析特定语言的语法结构，并认为学习外语最重要的是掌握基本句型，因此以结构主义语言学理论和研究成果为指导的英语教学，往往比较注重基本句型的讲解与操练。

传统英语教学往往根据语言学知识将英语分解成语音、词汇、语法等语言层次模块，将英语语言技能分解成听、说、读、写、译等能力模块，然后分门别类地进行教学与培养。这样的英语教学是一个传授和学习语言知识的过程，往往需要一个单词一个单词、一个句型一个句型地逐级分析与讲解，始于单词和句型，止于句子或对话，极易割裂语言形式与语言意义之间的整体联系。

（二）教育学视野下的英语教学

顾名思义，教育学的研究对象就是教学活动。英语教学作为教育学的学科分支教学，也和其他学科分支教学一样，深受教育学理论的影响。

英语教学通常包括以下几个主要目标：第一，激发和培养学生学习英语的兴趣，使学生养成良好的学习习惯和有效的学习策略，发展团队合作精神与自主学习能力，旨在培养学生的精神品质与学习能力。第二，使学生掌握一定的英语基础知识与听、说、读、写、译等语言技能，培养学生的英语运用能力。第三，培养学生的观察、记忆、思维、想象能力与创新精神，旨在培养学生发现问题、分析问题和解决问题的能力以及创新意识和创新能力。第四，帮助学生了解中西方文化差异，开阔国际视野，培养爱国主义精神和健康的人生观、价值观与世界观，旨在培养学生的跨文化交际能力和爱国报国精神。

上述四个英语教学目标都与隐喻能力培养有一定程度的关联，后三个目标关联更为密切，尤以第三个和第四个关联度最大。

总之，教育学视野下的英语教学过程，是教师与学生在平等的基础上所进行的双边、统一、互动的社会交往过程，是一个由教师与学生参与并涉及社会文化环境、课堂教学互动环境、英语教学内容、英语教学方法、英语教学评估等多种因素的教学与学习过程。

（三）概念隐喻理论视野下的英语教学

语言是人类用来交际的重要媒介，人们通过语言传递信息和交流思想，英语本质上也是一种交际工具。

作为一门语言，尤其是当前最重要的国际通用语，英语具有工具性，这既自然又正常。因此，大学英语教学的主要任务是使学生掌握比较扎实的英语语言知识，发展比较强的英语语言技能，形成比较高的英语交际能力，为今后继续学习英语和其他相关科学文化知识奠定基础，为国际交流做好准备。但毋庸置疑，英语课程同时承担着培养、开发和发展学生思维能力的任务，帮助学生培养和发展隐喻能力和思维能力。

进入21世纪以来，认知语言学及其概念隐喻理论对英语教学产生了极其深远的影响。乔治·莱考夫和马克·约翰逊认为，隐喻"不仅存在于人类的语言，也存在于人类的思维和行动中。人们赖以思维和行动的概念系统从本质上说是隐喻性的。概念的形成是隐喻性的，行为的形成是隐喻性的，语言的构成也是隐喻性的"（Lakoff & Johnson,1980）。换言之，大多数概念系统都具有某种程度的隐喻性，人们日常经验的思维也相应地具有隐喻性。因此，英语教师不仅要教授英语语言的外在形式，还要教授语言的文化习俗、思维方式与认知方式。

二、英语教学的特性

英语教学与其他学科的教学有共性，也有其独特之处。下面将论述英语教学的人文性、实践性、工具性、科学性、跨文化性、审美性和创造性等主要特性。

（一）人文性

语言是文化的载体，英语作为一种语言，必然具有人文性，那么英语教学也必然相应地具有人文性。

"人文性"是当下一个比较流行的术语。按照《辞海》的界定，人文指"人类社会的各种文化现象"。"人文"是相对于"天文"而言的，人类的各种文化现象均可以划归"人文"范畴。通俗来讲，人文就是人与文化，它与自然之物有着本质的区别。人文主要包括文化现象、思想、观念、价值观、意志和情感等抽象内容与主观性内容。

之所以说语言具有人文性，原因之一就是不同语言主体由于语言素养不同、阅历经历不同，甚至由于使用和解读语言时的心情不同等因素，对同一语言形式可能会有不同的理解与解读。通常所说的"一千个读者就有一千个哈姆雷特""一千个读者就有一千个林黛玉"，在很大程度上就是指语言人文性对语言理解的影响。

因此，在外语教学中，尤其是在进行隐喻教学时，教师应该多加注意并且有意识地巧妙利用英语的人文性这一特点。

（二）实践性

语言是人类用于交际的工具，本身就具有实践性。实践性和应用性是语言的本质属性，作为培养学生语言应用能力的英语教学，必然具有实践性。

首先，英语教学大纲将培养学生英语应用能力作为重要目标之一，充分突出和强调了英语教学的实践性。

其次，当代英语教学理论和教学方法也具有很强的实践性。像交际教学大纲、功能教学大纲及任务型教学法、情景教学法、功能教学法等，无不在强调英语教学和英语学习的实践性。

最后，也是最重要的一个方面，英语教学过程具有很强的实践性。教师的备课是为课堂教学实践做准备，教师的上课过程本身就是语言实践过程，教师对课堂的组织与控制、提问与讨论等教学活动都是教学实践的重要组成部分，学生参与教学活动也体现了英语教学的实践性。从某种程度上讲，课堂就是一个教学和学习的实验室，教师在这个实验室里提升教学艺术，学生在这个实验室里提升英语应用能力和英语语言水平。

（三）工具性

英语作为一门语言，尤其是当前最重要的国际通用语，具有显著的工具性。人类认识世界与改造世界的过程与结果，都需要用语言呈现出来，并以言语或文字的形式进行交流与传递。换言之，人类要生存和发展，就必须掌握语言这一交际工具。

英语的工具性主要体现在以下几个方面：①就英语使用者而言，英语是思考问题和表达感情的工具；②就交际和跨文化交际而言，英语是进行思想交流和人际交往的工具；③就人类的生存和发展而言，英语是传递文化和传承知识的工具。（吴文，2012）总之，英语的工具性集中体现在具有思想表达、人际交流、文化传承等维持社会联系的实用功能与中介作用。

与英语的工具性相对应，英语教学也具有工具性。英语教学的基本任务是培养学生听、说、读、写、译等基本语言技能，强调的就是英语的工具性，即运用英语进行国际文化、商务和学术等领域的交际与交流。

（四）科学性

教育本身具有科学属性。作为一种教育形式，英语教学也具有科学性。

从教育理论视角讲，英语教学具有科学性。首先，英语教学必须遵循科学的教育理论，其指导理论必须具备科学性。除了教育学、语言学和应用语言学之外，英语教学还需要其他相关学科的支撑，包括心理学、社会学、文学、哲学和美学等。

从教育实践视角讲，英语教学同样具有科学性。一堂英语课，从课堂设计、课程准备、具体教学过程到具体教学方法，无不体现着科学性和艺术性。假如教师上课时随心所欲、漫无目的地任意挥洒，讲到哪里算哪里，毫无科学性和艺术性，那么教学效果一定不会好，学生的学习效果也一定不会理想。

此外，英语教学的科学性还体现在教学大纲的制定、教学内容的选择及学习成绩的评估等方面。

（五）跨文化性

语言是文化的载体，文化现象可以在语言中得以体现。英语和汉语是两种不同的语言，而且分属两个差距巨大的语系。英语和汉语分别作为英语文化和汉语文化的载体，必然涉及跨文化交际，所以英语教学也必然相应地具有跨文化性。

从狭义概念讲，文化通常指一个民族或文化共同体的常规化的价值观念、思维方式和行为规范。在这三者之中，价值观念起主导作用。

语言和文化密不可分，任何语言都有有别于其他语言的独特文化。英语作为国际交流的主要语言工具之一，本身承载着丰富的文化内涵。所以，英语教学与英语学习必须将英语国家的相关文化纳入其中。

通常而言，交际者的言语表达模式和认知思维模式在相同文化背景下是同质的，这符合"萨丕尔-沃尔夫假说（Sapir-Whorf Hypothesis）"所提出的"语言—文化—思维的一致关系"。但在跨文化交流中则呈现一种混合交叉的异质现象，这种混合交叉现象往往以违反其中一种文化的交际行为模式的形式出现。通常认为，跨文化性作为两种文化之间的联系只有通过交际才会产生，而且总是产生于代表不同文化的交际者之间。

由于汉语文化和英语文化差异较大，要想在英语教学中培养学生的文化意识，让学生了解英语国家人们的生活方式、宗教信仰、思维方式，就必须强化英语文化教学与学习，强化培养学生的跨文化意识与跨文化交际能力。

(六)审美性

教育具有艺术性,而艺术性又与审美性密切相关,所以英语教育也同样具有艺术性和审美性。

英语教学和其他语言教学和艺术教学一样,本身就具有追求美和创造美的特点,而且英语教学的美是内在美和外在美的有机统一。英语教师不仅要教授学生语言知识和培养学生语言能力,让学生在学习和使用英语的过程中充分体验学习英语和应用英语的美的感受,还要将课堂教学化为培养学生正确人生观、价值观和审美观的场所,帮助学生学习中外优秀的文化、文明、思想和美德,将学生培养成"全人"。

(七)创造性

之所以说英语教学具有创造性,主要是基于以下几个方面:

第一,创造性是人类语言的重要设计特征(design feature)之一,是英语语言的本质属性。以此类推,不难理解英语教学的创造性。

第二,从教育理论角度讲,英语教学具有创造性。教学本身就是一门艺术,创造性是教学艺术的一大特点,英语教学工作的复杂性与艰巨性决定了英语教学艺术的创造性。最近一个世纪,尤其是自20世纪50年代以来,外语教学理论和教学方法发展迅速,新的教学理论和教学方法层出不穷,每一个新的教学理论和教学方法都蕴含着继承、创新和发展。

第三,从教育实践角度讲,英语教学具有创造性。有新意、有创造性的英语教学,才能激发学生的学习兴趣和学习积极性,从而提高教学效果和学习效果。从另一个角度讲,一度受应试教育影响而采用的满堂灌、填鸭式等教学方式,不仅在很大程度上限制了教师教学的个性化与创造性,而且在很大程度上束缚了学生的创新思维和发展。因此,教师要在创造性的教学艺术中,因人制宜、因材施教,充分发挥英语教学创造性的特点,搞好英语教学。常言道"教学有法而无定法",就是鼓励教师在遵循基本教学原则的前提下进行恰如其分的教学创新,这应该成为每位英语教师的自觉追求。

第四,从教师角度讲,英语教学具有创造性。教师的课堂授课和课堂活动,在一定程度上属于创造性活动。这就像演员,拿到剧本和台词后,在舞台或屏幕上还要进行二次创作。优秀的英语教师能把比较枯燥的教学内容或课堂训练设计和演绎得生动有趣,富于艺术感召力,从而丰富学生的感知表象,促进学生的理解和思维发展。

第五,社会需求和人才培养要求英语教学具有创造性。现代社会亟须具有创新能力的复合型外语人才,而创造型外语人才的培养仅靠传统教学模式远远不够,必须依靠富有创造性、创新性的外语教学模式和教学方法,只有创造性的教学才能完成现代教学所肩负的培养创造型人才这一重大的历史使命。

第二节 英语教学的理论基础与影响因素

作为外语教学的一个分支,英语教学有着较为悠久的发展历史。进入20世纪以后,尤其是第二次世界大战结束以来,英语教学的发展更加迅猛。一个学科的发展必须有一定的理论作为基础和支撑,其发展过程也会受到多种因素的影响。本节首先讨论英语教学的理论基础,然后探讨影响英语教学的主要因素。

一、英语教学的理论基础

教学是通过一系列的外部事件和活动来刺激、支持学习的过程，其目的在于促进学生的学习收效。为实现这一目的，教师必须在教学中采取灵活有效的教学方法与教学策略。很多有效的教学方法与教学策略均是建立在有关的教学理论与学习理论的基础之上。

英语教学理论与教学实践需要一系列的相关学科和相邻学科作为基础与支撑。本部分主要从应用语言学、结构语言学、生成语言学、功能语言学、认知语言学、社会语言学、比较语言学、行为主义学习理论、人本主义心理学等与英语教学直接相关的学科角度，讨论英语教学的理论基础。

（一）应用语言学

应用语言学（applied linguistics）有广义与狭义之分。广义应用语言学涵盖使用语言学理论来解决实际问题的各种专业和领域，包括语言学理论应用的各个方面，宏观到语言规划、语言地位、语言文字规范化与标准化、国家标准语言等相关问题，微观至语言教学、第二语言习得、外语教学、计算语言学和语言信息处理等。广义应用语言学的研究范围是开放式的，凡是运用语言学理论来解决实际问题的专业和领域均可纳入广义应用语言学的范畴。狭义应用语言学通常指语言教学，主要包括二语习得、外语教学和第一语言习得等。

英语教学与应用语言学、语言教学和第二语言习得有着密切关联。应用语言学和第二语言习得理论旨在通过语言习得方面的相关研究成果来促进第二语言教学，英语在我国教学中虽然是外语，但依然可以从中汲取和借鉴教学经验，得到有益的教学启示与启发。

（二）结构语言学

结构语言学（structural linguistics）又称结构主义语言学或描写语言学，其哲学基础是行为主义心理学，其奠基人和代表人物是美国语言学家布龙菲尔德（Bloomfield）。结构主义语言学认为，语言是一个完整的结构体系，由层次不同但又相互联系的语法结构和语言成分等要素组成。

结构主义语言学深受行为主义心理学的影响，将语言学习过程看作是一个行为习惯的形成过程，认为人的语言学习过程包括三个要素，即刺激（stimulus）、反应（response）和强化（reinforcement）。这三个环节循环往复，学习者就可以在反复刺激、反复反应与反复强化中，逐渐形成一种新的语言习惯，逐渐学会一门新的语言。这种外语教学法通常称为行为主义教学法。

行为主义教学法比较重视句型归纳与句型操练，重视口语技能，认为在语言的听、说、读、写、译等技能中，学习者应该先学听、说，后学读、写、译。结构主义学派认为外语学习的过程就是一个外语习惯养成的过程，语言的学习顺序应该遵循语言描述的顺序，即语言学习应该首先从音素开始，然后依次是词素、单词、词组和句子结构。结构主义学派还认为，由于语言之间存在差异，教师应该熟悉外语和母语之间的异同，并就其中的不同语言项目展开重点训练。另外，结构主义学派强调学生在开始阶段就应该学习地道的语音、语调和正确的句型、语法，提倡教师在教学过程中应该随时纠正学生语言使用中的错误，从而养成良好的外语使用习惯。

尽管由于受历史条件和科技条件的限制，行为主义教学法有许多不足之处，但其倡导的句型操练、重视听说、通过持续不断的正确刺激与反应逐渐取得良好的外语学习效果等做法，给当时及其后的外语教学带来很多有益启示与启发。英语教学中影响较大的听说法，就是以结构主义语言学为理论依据发展而来的。

（三）生成语言学

生成语言学（generative linguistics）亦称生成语法或转化生成语法，由美国著名语言学家诺姆·乔姆斯基（Noam Chomsky）创立。乔姆斯基参照索绪尔的分类方法，把语言分为既有所不同又密切相关的两个方面，即语言能力（competence）和语言行为（performance）。语言能力指语言使用者对这种语言的内在知识与认知，语言行为指运用这种内在知识与认知的结果，即使用某种语言的具体行为。乔姆斯基主张语言学家应该通过"被理想化了的说话人和听话人的语言知识"研究抽象的语言能力。

生成语言学所界定的"语言能力"主要涉及人的大脑、心智和认知，并且强调语言的创造性，认为语言能力是一种创造过程。生成语言学的这一观点，对在英语教学中培养学生的思维能力、创新思维和隐喻能力有着积极的启示作用和意义。

（四）功能语言学

功能语言学（functional linguistics）又称功能语言学，其奠基人是英国语言学家弗斯（J.R.Firth）和布拉格学派，代表人物和集大成者是世界著名语言学家韩礼德（M.A.K.Halliday）。

功能语言学强调语言的社会功能，认为语言总是在特定的情况下为特定功能而使用，所以语言研究不能脱离语境，必须将语言结构和语言模式与语言使用目的和语言使用的社会环境结合起来进行研究。功能语言学的语言观对语言功能研究产生了重要影响，对外语教学也有深远的影响。功能语言教学法就是基于功能语言学理论产生的。

功能语言教学法认为语言功能决定语言形式，语言形式是为了实现特定的交际功能而设计，所以比较注重语言功能的教学与学习，倡导外语教学不仅要教授学生语言形式，还要教授学生各种语言形式在交际中所起的作用与功能。

以教授英语"询问时间"的表达方式为例。教师首先要呈现给学生英语中用来"询问时间"的一系列语句，包括庄严体、正式语体、商洽性语体、随意语体和亲密语体等不同语体和不同功能的表达方式，如"I should be glad to be informed of the correct time.""I should like to know the time please.""Do you have the time on you please?""What's the time?""Time?"然后引导学生根据时间、地点、话语参与者之间的关系以及说话人意欲达到什么交际功能，来选择能够实现这一交际功能的最佳表达方式，亦即最佳语言形式。

（五）认知语言学

严格说来，认知语言学（cognitive linguistics）并非一个理论和模式都比较统一的语言学流派，更多的是一种建立在核心共识与指导原则基础上的研究范式。认知语言学以体验哲学为其哲学基础，注重研究人类语言与认知能力的相互关系。从广义上说，认知语言学包括范畴化与原型范畴理论、意象图式理论、认知语法与构式语法、认知语义学及概念隐喻理论等。本书重点关注概念隐喻理论。

传统隐喻理论往往从修辞学角度和修辞层面界定隐喻。但莱考夫和约翰逊打破了这种传统，在认知范畴内界定隐喻，认为隐喻不仅属于语言，而且属于思想、行为和活动。当代隐喻理论不仅认为隐喻思维和隐喻现象是语言运用的普遍现象，而且将隐喻研究的范围从语言的运用层面扩展到思维领域，重点探讨与揭示人们辨识与理解隐喻的深层认知机理及其运行机制。这既拓宽了隐喻研究的范围，也提供了崭新的研究视角，堪称隐喻研究的一次革命。

隐喻不仅是语言现象，更是一种思维方式和认知方式。人们通常凭借一个较为熟悉的概念结构（始源域），基于并超越其字面意义，寻求始源域与目标域之间的隐喻性解释，从而识解另一个较为陌生的概念结构（目标域）。因而，人们借助隐喻可以创造新意义，表达新思想，认知新世界。

语言和话语作为语言最直接的外在表现形式，与隐喻有着密切关联。英语语言的语音、词汇、语法、语篇、文化等层面均与隐喻密切相关，其中尤以词汇、语篇和文化三个语言层面最为显著。

在词汇层面，隐喻与语言的关联非常密切。词汇与隐喻的密切关联通常体现在两个方面：一是很多词汇包含隐喻意义；二是借助隐喻理论可以正确选择和运用词汇。

作为一种认知和思维方式，隐喻是构建和生成语篇的重要机制之一，在语篇发展过程中起着非常重要的衔接与连贯作用。隐喻表达式在语篇层面体现得更加明显，更加集中。几乎所有英语语篇都含有隐喻表达，文学作品自不必说，就连精确严谨的科技英语语篇和经贸英语语篇，也含有为数不少的隐喻表达。由于隐喻是一种思维和认知方式，只要涉及人类思维和认知的语篇，里面一定包含隐喻表达。由此可见，如果不能充分识别与理解语篇中的概念隐喻和隐喻性语言，就会影响理解与把握语篇的整体布局、逻辑脉络、上下文的衔接与连贯，从而影响对语篇深层内涵乃至对整篇文章的理解。

在文化层面，尤其是在跨文化交际语境中，隐喻与语言的关联更加密切。语言是文化的载体，也是文化的主要体现方式之一。语言学习不仅要学习词汇、语法和语用，还要学习目标语的文化。隐喻学习有助于学生了解英语文化，进而养成用英语进行思维的习惯，有助于培养学生的英语思维方式。

传统英语教学模式和教学方法不重视甚至忽视隐喻在英语教学和英语学习中的作用，导致许多问题出现，严重困扰着英语师生的教学与学习，也严重影响着教学效果和学习效果。因此，必须对现行英语教学做出一些必要的认识、调整与改革，以便在英语教学中培养和提升学生的隐喻意识和隐喻能力。

此外，概念隐喻理论对英语听、说、读、写、译五种基本技能的教学与学习也有着非常重要的启示与启发作用。

（六）社会语言学

作为语言学的一个重要分支，社会语言学（sociolinguistics）将语言视为一种社会现象进行研究，注重研究与揭示语言的社会本质，注重语言使用与社会、文化等之间的关系，注重语言在不同社会环境及不同条件下的应用。社会语言学认为，人们在表达同一思想内容时所使用的语言，通常会受到时间、地点、年龄、性别、身份、经济地位、文化程度、种族及交际参与者之间的关系等社会因素的制约，因而十分重视研究社会因素如何影响语言使用。

美国著名社会语言学家海姆斯（D.H.Hymes）针对生成语法的"语言能力"（competence）提出"交际能力"（communicative competence）这一概念，认为交际能力"是运用语言进行社会交往的能力，既包括语言能力，也包括影响语言使用的社会文化意识能力；既包括言语行为的语法正确性，又包括言语行为的社交得体性"。从上述界定可以看出，海姆斯的交际能力不仅将生成语法的"语言能力"从抽象范畴和底层结构中解放出来加以具体化，而且还增加了社会文化意识能力和语言交际的语法正确性和社交得体性，使交际能力更加具体化、立体化和复合化。

社会语言学的研究成果，不仅促使英语教师更加关注语言使用的得体性，更加重视培养学生使用语言进行地道、得体交际的"交际能力"，还在某种程度上催生了交际语言教学法。

交际语言教学法（communicative language teaching）认为语言是用于交际的，而不仅仅是一个抽象的形式系统，因此提倡在交际中教授和学习语言的使用。交际语言教学法通常基于功能教学大纲来组织语言教学和语言学习。

（七）比较语言学

比较语言学（comparative linguistics）亦即历史比较语言学，是流行于19世纪的一个语言研究流派，大家耳熟能详的语言谱系树就是比较语言学的代表性研究成果之一。

顾名思义，比较语言学以"比较"立身，强调将不同语言放在一起进行比较。这种比较可以是共时比较，即将现存相关的各种语言放在一起进行比较；也可以是历时比较，即比较某一种语言的不同历史发展阶段。整个19世纪，比较语言学的相关理论被广泛用来研究印欧语系的主要语言，并取得可观的研究成果。

比较语言学着重研究两种语言（通常是外语和母语）或同一语言的不同历史发展阶段的异同，以期找出不同语言之间及同一语言的不同历史发展阶段之间在语音、词汇、语法等方面的异同与对应关系，其研究目的很大程度上是为了查找并确认语言之间的血缘关系，进而构拟原始母语。

虽然比较语言学的研究目的看似与语言教学和语言学习关系不大，但比较语言学的研究范式和研究方法给英语教学带来许多有益启发。比如比较语言学的语言比较法，有助于找出英语和汉语在词汇、语法、语篇以及语用等层次上的异同，从而预测和分析学生在英语学习过程中可能遇到的难点，并以此为依据确定教学的重点和难点，有针对性地制订教学内容和教学计划，从而使英语教学更加有的放矢。另一方面，通过英汉两种语言的比较可以找出语言发展变化的轨迹，并进一步发掘导致这些发展变化的致因。

（八）行为主义学习理论

20世纪50年代美国出现行为主义学习理论，其代表人物是华生（J.B.Watson）和斯金纳（B.F.Skinner），但该理论的集大成者是美国著名语言学家布隆菲尔德（Bloomfield）。行为主义学习理论把外界和语言环境视为刺激（stimulus），把随之而来的行为视为反应（response），认为学习是刺激和反应之间的联结。行为主义学习理论还认为，学习是一个不断尝试错误和改正错误的过程，也是一个养成新的语言行为习惯的过程；学习者在这个过程中需要经历多次尝试和修正，需要通过一系列的步骤才能逐渐养成新的语言行为习惯。

行为主义学习理论对外语教学有着深远的影响，大家熟知的听说法（audiolingual

method）就是在该学习理论影响下产生的。

听说法将语言学习过程看作是一个新的语言行为习惯的形成过程，强调在刺激—反应—强化这三个环节循环往复中形成一种新的语言习惯，逐渐学会一门新的语言。英语课堂教学中的句型操练、单元测试、教师通过表扬鼓励正确的语言行为、通过提醒制止错误的语言行为等课堂活动，均是行为主义学习理论的具体体现。另外，教师通过某种干预试图改变学生的语言行为，帮助学生学习知识、发展技能，并测试学生的表现，同样是行为主义学习理论影响的结果。

此外，斯金纳认为，行为可以反过来影响环境，而环境的改变又会影响学习者未来的行为。例如，学生可能会因为受到表扬而继续某种行为，也可能为了避免惩罚而停止某种行为。因此，在英语教学中，教师对学生课堂表现的积极反馈，对于学生提高学好英语的自信心非常重要。

（九）人本主义心理学

20世纪60年代，以马斯洛（A.Maslow）和罗杰斯（C.R.Rodgers）为代表的美国学者创建了人本主义心理学。该心理学派认为，学习是一个自我指导、自我发展和自我实现的过程，教育的作用只是为学习者提供一个充满人情味的心理环境，辅助学习者将固有的潜能充分发挥出来。以此为基础，罗杰斯提出对我国外语教育影响深远的"自主学习"的学习观和"以学生为中心"的教育观。

人本主义心理学重视教学过程和教学方法，在教育理念上倡导认知与情感相统一，建立良好的师生关系，营造一种宽松的学习氛围；主张在教学中以学生为中心，学生是学习的关键，教师只是学习的促进者、协助者和协作者，教学的目标是促进学生的学习。

人本主义心理学的有关理论对20世纪后半叶的教育思想有着极为深远的影响，对外语教育的影响一直持续至今。像大家熟知的沉默教学法（silent way）、暗示教学法（suggestopedia）、全身反应法（total physical response）和社团教学法（community teaching method）等著名外语教学法，都不同程度地受到人本主义心理学的影响，均直接或者间接地反映了其教学理念和学习理念。

除了上述语言学流派和学习理论之外，建构主义学习理论和发生认识论对外语教学也有较大的影响。

建构主义学习理论（constructivist learning theory）兴起于20世纪后期，通常被认为是认知理论的一个重要分支，是基于心理学家研究人类学习过程中的认知规律而产生的。建构主义学习理论继承和发展了认知主义学习理论，并从认识论的高度提出了认知和学习的建构性原则，强调认知主体在认知活动和学习活动中的能动性。建构主义学习理论对英语教学最大和最有益的启发，就是强调学生要参与学习过程，充分发挥学习主体在学习过程中的主观能动性。

发生认识论（genetic epistemology）由日内瓦学派语言学家皮亚杰（Piaget）最早提出，是皮亚杰心理学的核心理论。发生认识论主要研究人类的认知活动及其运作规律，旨在基于认知的社会和历史根源，依据概念和"运算"的心理起源对认知做出阐释。此外，该理论还研究认知如何形成、思维如何发展、受哪些因素制约等问题。发生认识论对在英语教学过程中培养和开发学生的认知能力、创新思维和隐喻能力有着重要的启发意义。

二、英语教学的影响因素

英语教学不仅仅是"教师教+学生学"这么简单，而是一个非常复杂的系统工程，受到很多内在因素和外在因素的影响。除了教师与学生这两大主体因素外，教育政策、教学环境、教学模式、教学内容、教学媒介、教学方法等因素也在深刻影响着英语教学与学习。本小节主要讨论学生、教师、教学内容、教学方法和教学环境等英语教学的影响因素。

（一）学生因素

学生因素主要讨论学生的个体差异和学生的角色两个因素。前者主要包括智力差异、认知风格差异、语言潜能差异、情感差异和性格差异等，后者主要包括主体角色、参与者角色、合作者角色和反馈者角色等。

1.学生的个体差异

因人施教、因材施教，在很大程度上说的就是教学方法要适合学习者本人的实际情况。教育的根本目的在于培养合格人才，因此，教师需要了解和掌握学生在智力、认知风格、语言潜能、情感以及性格等方面的个体差异，并根据学生的个体差异选择合适的教学模式与教学方法，真正做到因人施教、有的放矢。

（1）智力差异

智力水平与学习效率存在很大关联。作为独立个体，学生不仅有生理和心理差异，智力方面也存在明显差异。

智力（intelligence）通常指认知方面的能力，主要包括注意力、观察力、记忆力、思维力和想象力等，也包括抽象思维能力、发现问题与解决问题的能力及学习能力等。

依据不同范围与特点，智力可以做进一步的分类。霍华德·加德纳（Howard Gardner）认为，智力指特定文化背景下解决问题或制作产品的能力。以此定义为基础，霍华德·加德纳提出多元智力理论，并将人类的智力分为以下八种类型：(Gardner,1983)

①逻辑—数学智力：这主要指敏感的辨别能力、逻辑或数字的思维方式及进行连锁推理的能力。

②自我认识智力：这主要指把握与辨别自己感觉的能力、利用自己感觉指导行为的能力及了解自己的长处、弱点、需要和智力的能力。

③身体运动智力：这主要指对身体运动的控制能力和熟练操作器械的能力。

④自然智力：这主要指对自然物种的敏感性及辨别精细感觉的能力。

⑤空间智力：这主要指对视觉空间的精确感知能力及对最初感知进行修正的能力。

⑥交际智力：这主要指辨别他人的脾气、心情、动机和需要的能力和做出合理反应的能力。

⑦音乐智力：这主要指对节奏、音调和音质的创造能力、欣赏能力及对音乐表达方式的欣赏能力。

⑧语言智力：这主要指对声音、节奏和词义的敏感性以及对语言不同功能的敏感性。

霍华德·加德纳提出的多元智力理论目前获得比较广泛的认可，该理论可以用来描述不同文化背景下学生的智力状况以及智力差异。

在英语学习过程中，智力对词汇学习、语法学习、阅读学习、写作学习、听力学习和口语学习均有较大影响，尽管其影响程度有所不同。教师在教学过程中要注意学生在智力因素上的差别，力争做到因材施教、因人施教，为不同智力水平的学生分配不同的学习任务，提出不同的学习要求，争取班级所有学生都能在其智力许可范围内取得最大学习收效。

（2）认知风格差异

认知风格（cognitive style）又称认知方式，指个体在认知过程中所表现出来的习惯化的行为模式。具体来说，就是在进行接受、提取、使用、储存和转化信息等加工过程中所表现出来的认知组织和认知功能方面持久一贯的风格。学生个体不同，其认知风格就存在差异，不同认知风格各有其优势与劣势。

认知风格对教学活动和学习活动的影响通常体现在以下两个方面：①从教学活动角度看，认知风格会影响到教学策略的选择；②从学习活动角度看，认知风格会影响到学习策略的选择。

如果学生的认知风格和教师的教学策略或教学风格相吻合，学生的学习效率就会更高，学习成绩就会更好，反之亦然。因此，为了有效开展教学活动，取得理想的教学效果和学习收效，教师应充分了解并顺应学生的不同认知风格和认知类型，尽量将自己的教学策略和教学风格与学生的认知风格有机结合起来，针对不同的学习任务和学习内容因人施教、因材施教，并加以妥善引导，以期取得教学相长的良好效果。

（3）语言潜能差异

语言潜能（language potential）通常是一种与生俱来的天赋，主要指学习外语的能力倾向或者学习外语所需要的认知素质。根据戴维·卡罗尔（David Carol）的研究成果，外语学习的语言潜能主要包括四个方面的能力：①归纳性语言学习能力，即语言材料的组织能力和操作能力；②联想记忆能力，即关于新材料的吸收能力与同化能力；③语法敏感性，即从语言材料中推测判断语言规则的能力；④语音编码解码能力，即关于语音输入输出的处理能力。

由于学生在语言潜能上存在着明显的个体差异，所以教师应该充分了解学生的语言潜能，因材施教，根据语言潜能分配学习任务，以便使学生在完成适合自己语言潜能的学习任务过程中学习效果最大化、学习进步最大化，并逐渐累积能够学好英语的自信心。

（4）情感差异

学习个体不同，其情感特征也会存在差异。态度和动机就是两种非常重要的情感因素。

态度（attitude）指人们基于自身道德观和价值观对人或事物的评价和行为倾向。范·艾尔斯（Van Ailes）认为态度由认知成分、情感成分和意动成分构成。具体说来，认知成分指对某一目标的信念，情感成分指对某一目标的好恶程度，意动成分指对某一目标的行动意向和相关实际行动。一般来说，求知欲旺盛、好奇心强的学生往往对外语和异域文化比较感兴趣，渴望了解其历史、文化与习俗。所以，持有积极的学习态度有助于获得良好的学习效果。

动机（motivation）指学习者的一种内在过程或者内部心理状态。这种内在过程或内部心理状态可以激发学习者进行学习活动，并激发学习者维持已启动的学习活动，使学习行为朝着一定的学习目标进展。依据不同标准或者从不同角度，动机可以做出不同分类。

依据动机产生的不同原因，动机可分为内在动机（intrinsic motivation）与外在动机

(extrinsic motivation)。内在动机由外语学习者本身产生,主要来自个人对外语学习的兴趣、爱好和好奇心等。持有内在动机的学习者一般不易受外界因素的干扰,他们学习英语的目的只在于享受英语学习过程本身。外在动机指英语学习者学习英语并非出于主观意愿,而是受到外力推动,如为了高分、升学、文凭、表扬等而学习英语。因此,一旦外部因素失去意义,持外在动机的学习者很可能会放弃英语学习。相比较而言,内在动机有利于英语学习的可持续发展。

依据动机产生的不同目的,动机可分为融入型动机(integrative motivation)与工具型动机(instrumental motivation)。融入型动机也叫结合型动机,指学习者学习语言的目的不仅仅是掌握语言,而且还准备接受该语言的文化及该语言母语者的生活方式,即愿意融入外语社团中。工具型动机指学习者为了某些实际目的(如考试、出国、翻译外文资料、查阅外文文献等)而学习语言,并不准备融入外语社团或者与外语社团进行交际。持有工具型动机的学习者一旦认为实际目的已经达到,动机随即很快消失。融入型动机与工具型动机的相互关系如表3-1所示。

表3-1 融入型动机与工具型动机的相互关系

	内在动机	外在动机
融入型动机	英语学习者希望融入英语文化,如通婚和移民等。	别人由于各种原因,希望英语学习者学习英语。
工具型动机	英语学习者希望通过英语学习达到某种目的,如出国、工作等。	外部力量推动学习者学习英语。

目前比较一致的看法是,融入型动机与工具型动机都是影响英语学习的重要因素;与工具型学习动机相比,融入型学习动机往往更有助于学生取得良好的学习效果。

(5)性格差异

性格(personality)指体现在对现实的态度及相应行为方式中比较稳定、具有核心意义的个性心理特征。

从心理学视角看,性格主要分为内向型性格与外向型性格两种。罗德·埃利斯(Rod Ellis)指出,性格倾向对英语学习能力的影响,主要体现在英语学习的不同语言技能方面。比如在英语阅读理解方面,性格内向者往往稳重谨慎,善于对有限的语言输入进行深入细致的分析,而性格外向者容易受到外界因素的干扰。(Ellis,1994)因此,在进行阅读理解训练时,教师应该帮助性格外向的学生集中注意力,激活相关背景知识,提高其认知的准确程度。再如在英语口语表达方面,性格外向者往往活泼大方,善于交际,不怕出错,能获得较多的语言输入和输出的实践机会,比性格内向者具有更大优势。所以教师应努力使内向型学生在口语表达训练时表现得更加活跃些,积极参与到话题讨论中来。在英语的听力理解与书面表达方面,性格倾向的影响基本相同。

性格通常是决定学生外语学习成功与否的关键因素之一,所以教师应该根据学生的不同性格倾向调整教学策略和教学方法,努力做到因人施教,以便取得理想的教学效果与学习效果。

2.学生的角色

在大学英语教学过程中,学生同时具有多个角色,主要是主体角色、参与者角色、合作者角色和反馈者角色。

（1）主体角色

目前的英语教学提倡以学习者为中心，学生是英语教学的中心和主体，教学活动和学习活动要围绕学生制定和实施。尤其是大学英语教学所倡导和实施的自主学习，让学生成为英语教学和英语学习的真正主人，教师和学生都要适应这一角色的巨大转变。学生在教师的有效指导下进行自主学习，不仅能够学到英语知识，培养英语能力，而且在学习过程中通过对知识的探索、发现、吸收和内化等实践环节，能够培养独立自主的学习能力，并必形成积极的人生观、世界观和价值观。

（2）参与者角色

随着"以学生为中心"的教学理念的逐步落实与实施及交际语言教学法的推广使用，学生逐渐成为课堂活动的中心，教学内容、教学模式和教学方法等均根据学生的实际情况确定，但教学活动和学习活动还是需要学生积极参与。作为英语教学的主人和主体，学生须积极主动地参与各项教学活动与学习活动，积极思考，勤于表达，在教学活动与学习活动中充分展示自己的才能，提高自己的英语语言技能和交际能力。

（3）合作者角色

"以学生为中心"的英语教学活动和学习活动，需要教学方式和教学方法做出相应的改变，于是以小组讨论、团队合作、角色扮演及辩论会等为代表的交际型、任务型、功能型教学法进入课堂。这些新型教学方法注重课堂互动，注重教师与学生、学生与学生之间的相互配合与协作。因此，学生应该在完成学习任务过程中与教师和其他同学积极合作，并在合作过程中互相学习、互相帮助、彼此促进、共同提高。这类互动型课堂活动能够提升学生的学习积极性、自主学习能力、团队合作能力以及创新能力。

（4）反馈者角色

教学反馈是教师评价教学效果的重要渠道之一，也是教师调整教学内容、教学方法以及教学测试模式等的主要依据之一。

作为教学反馈者，学生对英语教学的反馈更加中肯，更加真实，更加精确。另外，学生反馈有益于师生互动，有益于拉近师生之间的情感距离。比如目前通行于高等院校的学生网上教学评价，其中的学生留言和评语，特别有助于教师及时纠正和调整教学内容、教学思路、教学方法或教学措施。因此，学生应与教师及时、真诚地交流学习感受，就英语教学情况和英语学习情况向教师提出自己的建议和改进意见，师生同心协力搞好英语教学，促进英语学习。

（二）教师因素

教师是英语教学的关键因素之一。教师在英语教学中起着主导作用，其作用至关重要。正如外语教育专家束定芳和庄智象所说，"可以毫不夸张地说，在任何时候强调外语教师在整个外语教学过程中的作用都是不过分的"。（束定芳 & 庄智象,1996）

传统的教学模式以教师为中心，把外语学习视为语言知识传承与接受的简单过程，课堂上以教师讲解为主,学生成了被动接受者。这种模式虽然强调了知识的系统性和规范性，但由于教与学、语言输入与输出没有有效地结合起来，致使学生很少参与语言实践，得不到英语交际方面的充分锻炼。

语言学家彼德·科德（Pit Corder）曾经说过："有效的语言教学不应违背自然过程，而应适应自然过程；不应阻碍学习，而应该有助于学习；教师和教材应适应学生，而不能让学生去适应教师和教材。"（Corder,1995）

目前高等学校英语教学全面开展的"以学习者为中心"的教学活动，对教师的要求更高，教师的作用更加重要，正如应惠兰教授所说："即使以学生为中心的教学模式很成功，也不意味着抹杀教师的作用,相反教师的作用更加重要了"。（应惠兰 et al.,1998）一般说来，英语教师在"以学习者为中心"的教学模式中应该扮演以下角色，发挥以下作用：

1. 教学改革的先行者。教师要更新教学观念，提倡以学生者为中心，把课堂教学的中心从教的一方转到学的一方，使学生成为教学活动的主体。在"以学习者为中心"的教学模式中，教师不仅是知识的传授者，更是学习的指导者。教师要努力为学生创造语言学习氛围，让学生充分发挥想象力和创造力，自主地学习。

2. 大纲原则的细化者。大纲是实施教学的总纲，要想在教学实践中有效地实施"以学习者为中心"的教学模式，达到培养学生语言应用能力的大纲要求，教师就必须潜心研究、精心设计，把大纲的总体要求细化到每个具体的教学环节中去。不仅从宏观上把握教学的总体目标，还要从教学内容、教学方法、教材结构、测试方法以及时间安排等方面精心策划，使教学活动的各个方面、各个层面都适合学生的参与和介入，真正让学生成为教学的中心和语言应用的主体。

3. 新型教学模式的移接者。对于已经习惯传统教学法的学生来说，从"以教师为中心"过渡到"以学习者为中心"需要一个过程。在过渡阶段的初期，教师可依据教学内容和教学任务交替使用传统教学法和"以学习者为中心"的教学模式，这样一方面可使学生掌握比较系统的语言知识，另一方面又可使他们逐步适应"以学习者为中心"的课堂教学，待学生从心理和操作上做好充分准备后，便可全面推广这种新型教学法。

4. 教学内容的优化者。教材是实现教学目标的重要保证，教师要充分发挥对教材的宏观和微观控制作用。从宏观来看，教师要统观全局，全面熟悉教材内容，掌握教材的基本体系、基本内容和在教学法上的基本要求，明确教材的重点和难点。从微观来讲，教师要精心备课，详尽地书写教案，做到因材施教和因人施教。比如教师可以针对不同的教学对象和教学阶段，适当调整或增删某些教材内容。

5. 学习目的的定位者。应试教育的消极影响不容忽视，目前很多学生学习英语的功利性太强，把学习目标直接定位在通过大学英语四、六级考试和英语专业四八级考试上，考什么就学什么，为考试而学。教师应让学生充分认识到，学习英语的最终目标是运用英语进行交际。同时，教师还可以利用考试的导向作用，适时调整考试的形式和内容，使考试从"面向分数"转向"面向能力"。

6. 课堂教学的设计者和组织管理者。课堂教学是外语教学的主渠道，提高课堂教学质量是提高外语教学质量的关键。（莫振银,2007）英语教学大纲规定，"课堂教学不仅要扩大学生的语言知识，加强和提高学生的语言应用能力，还要帮助学生养成良好的学习习惯，培养自学能力。"所以，教师在精心设计课堂教学活动的同时，还要在组织课堂教学过程中把握好以下几个原则：

（1）以学生生为中心，视学生为主体，教为主导，学为主体。视学生为教学活动的主人,是优化课堂教学的核心。要从"教师主讲+学生主听"的传统教学模式转移到"教师指导+学生主学"的教学方式上来,充分调动学生的积极性、主动性和创造性,使学生变被动接受为主动参与,变被动吸取为主动应用。

(2)精讲多练,培养交际能力。在课堂教学中,教师的"教"必须服务于学生的"学"。要把面面俱到的讲授改为讲解重点和难点,注重讲授的针对性和启发性。教师应着力创设语言环境,为学生提供大量的口头表达机会,帮助学生将书本上"死"的语言变成"活"的交际,提高语言应用能力。

(3)加强引导,注重语篇教学。教师要从语篇层次启发学生理解和体会语言结构,引导学生分析讨论作者的写作思路、篇章结构、修辞手法和遣词造句的技巧,把阅读和口语训练有机融合在一起,创造一切机会让学生进行语言实践。

(4)注重启发,发挥学生的主观能动性。启发式教学不仅可以引导学生积极思考,而且有助于活跃课堂气氛,激发学生的学习兴趣,调动学生使用英语的积极性,使学生积极主动地参与语言交际。

7. 语言知识的传授者和授业解惑者。这是教师最为传统的一个角色,在此不再赘述。只是教师要妥善处理好知识和能力之间的辩证关系:知识是能力发展的先决条件,离开知识,能力便无从谈起;但有了知识并不意味着具备了能力。因此,在教学中要把培养能力放在第一位,既传授知识又培养技能,做到传授知识为培养能力服务。

8. 语言环境的营造者和语言实践的指导者。语言学家埃利斯(Ellis)认为,第二语言学习涉及的因素很多,语言环境是其中的一个必要条件。(Ellis,1994)很多学生都有这样的体会:在与英语教师,特别是以英语为母语的外籍教师用英语交谈时,讲话者和听话者均把注意力集中在交流思想上,不再过多地考虑语法细则,这对提高英语交际能力非常有帮助。因此,教师在课堂上要根据具体的教学内容创设出相对真实的英语语言环境,努力营造外语气氛,以期学生取得积极有效的学习效果。

9. 学习方法的传授者。英语教学大纲高度重视对学生学习方法的指导,要求教师"帮助学生掌握良好的语言学习方法","帮助学生养成良好的学习习惯,提高自学能力"。同具体的语言知识相比,掌握学习方法更具有战略意义和可持续发展意义。因此,教师应加强对学习方法的传授和指导,不仅要引导学生积极地学、主动地学,还要教会学生怎么学,使其真正成为学习的主体和主人。

10. 课外学习的辅导者。语言教学实践性很强,语言应用能力的培养仅仅依靠有限的课堂活动是远远不够的。因此,要大力开展丰富多彩的第二课堂活动,使课堂内外的教与学相互促进、相得益彰。可以采取英语角、英语演讲比赛、英语知识竞赛、办英语板报、校园英语广播、英语晚会等形式,使学生在课内学到的东西延伸到课外,并在自然的运用中巩固提高。教师要适时地给学生提供指导,使课外活动紧紧围绕课堂教学展开,让学生真正有所收获。

11. 学习心理的调节者。学习动力不足、不敢开口讲英语是英语学习中比较突出的问题。教师要经常做学生的思想工作,设法调动学生的学习积极性,帮助学生克服英语学习中的心理障碍,消除惧怕犯错的心理,鼓励学生大胆自信地用英语进行交际。(莫振银,2007)

此外,教师必须随时加强外语教学理论学习,跟上外语教学理论与实践的前沿,提升自己的业务素质和教学水平。

总之，教师要在英语教学过程中发挥主观能动性，根据学生情况和教学内容采用机动灵活的教学方法，充分调动学生的学习积极性，提高总体教学效果，在教授知识、扩展学生知识面的同时，培养学生的语言能力、学习能力和整体素质。

（三）教学内容

教学内容指在教学活动中，师生为实现教学目标而共同作用的知识、技能、概念、原理、事实、思想和观点等内容的总和。教学内容是一种特殊的知识体系，既包含知识本身，但又有超越知识本身的内涵。一般说来，英语教学内容主要包括以下几个方面：

1. 语言知识。英语语言知识主要包括英语语音知识、词汇知识、语法知识、语用知识、文化知识等，是语言学习和语言运用的重要内容，也是形成英语语言能力的前提和基础。如果没有英语语言知识，英语语言能力和语言技能就无从谈起。因此，语言知识教学是英语教学的重中之重。

2. 语言技能。英语语言技能主要包括听、说、读、写、译等方面的技能，这些技能融合在一起，形成英语综合应用能力。听的技能主要指分辨和理解有声话语的能力；说的技能主要指运用口语表达思想、输出信息的能力；读的技能主要指辨认和理解书面语言的能力；写的技能主要指运用书面语言表达思想、输出信息的能力；译的技能主要指将英语和汉语两种语码相互转换的能力，也就是通常所说的英汉—汉英互译能力。在英语教学过程中，学生通过大量的听、说、读、写、译专项训练和综合训练，将习得的英语语言知识逐步转化为英语语言技能和英语应用能力，为将来的真实英语交际奠定基础。

3. 文化知识。文化知识指英语国家的历史、地理、传统习俗、风土人情、生活方式、行为规范、价值观念、文学艺术等方面的知识和理念。培养具有国际化视野的外语人才是大学英语教学的主要目标之一。因此，教师在英语教学过程中要注重培养学生的文化意识，引导学生接触和了解英语国家的文化，从而加深学生对英语语言的理解与使用，提高学生的人文素养，培养学生的跨文化交际意识与能力，开阔学生的国际化视野。大学英语专业的学生通常开设《英美文化》这一课程，对于非英语专业的学生而言，教师可以依据教材内容讲授英语文化，或者以讲座、文化沙龙的方式集中讲授英语文化。

4. 情感态度。情感态度通常指影响学生学习过程与学习效果的相关情感因素，主要包括动机、意志、兴趣、自信与合作精神等。积极的情感态度有利于发挥学生的学习潜能；反之，消极的情感态度会影响甚至阻碍学生的语言学习。因此，教师在教学中应不断激发和强化学生的积极情感态度，引导学生逐渐将兴趣转化为稳定的学习动机，从而促进英语学习。

5. 学习策略。学习策略主要指学生为有效学习而采取的各种行动与步骤。从英语学习角度讲，学习策略是学生用来学习英语的特殊方法和技巧。学习者遇到一些问题需要解决时就会使用学习策略。学习策略可以是学习行为策略，如利用朗读记忆生词；也可以是学习心理策略，如利用上下文或情境来推断生词的含义。外语学习策略主要有三种，即认知策略、元认知策略、社会/情感策略。

认知策略指在学习过程中对学习材料进行分析、转换或综合处理的步骤或操作，这种策略通常具有操作和认知加工功能。元认知策略利用有关认知过程的知识，通过计划、监控和评估来调节语言学习，这种策略通常具有执行职能。社会/情感策略主要指学习者与其他学习者之间所进行的互动方式。此外，调控策略和交际策略等也是比较重要的学习策略。

良好与合理的学习策略可以有效促进学习活动，提升学习效果。学生一旦掌控了学习策略，就可以借以改进学习方式，学会如何学习，从而形成自主学习能力，为终身学习奠定基础。因此，教师必须引导学生监控和反思自己的学习过程与学习效果，进而形成适合自身的学习策略，做到能够根据自己的学习风格调整学习策略。此外，教师还可以引导学生观察其他同学的学习策略，达到相互学习、共同提高的目的。

（四）教学方法

教学方法是为了实现教学目标和完成教学任务而在教学过程中使用的方式和手段的总称。外语教学方法就是外语师生为了实现外语教学目标和完成外语教学任务而在教学过程中所使用的方式和手段的总称，是实现教学目标、达成教学大纲要求的媒介与路径。

外语教学是一个有目的、有计划、有步骤的教学过程，在这一过程中所进行的各种教学活动，都是在一定教学法指导下组织和实施的。如果所采用的教学法符合教学的客观规律，教学得法，教学收效就会显著；反之，就难以达到预期的教学目的。由此可见，教学法问题是外语教学中的核心问题之一。

外语教学法的发展演变经历了一个曲折漫长的过程。近百年来，尤其是第二次世界大战以后，随着社会需求的变化以及语言学、心理学、社会学等相关学科的发展，各有关国家对外语教学法的研究不断深化，新的教学法相继涌现，众多流派精彩纷呈。曾经流行和正在流行的外语教学法流派主要有以下几种：①语法翻译法（grammar translation method）：始于15和16世纪，并一直沿用至今，强调阅读能力，忽视听说能力；②直接法（direct method）：始于19世纪末20世纪初，强调直接学习和直接应用外语，排斥使用本族语；③听说法（audiolingual method）：20世纪40年代末50年代初产生于美国，信奉"刺激—反应—强化"的语言学习观，重视句型操练，听说领先，但过于机械；④视听法（audio-visual method）：第二次世界大战以后，在听说法的基础上发展起来的一种外语教学法，在教学理论和方法上与听说法大同小异，但更重视借助现代化设备开展外语教学；⑤自觉对比法（conscious-comparative method）：产生于十月革命后的苏联，强调语法教学和自觉学习，重视利用本族语；⑥自觉实践法（conscious-practice method）：20世纪60年代初产生于苏联，在坚持自觉性原则的同时，强调通过语言实践培养学生的语言应用能力，实际上是自觉对比法和直接法的折中；⑦认知法（cognitive approach）：20世纪60年代初始于美国，以乔姆斯基（N.Chomsky）的转换生成语法为理论基础，强调在语言学习中充分发挥智力的作用；⑧功能法（functional language teaching）：始于20世纪70年代的西欧，强调从语言的交际功能和社会功能入手，培养学生运用外语达成某种交际功能的能力；⑨交际法（communicative language teaching）：这是目前对我国外语教学影响最大的一种外语教学法，认为语言交际既是学习语言的手段，又是学习语言的最终目的，所以强调教学中的语言互动，强调在交际中学习交际，注重学习者在交际法的环境中通过与他人和教师的交际互动来学习和实践目的语。除上述影响较大的外语教学法之外，20世纪70年代以后还产生了一批外语教学法，主要有产生于保加利亚的暗示法（suggestopedia），产生于美国的沉默法（silent way）、自然法（natural approach）和全身反应法（total physical response）等。

外语教学活动是一个有目的、有计划、有步骤的教学过程，在这一过程中进行的各种教学活动，都是在一定教学法指导下组织和实施的。如果采用的教学法符合教学的客观规律，教学得法，教学收效就会显著；反之，就难以达到预期的教学目的。因此，英语教学所采用的方法应该具有灵活、多样的特点，不能在所有情况下都采用一种固定的、一成不变的教学方法。教师只有根据教学目的、教学内容和学生的实际情况选择一种最合适的教学方法，同时兼容并蓄、折中融合多种教学方法，才能收到最佳教学效果，学生才能获得最佳学习成效。

（五）教学环境

1. 教学环境要素

教学环境由多种不同要素构成，是一个复杂的有机系统。教学环境有广义与狭义之分。广义的教学环境包括物理环境和心理环境，通常指影响教学活动的全部条件，包括社会环境、学校环境等。狭义的教学环境通常指班级内部影响教学的全部条件，包括班级规模、班级环境、个人环境、班级气氛、师生关系等。

社会环境是影响与制约外语教学的重要因素。国家的教育方针、科学技术水平、经济发展状况、人文精神、外语教育政策、社会群体对外语学习的态度以及社会对外语的需求程度等，都在某种程度上影响着外语教学与学习。社会环境是外语教学发展的主要驱动力之一，对外语教学有着强烈、显著的导向作用。

学校环境是教育环境要素之一。广义的学校环境指学校影响学生发展的全部因素，主要包括课堂教学、课外活动、学校的各种设施及校风学风等。狭义的学校环境指除教学、教育工作之外的影响教学与学习的因素，主要包括教室与实验室的布置、图书馆的布置和管理、宿舍管理等物质环境，同时也包括校风学风、学术氛围等精神环境。学校环境对学生的身心发展有潜移默化的影响，也是外语教学最直接的影响因素之一。

个人环境一般包括学生个体的家庭成员、社会地位、物质生活条件、家庭成员之间以及同学之间的关系，同时也包括拥有的外语学习设备和用具、对外语学习的态度、经验与学习方式等。个人环境是影响学生外语学习的关键因素之一。

班级环境主要涉及教室环境、班级设施、班级人际关系、师生人际关系、班风学风等。积极向上、健康和谐的班级环境有助于学生陶冶情操，培养正确的学习观、生活观和审美观，激发学习热情和奋发向上的精神。

2. 教学环境对英语教学的影响

教学环境对英语教学具有多方面的重要影响，尤其在以下几个方面最为突出：①良好的教学环境有助于教师在教学中营造良好的课堂环境，充分利用现代化教学设备，优化教学环境，提高学生的英语应用能力。②良好的教学环境可以帮助教师正确认识教学环境对学生英语学习的影响，进而结合我国英语教学的现状，理性地分析、判断和选择其他国家英语教学的理论和方法。③良好的教学环境有助于教师有效地加工语言输入材料，科学地设计语言练习，创设良好的英语使用环境。④良好的教学环境有利于教师不断探讨和实践优化课堂教学环境的策略，创设良好的英语教学环境，促进英语教学效果，促进学生的英语学习效果。⑤良好的教学环境有助于激发学习热情，使学生在轻松愉快、健康向上的心理环境下努力学习，取得更大的进步和更好的学习收效。⑥良好的教学环境有助于学生陶冶情操，培养正确的学习观、生活观和审美观。

第三节 隐喻理论对英语教学的启示

隐喻，确切地说是概念隐喻理论，对英语教学有着许多启示和启发。本节讨论隐喻给英语教学带来的主要启示，包括注重隐喻意识与隐喻能力培养、在英语教学中导入隐喻教学法等。

一、注重隐喻意识与隐喻能力培养

隐喻意识与隐喻理解、隐喻能力密切相关。具有隐喻意识，才能借以发现隐喻，识别隐喻，并在反复实践中培养和提升隐喻能力。

根据波尔（Boers）的研究成果，培养学生的隐喻意识，主要是为了达成以下四个目标：第一，认识到隐喻是人类语言表达的普遍现象；第二，认识到隐藏在隐喻语言背后的概念隐喻或者概念意象；第三，认识到许多隐喻性语言的非任意性本质；第四，认识到概念隐喻中存在的跨文化差异性。（Boers,2000）

由此看来，培养学生隐喻意识的首要任务，就是让学生意识到隐喻不仅是文学作品中的修辞手段，更是语言中普遍存在的人类思维的基本特征。因此，教师在外语教学过程中，应通过相关教学内容或教学素材，有意识地引导学生关注并发现英语中的隐喻表达，引导学生分析隐喻表达底层的认知机制，进而培养学生的隐喻意识与隐喻思维，开发与提高学生的隐喻能力，努力达到或者接近英语本族语者那样的概念流利，能够使用英语进行地道自然的流畅交际。

二、导入隐喻教学法

要想培养学生的隐喻能力，就必须将隐喻教学纳入教学大纲，并在英语教学中采用教授和学习隐喻的教学方法，在教授学生英语语言知识和培养学生英语应用能力的同时，培养学生的隐喻思维和隐喻能力。

（一）将隐喻纳入教学大纲

在课堂上因地制宜地加强隐喻教学，培养学生的隐喻意识和隐喻能力，首先要把隐喻教学纳入教学大纲，这样才能确保教师统一认识统一行动，在教学中步调一致，按照教学大纲要求在英语教学中关照隐喻教学。现行的英语教学大纲以知识和交际为中心，基本没有涉及隐喻能力的培养问题，英语教材亦未将学生的认知隐喻策略训练与培养提上日程。通常情况下，教师在讲解教材中所涉及的隐喻时，不是将其作为思维方式和认知机制来处理，而是将其作为一种修辞手段来处理。

如果不具备编制隐喻型教学大纲的条件或者资质，建议教师将隐喻编入教学计划之中。在全面实施隐喻教学大纲或者隐喻教学计划之前，让学生了解隐喻的本质及隐喻的运作机制，给其后的隐喻教学打下初步的认知与理论基础。

我国现行英语教学大纲已经实行多年，实践业已证明其在教学中的重要作用。只需在现行英语教学大纲中适当增加隐喻教学的内容，提示广大教师根据教材内容，因地制宜、灵活机动地培养学生的隐喻意识和隐喻能力。这样有助于督促不太了解隐喻及其实质的教师加强学习，加深认识，提升学术水平和教学水平。如果教学大纲或者教学计划中没有隐喻教学这一规定，教师有可能自行其是，根据自己的经验和理解来处理教学内容中的隐喻现象，导致师生双方错过深入学习与了解隐喻的好机会。

（二）实施隐喻型教学方法

为了实施隐喻教学和培养学生的隐喻能力，教师应该熟悉和掌握隐喻教学的教学策略与教学方法，然后根据教材中的隐喻现象，见缝插针、不失时机地开展隐喻教学。

认知和识解隐喻性语言的过程，涉及用熟悉或者具体的始源域去理解陌生的或者抽象的目标域。通常情况下，学生尝试辨认和识解隐喻时，首先对比较熟悉的始源域所提供的概念信息进行想象，然后再把心理意象投射到陌生或者抽象的目标域，从中发现两个不同认知域之间的相似点，进而理解目标域。

首先，教师可以根据隐喻的不同类型，采用不同的教学方法。概念隐喻分为不同的类型。学生对不同类型隐喻的认知和识解的速度和程度有一定差异。因此，教师应该针对不同类型的隐喻类型及学生的实际学习和理解情况，选用不同的教学策略。

一般说来，学生对形式和概念与汉语基本相同或相似的英语隐喻表达式理解得比较好，因为这类英语隐喻表达式比较容易激活汉语概念隐喻知识，从而产生母语的正迁移。针对这类英语隐喻表达式，教师的教学重点是与汉语语言形式相同或相似的英语语言形式，同时向学生讲解相关的英语文化。

针对与汉语形式不同但概念相同的英语隐喻表达式，教师的教学重点是着重分析英汉语言在表层形式的差异，同时让学生了解英语文化内涵与概念知识。

对于与汉语形式相同但概念不同的英语隐喻表达式，学生通常认知和识解得不够理想，这主要是因为这类具有独特概念基础和文化内涵的英语隐喻表达式，仅靠词汇和语法等语言知识来理解是不够的，还需要英语的概念知识和文化知识等加以辅助。针对此类英语隐喻表达式，教师的教学重点是加强对英语隐喻概念体系的讲解，促进学生根据英语隐喻概念体系对原有的母语概念知识进行重组。

在具体教学过程中，教师需要引导学生充分了解英语语言和英语隐喻之间的理据性，引导学生辨别、分析与理解隐喻性语言表达，培养和提升学生的语言水平和隐喻水平。以讲授"mouth(嘴巴)""eye(眼睛)""head(头)"等英语多义词为例。上述三个名词最初都是用来指称人体器官，以其本义为基础，经过类比、推理与联想，将这些经验图式投射到其他认知域，于是就有诸如"the mouth of a river(河口)""the eye of a needle(针眼)"和"the head of the company(公司一把手)"等隐喻表达式。然后引导学生分析上述隐喻表达式中的认知机制，协助学生学习和掌握隐喻认知策略，培养学生的隐喻意识。

其次，教师可以通过心理意象引导学生理解隐喻。心理意象（mental imagery）通常指当前没有从感官获得的各种事物在心理上的表达。波尔（Boers）等学者的研究表明，心理意象有助于学生理解隐喻性语言，因为遇到非常规表达的隐喻性语言时，学生通常会尝试通过心理意象对隐喻做出释解。波尔的研究结果显示，学生的学习成绩与其运用心理意象进行语言理解的这一认知风格呈显著相关性。（Boers,2000）并非所有学生都具有应用心理意象处理语言现象的认知风格，有些学生可能更倾向于用文字进行思考，所以通过心理意象理解隐喻这一认知风格,还需要教师在教学过程中对学生加以引导与培养。比如在具体的隐喻教学过程中,教师可以引导学生对不同事物的特征进行联想,通过心理意象从中发现相似点,进而达到识别和理解隐喻的目标。

(三)引介英语文化和概念体系

兰托夫(Lantolf)认为"隐喻是文化的产物与反映"。由于语言、文化及思维方式等方面的差异,英汉两种语言的概念体系有许多不同之处。因此,教师应该引导学生了解英汉两种语言和两种文化之间的语言隐喻和概念隐喻的一致性和差异性。

语言是文化的载体,隐喻作为普遍存在的语言现象,自然也是文化的载体之一。从隐喻与文化的相互关系来看,在进行英语文化教学和英汉跨文化教学的时候,应该重视分析那些反映英语文化的隐喻。

同语言迁移相似,隐喻迁移往往产生于母语与外语两种语言形式和两种概念体系之间的对应情况。隐喻迁移一般存在正迁移、负迁移和迁移性不定三种情况。①隐喻正迁移:当汉语与英语的语言形式和概念相一致时,往往会发生隐喻正迁移。这种情况通常会促进英语和英语隐喻学习。②隐喻负迁移:当汉语与英语两种语言的形式和概念不一致时,往往会发生隐喻负迁移。这种情况通常会妨碍英语和英语隐喻学习。③隐喻迁移性不定:当汉语与英语两种语言的形式与概念存在部分重叠时,隐喻迁移可能发生,也可能不发生。所以,就隐喻迁移而言,教师的任务是协助学生促进正迁移,避免和克服负迁移。

概念隐喻通常运作和呈现于认知层面,其作用就像词根,能够生成一系列语言表达式,并在深层的认知层面制约着言语表达式,从而形成概念隐喻的系统性。人们在语言交际中使用的隐喻表达式,其实就是思维层面和认知层面的概念隐喻在语言使用中的具体表现形式。许多概念隐喻根植于人们的身体体验,而许多隐喻语言表达式可以被归入同一个概念隐喻项下。换言之,英语中大量的隐喻语言表达式不是任意构成的,概念隐喻与其具体语言表现形式之间具有理据性。

在具体英语教学过程中,教师在进行英语文化教学的同时,应该加强英语文化和概念体系的输入,强化学生对英语隐喻概念体系的学习与理解,使学生认识到隐喻是建构和体现特定文化的内在机制。在处理英语隐喻性语言时,将其与汉语相比较,找出英汉之间的异同,促进隐喻正迁移,降低隐喻负迁移。与此同时,教师应鼓励学生在英语交际中多使用隐喻性语言表达,逐步培养学生的隐喻意识、隐喻能力和英语概念表征体系。

汉语在英语语义化过程中有着非常重要的作用,直译和利用词语的字面意义可以视作理解英语隐喻的一种策略,这有助于学生理解英语隐喻意义,对那些英语水平较低的学生来说尤为如此。除此之外,在英语语义化过程中合理利用汉语还有以下两个益处:①有助于了解新词语的核心意义。这是加强英语词汇形式和意义相连接,并将新词语储存在长时记忆中的一个关键步骤。②有助于概念映射。母语及其语义结构是学生学习英语的最可靠的认知工具,学生通常按照业已建立的母语语义系统去理解英语新词语。所以,在英语语义化过程中合理利用汉语,有助于将英语词语和心理词库中的汉语语义系统联系起来,从而激活业已存在的意义和概念,并将这些意义和概念投射到英语词语的形式之上,帮助理解英语词语的意义,包括隐喻义。

第四章 英语词汇教学中隐喻能力培养方法与途径

大卫·威尔金斯（David Wilkins）在其著作 *Linguistics in Language Teaching*（《语言学在语言教学中的应用》）中指出，"Without grammar very little can be conveyed.Without vocabulary nothing can be conveyed.（没有语法，说不了几句话；没有词汇，一句话也说不了）"。（Wilkins,1972）这充分说明了词汇在语言交际和语言系统中的重要地位和作用。

拥有一定数量和质量的词汇，是语言应用能力的基础和最基本的前提。因此词汇教学不仅是学生学习的重点，也是英语教学的重点。如果让我国大学生列举英语学习的不足之处或需要加强的方面，大部分学生可能会首先提到词汇量小。所以对于我国大学英语教学和英语学习而言，词汇教学既是学生学习的重点和难点，也是英语教学的重点和难点。

在词汇层面，隐喻与语言的关联非常密切。很多英语词汇，尤其是实词和文化负载词，都包含着隐喻性意义。利用概念隐喻及其认知机制进行英语词汇教学是一种比较可行的方法，对于学生认知和学习英语词汇，尤其是认知和学习英语多义词和文化负载词的效果非常显著。教师可以将概念隐喻及其在词义扩展中的认知机制引入词汇教学，引导学生掌握隐喻性词汇的识记技巧，掌握词汇义项之间的引申机制与内在联系，并通过学习和记忆这类词汇，激发学生的隐喻意识，培养学生的隐喻能力。

本章讨论如何在英语词汇教学中培养学生的隐喻能力，主要涉及隐喻在英语词汇中的作用、隐喻理论对英语词汇教学的启示、英语词汇教学中隐喻能力的培养方法与途径等内容。

第一节 隐喻在英语词汇中的作用

隐喻是人类的一种思维方式，是所有人类语言具有的共性。作为语言的基本构成要素和结构形式，词汇在多个维度上体现着隐喻性，隐喻在英语词汇中起着独特的重要作用。本节主要从英语词汇的隐喻特征、英语词汇发展的隐喻性等角度论述隐喻在英语词汇中的作用。

一、英语词汇的隐喻特征

英语词汇与隐喻的关联非常密切，尤其是实词、介词和文化负载词。英语词汇的隐喻特征既体现在词汇意义的引申与扩展方面，也体现在构词方面，同时还体现在词汇运用方面。

本节讨论英语词汇的隐喻特征，主要包括英语构词的隐喻性和词义发展的隐喻性。

（一）构词的隐喻性

构词（word-formation）是英语扩展词汇的重要途径。英语主要构词法包括派生法

(derivation)、转换法（conversion）与合成法（compounding）三种；另外还有一些次要构词法，如造词法（coinage）、截短法（clipping）、混成法（blending）、逆成法（back-formation）、首字母拼音法（acronym）、首字母拼写法（initialism）等。

英语词汇的隐喻性首先体现在构词上。隐喻是创造新词的重要手段之一，通过隐喻创造新词符合人类的认知规律。英语构词法中体现着不同程度的隐喻性。

首先，英语派生词的构词具有隐喻性。现代英语中有大量词汇是利用数目有限的词根、前缀、后缀等构词成分通过派生构词法构成的，而这些派生词的意义和构词方式都在一定程度上体现着隐喻的作用。比如派生词"preface（前言）"和"heading（标题）"是以人喻物，分别用人体部位"face"和"head"喻指书的前言和文章的标题；而"cocky（趾高气扬的）"和"bullish（积极乐观的）"之类的派生词则是以物喻人，分别用"cock"和"bull"的姿势与神情喻指人的态度和神情。

其次，英语转换词的构词具有隐喻性。隐喻性在转换词中的作用，主要体现在通过改变词性使词义发生变化这一隐喻思维上。例如，"hound"用作名词时意为"猎狗"，转换为动词后意为"追踪"；猎狗的作用就是打猎时追逐猎物，因此"hound"在词性转换前后的意义是靠隐喻联结起来的。再如"chicken"，用作名词时意为"懦夫"，转换为形容词后意为"胆怯的"，转换为动词后意为"（因胆怯而）临阵退缩"，隐喻使词性转换前后的意义保持着相似性。"mushroom"用作名词时意为"蘑菇"，转换为动词后意为"快速生长"，其隐喻义极易让人想起比喻新生事物大量出现的汉语成语"雨后春笋"；因为"雨后春笋"这个成语也有丰富的隐喻性，而且与"mushroom"的动词意义极为相似。此外，一些表示人体部位的英语词汇经常通过隐喻思维来表达一些与该人体部位相关的动作，比如"hand in（上交）""head for（前往）""face up（勇敢面对）"等。

最后，英语新造词（coinage）的构词具有隐喻性。随着科技发展和社会生活的日益丰富，新事物不断涌现，人们对外界事物的认识也会进一步加深，头脑中会出现一些新的想法与概念。要充分表达这些新生事物和思想观念，就需要用具体形象的词汇。如果原有词汇无法或者不能恰当地表达这些新事物和新概念，那么就需要创造新词汇。新词汇的创造过程也体现着一定程度的隐喻性，比如新造词"hangry（饿怒症）"。另外，新造的公司产品名称或商标名称随着时间的推移可以用作普通词汇，例如"granola"原本是一款即食麦片的商标名称，现在通常用来代指所有即食麦片产品，而且还可以用作形容词，意为"讲求身心健康的"。

（二）词义发展的隐喻性

词义发展通常指词汇在本义或概念意义的基础上，再行增加新的含义或义项，这些新增含义或义项即引申义。词汇的本义或概念意义是词汇的中心意义，引申义是词汇的边缘意义，隐喻在词汇意义从本义向边缘意义引申扩展的过程中起着非常重要的关联作用。

词义变化的主要因素就是词义的内在机制，人类的隐喻思维在这个内在机制中起着重要作用。人们参照和基于自己比较熟悉、比较具体的概念体验，通过隐喻这一认知方式，可以认知比较陌生与比较抽象的未知概念。

认知语言学家认为，多义词可以用隐喻的认知模式来解释。一词多义并不是任意性的，而是人们借助隐喻对各种概念的理解而形成的。一般认为，一个多义词的隐喻义产生于本义的隐喻用法，或者产生于引申义的隐喻用法。也就是说，隐喻义是词的隐喻用法固定下来的意义，是词义通过隐喻途径而获得的发展结果。比如"后台（backstage）"本义是"舞台后部"，通常是演员化妆待演的地方，因为它位于帷幕的后面，由此得到"背后操纵和支持之人"的隐喻义。再以英语词汇"key"为例。"key"的本义是一种开锁工具"钥匙"，以其功能和作用为基础，人们通过隐喻思维赋予它"关键"的比喻义。

不仅实词，英语虚词词义的发展也具有隐喻性，其中以介词的词义发展最代表性。以英语介词"at"为例。"at"的本义是表示"地点"这一物理空间概念，如"at the door（在门口）"；但通过概念隐喻的映射和拓展，"在（某处）"这一物理空间概念可以分别映射到时间、状态和方式等认知域，从而形成"at"的多义隐喻网络，如at five o'clock（在五点钟）、at war（在交战状态中）和at high speed（以高速）等。

由上述例子可以看出，隐喻在词义发展过程中起着非常重要的作用。

二、英语词汇发展的隐喻性

英语词汇的隐喻性还体现在词汇的发展上。人类生活的世界和周边环境丰富多彩，有具体事物，也有抽象概念，人们不必或者不可能一一创造与此对应的新词或者表达方式，而是利用原有的词汇意义进行引申和扩展，来表达相关意义或概念。在词义引申和扩展的过程中，概念隐喻起着媒介和桥梁的作用。

本部分从隐喻在词汇发展中的作用、隐喻在多义词中的作用、隐喻在词性转换中的作用、隐喻在习语中的作用等角度，讨论英语词汇发展的隐喻性以及隐喻在英语词汇发展中的作用。

（一）隐喻在词汇发展中的作用

传统词汇学认为，历史因素和社会因素是词义发展的主因。这种观点有一定道理，因为历史因素和社会因素是词义发展的主要外部驱动因素。但除了外部驱动因素之外，词义的发展还需要有内因或内部因素来驱动，语言使用者的认知因素就是重要的内部驱动因素之一。换言之，历史因素和社会因素等外部驱动因素是词义发展的基础与客观要求，认知因素等内部驱动因素是词义发展的内在机制和媒介。

词汇及其意义在外部驱动因素和内部驱动因素的共同作用下向前发展，这既符合社会发展规律，也符合人类的认知规律。随着科技发展和社会生活的日益丰富，新事物不断涌现，人们对外界事物的认识也会随之进一步加深，头脑中会出现一些新的想法与概念。要充分表达这些新生事物与思想观念，就需要有新的语言形式或者新的语言意义。为了节省物质资源和认知资源，同时也遵守人类使用语言的经济原则与省力原则（least effort principle），人们一般不会无休无止地创造新词，而是将新事物、新概念与已知事物和已有体验相联系相比对，找到它们之间的相同点或相似点，然后将该相同点或相似点从一个认知域投射到另一个认知域，从而借助已知的事物和体验来认知和表达新事物、新概念，这就是隐喻在词汇发展中的作用与功能。接下来从认知动因、认知媒介、认知基础等几个角度梳理一下隐喻在英语词汇发展中的作用。

1. 词义扩展的认知动因

隐喻是推动词义扩展的主要认知动因。新事物和新概念需要新词汇或者新词义来表达，而无论新词汇的产生还是新词义的产生，往往不是任意性的，也不是杂乱无章的，而是以隐喻认知为基础的。以"ticket"为例，其本义是"入场券"，指"比赛、演出、会议或展览会等公共活动场所的入门凭证"；但该概念意义通过隐喻机制扩展了义项，其中一个引申义喻指"参加某种比赛的资格"，其词义范畴从娱乐领域扩展到体育活动领域，从"凭证"扩展到"最起码的要求"。虽然"ticket"的本义指具体的入门资格，新义项指抽象的入门资格，但是二者都是指"入门资格"，这一相似之处是通过隐喻机制从具体的认知域映射到抽象的认知域之中的。由此可见，英语词汇的引申义项和扩展义项大多是通过隐喻认知机制从其本义发展而来的。

此外，从认知动因角度讲，隐喻可以增加语言表达的精确性与形象性。当语言中的已有词汇不足以形象而准确地表达某些现象或者概念时，可以借用另一更为熟悉的经验领域中更加形象更加准确的经验与感觉来加以表述。比如许多表示感觉的词汇，其意义可以从一个感觉领域映射到另一感觉领域。例如"pain（痛苦）"是从触觉领域映射到心理感觉领域，而"quiet（安静）"则是从听觉领域映射到心理感觉领域。

2. 一词多义的认知媒介

一词多义是任何语言都有的普遍现象，这符合语言使用的经济原则和省力原则，而一词多义现象与隐喻认知机制有密切关联。

词汇的本义或字面意义通常指称比较具体的客体，所以比较容易理解和记忆。相比而言，从本义引申和延展出来的义项理解和记忆难度较大。教师在处理一词多义现象时，应该引导学生借助隐喻机制去探索、理解和记忆多义词的一系列看似毫不相干、实际上密切关联的一系列词义。以多义词"bank"为例。该词有"河岸"与"银行"两个看似毫不相干的义项，其实这两个义项是通过隐喻思维得以联结起来的。这两个认知域之间的典型相似之处就是"储蓄"这一功能："river bank"用来储存水，"money bank"用来储存钱。将"储蓄"这一功能进一步映射和引申，又产生了"库；库存"的义项，比如"blood bank"（血库）、"memory bank"（内存库）和"food bank"（食物赈济处）等。通过隐喻认知推理，"bank"的不同义项就比较容易关联起来。

此外，借助隐喻认知机制可以理解原型意义的变化和语义范畴等级的变化。比如"virus（病毒）"原为医学领域的术语，通过隐喻认知方式被映射到计算机领域，并逐渐在日常生活中取代了医学病毒的原型意义；人们在日常交际中所说的"virus"，很多时候指的是"computer virus（计算机病毒）"。

3. 创造新词的认知基础

随着科技、经济和社会的发展，新生事物和新想法、新概念不断涌现。要想在语言交际中清晰表达这些新事物和新概念，就需要创造与之相应的新词汇。

英语构词法主要包括派生法、转换法、合成法、截短法、混成法、逆成法、首字母缩略法、造词法等。上述英语构词法的构词过程均体现着不同程度的隐喻性，尤以派生法、转换法和造词法体现得最为明显，最有代表性。比如派生法和转换法在构成形式和构词方法方面的共同之处，就是以现有词汇为基础来创造新词汇；二者在构词认知机制方面的共同之处，就是以隐喻为基础。

以英语前缀派生词的生成过程为例。前缀派生词通常由前缀加词根构成，比如在词根"press"前加上前缀"im-""de-""ex-"，就构成派生新词"impress""depress""express"。

词根"press"的本义是一个具体动作"压",前缀"im-""de-""ex-"分别表示"里面;在里面"、"向下;在下面""外面;在外面"等具体经验域。这些具体经验域经过隐喻映射,与词根"press"一起形成新的抽象经验域,所以"impress""depress""express"便分别被赋予"给……留下深刻印象""使沮丧"和"表达(自己的思想感情)"的隐喻意义。由此看来,英语前缀派生词的生成过程实质上是一种隐喻现象,是概念从一个认知域映射到另一个认知域的过程。

如果词汇系统不利用隐喻机制和隐喻认知来创造新词,那么有可能会造成两种结果:一是词汇表达力将非常有限,因为只能表达具体的事物和实体,而无法表达抽象概念,即隐喻性概念;二是词汇量会大得惊人,因为一个词只能表达一种具体事物或具体现象,而无法进行概念域之间的映射。当然,现实世界中不存在这样的语言,因为这既不符合语言的经济性原则,也不符合人类认知的工作机制。人的认知机制和隐喻相互作用,可以借助已知概念和已有词汇去认知与命名新事物,合理巧妙地运用词义引申扩展和构造新词等手段来表达新事物、新概念,从而避免词汇系统向极端方向发展。

(二)隐喻在多义词中的作用

多义词是语言的固有属性,任何语言都有大量的多义词。多义词符合语言使用的经济原则和省力原则,给语言使用者带来诸多便利。但从另一个角度讲,多义词因为义项繁多,也给外语学习者带来一定困扰。认知语言学认为,大部分一词多义现象可以视作隐喻化的结果。或者更确切地说,隐喻在多义词词义的延展和引申方面,发挥着不可替代的重要作用。

"言语从来没能将我的情意表达千万分之一"是《漂洋过海来看你》中的一句歌词,我们也经常听到或看到"语言没法表达我此刻的心情"这样的说法,其实这说的都是事实。与纷繁复杂的客观世界与人类丰富的情感、抽象概念相比,任何一种语言的词汇都显得非常贫乏。为了解决大千世界的"多"和语言词汇的"少"这一对矛盾,人类充分发挥认知和思维手段,以少对多,借用已有的其他方面的词汇来表达相同或类似的意义和概念,其中最重要的认知和思维手段就是隐喻。以英语介词"at"为例来看看隐喻在一词多义现象中的作用和功能。"at"原本表示"地点"这一物理空间概念,如"at the bus stop(在公共汽车站)";但通过概念隐喻的映射和拓展,这一物理空间概念可以映射到时间、状态、方式与方向等其他认知域,如 at ten o'clock(在10点钟)、at war(在交战状态中)、at high speed(以很快的速度)、aim at(旨在)等。这样一来便围绕"at"形成一个多义网络,"at"也就变成了一个多义介词。

再以"blood(血液)"常用的几个义项为例,看看隐喻在词义认知关联方面所起的作用。"blood"的几个常用义项如下:

① red liquid flowing through the bodies of humans and animals 血液

② family relationship 血统;血缘关系

③ new membership of a group 新成员

④ temper, anger 脾气;怒火

⑤ violence 暴力

"blood"的本义是①"red liquid flowing through the bodies of humans and animals"。

因为遗传的因素，父母与子女之间在血型方面有着特定的关联，因此"blood"获得了②"family relationship"这一隐喻意义，例如"a man of noble blood"指"一个有高贵血统的人"，而"Blood is thicker than water"则指"血浓于水"，亦即"有血缘关系的人之间关系更为亲密"。血液的功能是给身体提供能量和氧，而某个团队新来的成员可以给这个团队带来新的力量和新的智慧，就像给人体提供新鲜血液一样；新成员和新鲜血液之间的这种相似性经过跨域映射，"blood"又获得了③"new membership of a group"这一比喻义。由于人处在生气、愤怒的情绪时，血液运动会加速，所以"blood"有了④"temper；anger"这样的比喻义。由于在暴力行为中经常会看到流血的场面，所以英语有些表示暴力和杀戮的概念里含有"blood"，于是便有⑤"violence"这一比喻义，比如合成词"blood-bath（大屠杀）""blood-lust（杀戮欲）""bloodshed（流血事件）"等。

有关"blood"一词的上述隐喻性分析，有助于学生在理解"blood"一词的本义或概念意义基础上，系统全面地认识其引申义和比喻义；以隐喻为词义认知手段和认知线索，将"blood"的各个义项构成一个隐喻认知网络，不再孤立地机械背记其义项和用法，以达到有理有据地学习与记忆词汇的目的。

绝大多数英语词汇都是多义词，同一单词的多个义项不是相互孤立的，而是相互联系的，而联结这些义项的主要手段就是隐喻。在词汇教学中，可以根据隐喻理论对一词多义进行追踪溯源，使学生能够更好地了解各种义项之间的认知和隐喻性关联，进而快速有效地记住同一单词的不同义项。

此外，概念隐喻在已有表达方式产生新义的过程中也起着非常重要的作用。比如"soft landing（软着陆）"原指航天器的一种安全着陆方式，是一种具体的物理含义，后来因为这层物理含义与"采用连续的政策组合、比较平稳地将通货膨胀率慢慢降下来"的经济现象有认知相似之处，所以被映射到经济领域，用来表达"经济软着陆"。这本质上是一种基于隐喻的语义引申义。

（三）隐喻在词性转换中的作用

词性转换即通常所说的转换构词法（conversion），是英语的重要构词方式之一。概念隐喻在词性转换过程中发挥着重要的功能和作用。

以"名词—动词"词性转换为例。据统计，英语中名词占词汇总量的大约73.6%，而动词只占词汇总量的大约8.6%。由于动词的数量远远少于名词的数量，英语本族语者就将很多名词用作动词，以填补动词表达的空缺。因而，英语中很多词汇都有名词和动词两种词性，例如"The bird snagged the morsel of bread, and wolfed it.（那只鸟抓住那片面包，狼吞虎咽地吃了起来。）"一句中的"wolfed"就是由名词转换而来的动词，其隐喻义为"狼吞虎咽"。

隐喻在转换词中的作用，主要体现在通过改变词性使词义发生变化这一隐喻思维上。如"chicken"用作名词时意为"懦夫"，转换为形容词后意为"胆怯的"，转换为动词后意为"（因胆怯而）临阵退缩"，隐喻使词性转换前后的意义保持着相似性。再如"hound"用作名词时意为"猎狗"，转换为动词后意为"追逐"；猎狗的作用就是打猎时追逐猎物，因此"hound"在词性转换前后的意义是靠隐喻联结起来的。再如"Another mountain trail comes snaking down.（另一条山路蜿蜒而下）"一句中的动词"snake"，做名词时指爬行动物"蛇"，其典型的爬行方式通过隐喻映射转移到认知域"mountain trail"上，听者或者读者很容易理解这条山间小路的形状和走向。

由此可见，英语词性转换的过程体现了思维从具体到抽象、再由抽象到具体的辩证过程。两个认知域之间的相同点或者相似点通过映射从一个认知域转移到另一个认知域，并由此拓展或引申出新的词义。

（四）隐喻在习语中的作用

习语（idiom）是语言的重要组成部分，是本族语者在交流中最为常用的语言素材之一，同时也是内涵丰富、表现力很强的表达方式。"地道英语"通常被表述为"idiomatic English"，可见习语在英语中的普遍性与重要性。英语习语数量众多，据估计有25000个左右。因此，要想学好用好英语，必须掌握相当数量的习语。

习语是语言的精华，也是文化的载体。从结构形式角度讲，习语指那些通常一起使用、具有特定形式的词组，是由于其常见用法而具有比喻意义的词的组合。从意义角度讲，习语所蕴含的意义往往不能从构成该习语的各个词汇的意义中推测出来；也就是说，习语意义无法从其组成成分的通常意义上预测出来，也不能依据一般语法规则预测出来。从认知角度讲，习语通常传达比喻意义，其比喻意义通常与其组成成分的字面意义相分离。如习语"kick the bucket（死掉）"的含义与其字面意思"踢水桶"相差甚远，也无法依据语法规则推测出其确切含义。

隐喻是习语构成的重要认知基础，隐喻性习语是英语习语的主体与核心。以"take the bull by the horns"这个隐喻性习语为例。"bull（公牛）"在人们头脑中的形象是力大无比、强悍凶猛，而"horn（牛角）"是公牛坚硬锐利的御敌武器。依据平时经验或亲身体验，赤手空拳抓住公牛坚硬锐利的双角，其勇敢和危险性堪比我们中国人心目中的武松打虎。因而该习语就有了"勇敢面对危险或困境"这一比喻义，其概念隐喻就是"Take the bull by the horns is bravery（抓住公牛双角的行为是勇敢行为）"。类似习语再如"have a bone to pick with"，用"有一块骨头要挑出来"这一具体形象比喻"跟某人理论一番"，有点儿类似汉语习语"鸡蛋里挑骨头"。习语"a dog in the manger"用"狗占马槽"这一具体形象，比喻"自己不用某种物品但也不愿让其他人用的人"，非常接近汉语习语"占着茅坑不拉屎（的人）"的含义。"in deep water"这一习语用"在深水中"这一具体形象，比喻"陷于困境"或"处境尴尬"。上述习语都是通过隐喻映射而获取其比喻意义的。

总而言之，英语词汇的发展具有隐喻性。英语词汇的发展演变过程充分说明，隐喻在英语词汇发展演变中起着非常重要的认知作用。

第二节　隐喻理论对英语词汇教学的启示

我国的大学英语词汇教学通常具有以下几个特点：①重要性。词汇对于英语语言系统和英语语言使用的作用和重要性不言而喻。②基础性。词汇是英语最基础的语言材料与构件，是英语教学最基础的环节。无论口头英语还是书面英语，无论是听、读等输入性应用还是说、写等输出性应用，抑或是翻译这种综合性运用，均以一定数量和质量的英语词汇为基础。掌握词汇的数量和质量直接影响着学生使用英语的能力，直接影响着各项英语技能的发展。③丰富性。英语词汇意义内涵丰富，既有基本含义，也有文化含义和隐喻意义。

英语词汇教学既要教授学生如何从词法和语法层面正确应用英语，还要教授学生如何从英语文化和英语隐喻层面得体而恰如其分地应用英语。④艰巨性。从学生角度来说，英语词汇记得慢，忘得快，学习和记忆词汇不得要领，事倍功半；同一单词的各个义项难以关联起来，而且写作时用词错误连篇，说起来用词错误连连。从教师角度来说，大学阶段英语词汇教学课时有限，词汇教学效果与学生预期有很大差距，而且不少教师依然沿用传统的讲解和机械记忆模式，没有将隐喻思维融入词汇教学之中，要在有限的时间内让学生大幅提升词汇量确实是一项非常艰巨的任务。

传统的英语词汇教学往往只根据课文所附的词汇表讲解词汇发音、拼写和各个义项，教学经验比较丰富的教师通常捎带介绍一些诸如词根词缀法等记忆单词的小窍门。这样的词汇教学方法可能有助于机械记忆，但在某种程度上忽略了英语词汇意义及义项之间的认知关联。传统的英语词汇教学方式在某种程度上有助于学生扩展词汇量，尤其是短期突击记忆英语词汇，但由于记忆的大都是孤立、脱离语境和无内部认知关联的词汇和义项，未能真正理解并建立起词汇的意义认知网路，致使大多数学生无法在英语交际中正确恰当地使用这些词汇和义项，而且词汇的长期记忆效果也比较差。

隐喻在英语词汇教学中有着极为重要的作用。因此，将隐喻认知融入英语词汇教学中，将传统的词汇教学方法与隐喻词汇教学结合起来，在扩大学生词汇量的同时，培养学生词汇层面的隐喻能力，这是隐喻对于英语词汇教学的主要启示之一。除此之外，隐喻对于英语词汇教学的启示还包括隐喻是词义发展的认知动因、隐喻认知功能是词义之间的认知纽带、词汇教学必须与隐喻认知相结合、隐喻有助于学习词义的引申与扩展、隐喻有助于培养隐喻能力、隐喻有助于开发创新思维、导入隐喻理论和隐喻教学法、加强隐喻性词汇教学、注意隐喻的跨文化性等。

一、隐喻是词义发展的认知动因

词义发展通常指词汇在本义或概念意义的基础上，再行增加新的含义或义项，这些新增含义或义项即引申义。词汇的本义或概念意义是词汇的中心意义，引申义是词汇的边缘意义，隐喻在词汇意义从本义向边缘意义引申扩展的过程中起着非常重要的关联作用。英语词义发展具有隐喻性，可以说隐喻就是词义发展的主要认知动因之一。

首先，隐喻是一词多义的认知媒介。一词多义是任何语言都有的普遍现象，英语中的一词多义与隐喻认知机制有密切关联。多义词符合语言使用的经济原则和省力原则，给语言使用者带来诸多便利。大部分一词多义现象可以视作隐喻化的结果，或者更确切地说，隐喻在多义词词义的延展和引申方面，发挥着不可替代的重要作用。

其次，隐喻是推动词义扩展的主要认知动因。新事物和新概念需要新词汇或者新词义来表达，而无论新词汇的产生还是新词义的产生，往往不是任意的，也不是杂乱无章的，而是以隐喻认知为基础的。

最后，隐喻在词汇发展中起着非常重要的作用。为了节省物质资源和认知资源，同时也遵守语言使用的经济原则与省力原则，人们一般不会无休无止地创造新词，而是将新事物、新概念与已知事物和已有体验相联系相比对，找到它们之间的相同点或相似点，然后将该相同点或相似点从一个认知域投射到另一个认知域，从而借助已知的事物和体验来认知和表达新事物、新概念。这就是隐喻在词汇发展中的作用与功能。

二、隐喻认知功能是词义之间的认知纽带

隐喻普遍存在于英语词汇系统中，隐喻的认知功能是词汇意义之间的认知纽带。

按照认知语义学理论，无论是一词多义现象，还是不同意义之间关联，均涉及从具体到抽象的隐喻性映射，这是一个具有普遍性的词汇意义认知原则。通过隐喻性映射这个桥梁，可以基于已知和熟悉的隐喻认知域推测未知认知域的意义或概念。从认知本质上讲，词汇隐喻意义的理解过程就是一个运作隐喻认知功能的过程。

以英语多义词"foot（脚）"为例。学生在掌握"foot"的概念意义"the lower part of the human body（脚）"后，以此为基础，再理解"the foot of the mountain（山脚）"这一隐喻义就比较容易。教师先引导学生从词汇搭配上辨识两个认知域之间的超常搭配：根据经验可知，"mountain（山）"是没有"foot（脚）"的，那么"the foot of the mountain"就是隐喻性词义。然后再引导学生寻找"foot"和"the foot of the mountain"之间的相似之处或者显著共同点，这就是"the foot of the mountain"的位置和人的"foot"的位置相似，都"位于最下端"。最后把"位于最下端"这个相似之处从始源域"foot"映射到目标域"the foot of the mountain"，并重新解释这一相似之处在目标域"the foot of the mountain"中的含义，便得出"山脚"这一比喻义。经过上述几个步骤，学生就能将"foot"的这两个义项联系起来，构成一个有机结合的语义网络，这给理解和记忆词汇提供了方法与理据。

绝大多数英语词汇都是多义词，同一单词的多个义项不是相互孤立的，而是相互联系的，而联结这些义项的主要手段就是隐喻。在词汇教学中，可以根据隐喻理论对一词多义追踪溯源，使学生能够更充分地了解各种义项之间的认知和隐喻性关联，进而快速有效地记住同一单词的不同含义。

三、词汇教学必须与隐喻认知相结合

在词汇层面，隐喻与语言的关联非常密切。遣词造句需要词汇，而要积累和掌握足够的词汇量，需要借助隐喻理论，因为词义之间的引申与扩展很多情况下是通过隐喻完成的。从正确选择和运用词汇的角度讲，隐喻理论有助于提升正确选词和用词的能力，有助于提升正确运用词汇的隐喻意义的能力。

隐喻可以直接促进英语词汇教学和词汇学习，所以英语词汇教学必须与隐喻认知相结合。教师在教学过程中可以引导学生利用隐喻理论和隐喻思维更加有效地习得英语词汇，积累厚实的词汇储备，扩大词汇量，为提高英语综合应用能力打下坚实基础。

隐喻是基于已知去认知未知的认知桥梁。就英语词汇教学和英语词汇学习而言，隐喻是基于已知词义认知未知词义，进而认知未知词义的认知桥梁。首先，从词汇搭配上辨识隐喻性词义的引申和拓展。其次，找出两个不同事物即两个不同认知域的相似之处或者显著共同点。最后，把两个不同认知域的相似之处或者显著共同点从始源域映射到目标域，也就是把喻体的显著共同点转移到本体之上，重新解释这一相似之处或者显著共同点在另一个认知域之中的含义。借助隐喻理解和推测词义引申与关联的过程，本质上就是揭示词汇义项内在联系的过程。

在英语词汇教学过程中，教师应该有意识地培养学生通过隐喻理解、推测和记忆单词引申意义和比喻意义的能力。教师不仅要重视分析和讲解生词、长词与难词，还要以分析常用隐喻性词汇为基础，引导学生发现、识别和挖掘英语日常用语、谚语俗语及成语典故等隐喻性词汇和隐喻性语言表达所蕴含的比喻意义，进而归纳总结出辨识、理解隐喻性词汇和隐喻性语言表达的方法与策略，让学生加以熟悉和掌握，提升学生运用隐喻理论习得英语词汇的意识和能力。

利用概念认知机制进行英语词汇教学是一种比较可行的方法，对于学生认知和学习英语词汇，尤其是认知和学习英语多义词和文化负载词的效果非常显著。教师可以将概念隐喻及其在词义扩展中的认知机制引入词汇教学，引导学生掌握隐喻性词汇的识记技巧，掌握词汇义项之间的引申机制与内在联系，并通过学习和记忆这类词汇，激发学生的隐喻意识，培养学生的分析能力、推理能力和隐喻能力。

四、隐喻有助于学习词义的引申与扩展

能够理解并推测出词汇的引申义和比喻义是一种重要的语言技能，而在这种技能的培养过程中，隐喻能发挥重要作用。也就是说，隐喻有助于学生学习英语词义的引申与扩展。

认知语言学家认为，人们基于比较熟悉的始源域，逐步接近新的认知域，并通过映射理解新的概念，这是隐喻的主要认知功能。就英语词汇教学和英语词汇学习而言，隐喻是基于已知词义认知未知词义，进而认知未知词义的认知桥梁。

理解隐喻并通过映射认知另一个认知域涉及一个认知推理过程，需要有一个完整的"比较—推理"过程，即首先必须找出始源域和目标域这两个看似互不相干的认知域之间的相似性，然后按照映射规律和隐喻认知机制做出一系列的推理。在英语词汇教学过程中，教师应该有意识地培养学生通过隐喻理解、推测和记忆单词引申意义和比喻意义的能力。比如在教授"Time is money（时间是金钱）"这一隐喻表达式时，具体教学过程可以通过以下几个步骤进行：

第一步，从词汇搭配上辨识隐喻性词义的引申和拓展。隐喻性表达有一个显著特点，就是两个认知域通常不能搭配使用。"time（时间）"和"money（金钱）"是性质不同的两个实体，表面上看是互不相干的两个概念，所以它们通常不能搭配使用。或者说，这两个概念或认知域出现在一起属于超常搭配。

第二步，找出两个不同事物即两个不同认知域之间的相似之处或者显著共同点。虽然"time（时间）"和"money（金钱）"貌似毫不相干，但它们有一个共有的显著特点：宝贵。这一显著共同点是构成隐喻和进行映射的基础和前提。

第三步，把两个不同认知域的相似之处或者显著共同点从始源域映射到目标域，也就是把喻体的显著共同点转移到本体之上，重新解释这一相似之处或者显著共同点在另一个认知域之中的含义。在上述隐喻表达式中，一旦将"宝贵"这一相似之处映射到"time（时间）"之上，"time（时间）"便获得了"时间宝贵"这样的含义。

从以上例子可以看出，借助隐喻理解和推测词义引申与关联的过程，本质上就是揭示词汇义项内在联系的过程。

五、隐喻有助于培养隐喻能力

隐喻能力有广义和狭义之分。狭义的隐喻能力通常包括隐喻接受能力与隐喻产出能力两个方面，主要指外语学习者对隐喻及其用法的识别能力、释解能力与评价能力，以及隐喻的产出能力和加工速度等方面的能力和水平。而广义的隐喻能力除了涵盖狭义的隐喻能力的内容之外，还包括隐喻功能、语用意识及跨文化交际等方面的能力。

综合现有研究成果，外语学习者的隐喻能力主要包括外语环境下的隐喻辨认能力、隐喻运用能力及概念理解能力。隐喻辨认能力指在外语话语或语言中辨认、识别隐喻性表达的能力，隐喻运用能力指在口语和书面语交际中以恰当、合适的方式运用英语隐喻性表达的能力，而概念理解能力指理解隐喻概念与隐喻性表达背后的概念的能力。

隐喻意识是培养隐喻能力的基础与提前，隐喻能力则是隐喻意识的升华与体现。因此，培养学生的隐喻能力，必须先从培养学生的隐喻意识入手。根据波尔（Boers）的研究成果，培养学生的隐喻意识，主要是为了达成以下四个目标：第一，认识到隐喻是人类语言表达的普遍现象；第二，认识到隐藏在隐喻语言背后的概念隐喻或者概念意象；第三，认识到许多隐喻性语言的非任意性本质；第四，认识到概念隐喻中存在的跨文化差异性。由此看来，培养学生隐喻意识的首要任务，就是让学生意识到隐喻不仅是文学作品中的修辞手段，更是语言中普遍存在的人类思维的一个基本特征。

不少研究认为，缺乏识别与理解隐喻的能力，或者识别与理解隐喻的能力比较低下，是我国学生英语水平不高、英语学习收效不够理想的重要原因之一。许多英语教师和学者建议将隐喻能力纳入英语教学范畴，强调要在课堂教学中有意识地加强学生的隐喻意识与隐喻能力培养。

隐喻意识的培养应该以隐喻理论为先导，以隐喻的基本特性和语言功能为基础。建议在具体教学过程中，从认识隐喻性语言的普遍性与非任意性、辨识隐喻表达式的不同类型、关注隐喻性语言的跨文化性、同步导入隐喻与文化、加强隐喻性词汇教学、加强隐喻性语篇教学等方面，培养学生的隐喻意识与隐喻能力。

教师在外语教学过程中，应通过相关教学内容或教学素材，有意识地引导学生关注并发现英语中的隐喻表达，引导学生分析隐喻表达底层的认知机制，进而培养学生的隐喻意识与隐喻思维，开发与提高学生的隐喻能力，努力达到或者接近英语本族语者那样的概念流利，能够使用英语进行地道自然的流畅交际。

无论是日常用语所使用的词汇还是名著经典所使用的词汇，均包含着非常丰富的隐喻性词汇和隐喻性语言表达，而隐喻认知机制在辨识与理解隐喻性词汇和隐喻性语言表达过程中起着非常重要的认知媒介与认知桥梁作用。因此，教师在进行英语词汇教学时，要以分析常用隐喻性词汇为基础，引导学生发现、识别和挖掘英语日常用语、谚语俗语及成语典故等隐喻性词汇和隐喻性语言表达所蕴含的比喻意义和文化内涵，进而归纳总结出辨识、理解隐喻性词汇和隐喻性语言表达的方法与策略，让学生加以熟悉和掌握，提升学生运用隐喻理论习得英语词汇的意识和能力。这不仅有助于培养学生推测与确切理解隐喻性词汇和隐喻性语言表达的引申义、比喻义和深层含义，还有助于激发学生的隐喻意识，培养学生的推理能力和隐喻能力。

六、隐喻有助于开发创新思维

语言及语言技能与创新思维密切相关。"创造性"是人类语言的主要设计特征之一，我们平时的话语几乎没有重复，每句话都具有创造性。所以，语言技能与创新思维有着天然的统一性。

英语教学大纲对培养学生的创新思维能力有着明确要求，教师在设计教学内容、教学方式和课堂活动时，要充分考虑怎样才能既培养学生英语知识和英语技能，又能开发学生的创新思维与创新能力。

从本质上来说，隐喻思维就是一种创新思维，隐喻能力就是一种创新能力。语言使用者基于比较熟悉的始源域，逐步接近新的认知域，并通过映射理解新的概念。就英语词汇教学和英语词汇学习而言，隐喻是基于已知词义认知未知词义，进而认知未知词义的认知桥梁。理解隐喻并通过映射认知另一个认知域涉及一个认知推理过程，需要有一个完整的"比较—推理"过程，即首先必须找出始源域和目标域这两个看似互不相干的事物之间的相似性，然后按照映射规律和隐喻认知机制做出一系列的推理。而基于已知词义通过"比较—推理"去认知未知词义这一认知过程，本身就是创新思维的运用过程。

七、导入隐喻理论和隐喻教学法

在英语教学中实行隐喻教学法有一个前提，即需要让学生了解隐喻的基本知识，熟悉并掌握隐喻认知机制的工作原理。然后才是在教学中实行隐喻教学法，或者在实行隐喻教学法的过程中让学生了解隐喻的基本知识，熟悉并掌握隐喻认知机制的工作原理，在学中做，在做中学。

首先，教师需要让学生了解隐喻的基本知识，包括隐喻的定义、分类及特点等。

按照莱考夫和约翰逊的阐述与界定，概念隐喻必须由两个成分构成：一是目标域，即所描绘的对象，二是始源域，即用来作比的概念；目标域和始源域必须属于两个不同的概念体系，并且必须有质的差别，同时二者必须有某种相似之处。莱考夫和约翰逊将隐喻划分为结构隐喻、方位隐喻和实体隐喻三种类型。

隐喻最显著的语义特征主要包括系统性、语义矛盾性、方向性与模糊性。隐喻的系统性通常指隐喻涉及所在领域整个系统内部关系的转移，即某一概念隐喻的始源域特征可以全部映射到其目标域上。矛盾性指语言表达式的字面意思在逻辑上与语境相矛盾。从本质上来讲，隐喻是将两个不同类别的概念或事物等同起来，用一个事物来比喻和认知另一个事物，这就形成了逻辑上的矛盾和语义上的冲突，这是隐喻的本质特征之一。方向性是就隐喻的结构方向而言的，通常指隐喻的始源域和目标域的位置不能互换。始源域和目标域位置固定，各司其职，不能任意调换位置。模糊性是就隐喻理解而言的，通常指需要借助语境才能认知和理解隐喻意义。

其次，教师需要让学生了解并掌握隐喻认知机制的工作原理。

隐喻映射或者说跨域映射是隐喻认知机制的主要工作原理。概念隐喻包含两个不同认知域，即始源域和目标域，这两个认知域之间具有方向性的互动称为映射。映射具有单向性的特点，即通常由始源域向目标域映射。比如在"Life is a journey.(生命是一次旅行)"

这一概念隐喻中，始源域"journey"的一些典型特征可以映射到目标域"life"之上，而不能反向映射。

除了单向性，隐喻映射还具有系统性，始源域的特征可以系统地映射到目标域中。再以"LIFE IS A JOURNEY.（生命是一次旅行）"这一概念隐喻为例。始源域"journey"所具有的显著特征，如旅行开始、旅途过程及旅行结束等显著相似性特征，均可以系统性地整体映射到目标域"life"之上。因此就有了以下隐喻表达式：

① You got a good start in life.（你的人生起步很好。）
② He is at a crossroad in his life.（他正处在人生的十字路口。）
③ She's gone through a lot in her life.（她一生经历了很多。）

在上述隐喻表达式中，始源域"journey"的显著结构特征单向且系统地映射到目标域"life"之上。

在始源域的特征向目标域进行映射的过程中，始源域所具有的特征通常对该映射过程有一定的限制作用。如果一个概念隐喻有两个以上比喻意义，认知主体会在语境及始源域所具有的特征的激活机制和抑制机制的双重作用下，推测、过滤和选择出与目标域有最大相关的焦点信息，而这个焦点信息往往就是隐喻表达式所要表达的确切含义。以隐喻表达式"He is a fox.（他是一只狐狸）"为例。始源域"fox"有许多特征，比如哺乳动物、听觉灵敏、嗅觉灵敏、奔跑快速、以鼠类鸟类昆虫类等小型动物为食、人们认为其生性狡猾等等，但在多种因素共同作用下，往往只有"生性狡猾"这一个特征映射到目标域"He"之上，其他特征均被过滤掉。

一般说来，对隐喻的理解过程必须经历两个步骤：一是辨识隐喻，二是推断隐喻意义。隐喻作为一种普遍的语言现象，有其明显的语言标记。可以借助隐喻的话语信号或标志、隐喻的语义或语用信号等来辨识隐喻。一般说来，推断隐喻意义主要从两方面入手：一是利用语境，二是推断始源域与目标域之间共有的典型特征。具体说来，当听话人确认某一语言表达式是隐喻用法后，通常会依据当时的具体语境，判断隐喻表达式中始源域与目标域之间共有的典型特征，进而判断说话人将始源域中的哪一个或哪几个典型特征映射到目标域中，从而推断出目标域的新含义。这是推断隐喻意义的基本方法和基本过程。

隐喻的认知功能主要体现在以下几个方面：(1)从语言表达和语言使用的角度来讲，隐喻的认知功能表现为能够创造新的意义，表达新的思想。这一认知功能主要表现在两个方面，即定义新事物和赋予旧事物以新概念。就定义新事物而言，隐喻可以将事物的本质直接诉诸"形象"，这不仅有助于人们理解对概念的科学阐释，还有助于人们从一个独特的视角认知和释解新事物。(2)从认知和表达新事物的角度来讲，隐喻是观察世界和认知世界的重要手段与途径。作为一种认知手段和认知工具，隐喻基于人们的自身体验，经常被用作抽象思维的先导，使人们以比较熟悉的事物为基础，去观察和认知世界，去认知和识解新事物。英汉两种语言中均有大量源自人体及其各个组成部分的隐喻，都是人们借助熟悉的人体词汇来认识和表达与之相似的抽象概念或陌生的实体。比如英语和汉语均有的"foot of a hill（山脚）""river mouth（河口）""leg of a table（桌腿）"等表达方式，就是非常典型的例子。再如，英语中通常将亚当的肌肤比作土地，将其血液比作海洋，将其头发比作草原，这些都是基督教文化中的典型隐喻。(3)从探索未知事物和未知世界的角度来讲，隐喻是一座认知桥梁，引导着人们从已知走向未知。隐喻的始源域一般为人们比较熟悉的实体，借助这个已知事物的相似特征，通过比对和映射，能够逐步认知新概念，进而理解新概念。在人们从已知走向未知这一认知过程中，隐喻能够为人们提供认知事物的新视角和观察世界的新方法。具体说来，人们在认知未知事物的过程中，通常根据已知概念及其语言表达方式，充分发挥想象力和创造力，寻找已知事物和未知事物之间的相似特征，由此及彼地推测、理解和解读未知概念及其语言表达方式。比如"山"原本没有脚，但是人类都有双脚，所以当听到"山脚（foot of a hill）"这个隐喻表达式，很容易由此及彼地理解"山脚（foot of a hill）"指的是山的哪个具体位置。

以上讨论的是怎样在英语词汇教学中引导学生了解隐喻基本知识和掌握隐喻认知机制的工作原理，接下来讨论怎样在英语词汇教学中导入隐喻教学法。

为了实施隐喻教学和培养学生的隐喻能力，教师应该熟悉和掌握隐喻教学的教学策略与教学方法，然后根据教材中的隐喻现象，见缝插针、不失时机地开展隐喻教学。

认知和识解隐喻性语言的过程，涉及用熟悉或者具体的始源域去理解陌生的或者抽象的目标域。通常情况下，学生尝试辨认和识解隐喻时，首先对比较熟悉的始源域所提供的概念信息进行想象，然后再把心理意象投射到陌生或者抽象的目标域，从中发现两个不同认知域之间的相似点，进而理解目标域。

首先，教师可以根据隐喻的不同类型，采用不同的教学方法。概念隐喻分为不同的类型。学生对不同类型隐喻的认知和识解的速度和程度有一定程度的差异。因此，教师应该针对不同类型的隐喻类型及学生的实际学习和理解情况，选用不同的教学策略加以应对。在具体英语教学过程中，教师需要引导学生充分了解英语语言和英语隐喻之间的理据性，引导学生辨别、分析与理解隐喻性语言表达，培养和提升学生的语言水平和隐喻水平。以利用图式理论讲授"mouth（嘴巴）""eye（眼睛）""head（头）"等英语多义词为例。上述三个名词最初都是用来指称人体器官，以其本义为基础，经过类比、推理与联想，将这些经验图式投射到其他认知域，于是就有诸如"the mouth of a river（河口）""the eye of a needle（针眼）""the head of the company（公司一把手）"等隐喻表达式。然后引导学生分析上述隐喻表达式中的认知机制，协助学生学习和掌握隐喻认知策略，培养学生的隐喻意识。

其次，教师可以通过心理意象引导学生理解隐喻。心理意象通常指当前没有从感官获得的各种事物在心理上的表达。心理意象有助于学生理解隐喻性语言，因为遇到非常规表达的隐喻性语言时，学生通常会尝试通过心理意象对隐喻做出释解。并非所有学生都具有应用心理意象处理语言现象的认知风格，有些学生可能更倾向于用文字进行思考，所以通过心理意象理解隐喻这一认知风格，还需要教师在教学过程中对学生加以引导与培养。比如在具体的隐喻教学过程中，教师可以引导学生对不同事物的特征进行联想，通过心理意象从中发现相似点，进而达到识别和理解隐喻的目标。

最后，教师可以改进传统的纯讲解式词汇教学法以及机械记忆词汇的词汇学习方法，将概念隐喻及其在词义扩展中的认知机制引入词汇教学，引导学生掌握隐喻性词汇的识记技巧，掌握词汇义项之间的引申机制与内在联系，并通过学习和记忆这类词汇，激发学生的隐喻意识，培养学生的隐喻能力。以隐喻性词汇"dog（狗）"为例，"top dog（头号人物）""lucky dog（幸运之人）"和"jolly dog"（快乐之人）"等都是以"dog"为始源域的隐喻性表达式；通过认知和学习这些隐喻性表达的引申和映射过程，学生不仅可以有理有据地习得这些表达方式，而且可以进一步加深对概念隐喻及其运作机制的认识。

八、加强隐喻性词汇教学

利用概念隐喻及其认知机制进行英语词汇教学是一种比较可行的方法，对于学生认知和学习英语词汇，尤其是认知和学习英语多义词和文化负载词的效果非常显著。隐喻性词汇教学的优势主要体现在以下几个方面：（1）有利于改善枯燥乏味的传统词汇教学模式，活跃课堂气氛，激发学生的学习兴趣和认知主动性；（2）丰富学生的词汇学习方法，提升词汇识记效果；（3）基于理据的记忆更加长久，更加牢固，更加有利于长期记忆；（4）词汇学习的理据性有助于激发学生的隐喻意识；（5）有利于训练和提升学生的隐喻能力。所以，在实际教学过程中应该加强隐喻性词汇教学。

首先，要让学生头脑中有隐喻概念和隐喻意识，了解隐喻在英语学习中的作用与功能。（1）引导学生认识到隐喻的普遍性，隐喻普遍存在于语言之中，语言中遍布隐喻性表述。隐喻不仅是文学语言的普遍现象，也是日常用语的普遍现象。（2）引导学生认识到隐喻性语言的非任意性。隐喻性语言的非任意性通常指发生在概念隐喻的始源域和目标域之间的跨域映射在一定的概念隐喻框架内进行，是两个不同认知域经验的系统映射，具有系统性，并非杂乱无章。了解隐喻的这一特征，对于学生学习隐喻、释解隐喻和应用隐喻有着非常重要的作用。（3）引导学生认识到隐喻在英语学习中的作用与功能，利用隐喻不仅能迅速扩大词汇量和扩展已知词汇的义项，而且还能掌握词汇及语言的理据性。

其次，在具体教学过程中，教师可以从最简单、最普遍的隐喻现象入手，帮助学生认识到隐喻的普遍性，比如通过讲解英语中常见的隐喻性词汇。以英语单词"mouse"为例。其概念意义为"老鼠"，但由于电脑的鼠标与老鼠在外观上极为相似，所以现在经常用"mouse"指称鼠标，这就是一种引申义或比喻义。再如"lurking"，其概念意义是"潜水"，现在经常用来喻指论坛中只浏览他人信息而自己保持沉默的行为，如同潜水员潜水而不浮出水面一样。教师可以引导学生分析上述隐喻性表述，启发学生发现其中的隐喻现象，让学生充分认识到隐喻普遍存在于语言表达中，也是人们认知世界的有力工具。

再如有关"up（上；向上）"和"down（下；向下）"这对反义词的隐喻表达式"feel up（振作起来）""cheer up（打起精神）""feel down（感到沮丧）""come down with（得病）"等。学生在教师引导下，一旦认识到这些隐喻表达式深层的概念隐喻为"Happy is Up, Sad is Down.（快乐是上，悲伤是下）"，其中的隐喻关联就非常清楚了，而且还可以由此推测出"Good is up, bad is down.（好是上，坏是下）"、"Happy is Up, Sad is Down.（健康是上，患病是下）"等类似隐喻概念。教师可以趁热打铁，引导同学们认识到这些概念隐喻是基于人们的生活经验而形成的：竖直上升的姿势往往让人联想到积极向上的情感状态，低垂下降的姿势往往让人联想到消极沮丧的情感状态。

加强隐喻性词汇教学不仅能够帮助学生识解和运用隐喻性语言，而且还能帮助学生扩大词汇量和扩展已知词汇的义项，并且有助于学生掌握词汇义项之间的理据性。这些均有助于学生提高词汇学习效率，尤其是提高隐喻性词汇的学习效率。

九、注意隐喻的跨文化性

语言是文化的载体，不同语言承载着不同民族的文化特点与文化内涵。外语学习涉及跨文化现象和跨文化交际，英语学习也是如此。由于地理环境、历史背景和风俗习惯等诸多方面的差异，不同民族的不同文化特征会沉淀在民族语言中，并留下深刻而明显的印迹。这一点体现在隐喻性语言上，就是不同语言的隐喻性表达常常具有跨文化差异性。因此，在具体教学过程中，教师应该引导学生关注英语词汇及隐喻性语言的跨文化性。

英语和汉语都有"人是动物（Man Is an Animal）"这一概念隐喻，但由于英语民族和汉语民族对动物认知的文化背景有所不同，导致英语和汉语对同一动物的认知情感和心理印象有所不同；反映在隐喻性语言表达上，就是相同的动物喻体在两种语言中的隐喻意义有差异，有时甚至会截然相反。以"dog（狗）"为例。"dog"在英语文化中被视为忠实朋友，因此用于隐喻时往往会有"忠诚"等喻义，如"lucky dog（幸运之人）""top dog（头号人物）""old dog（有经验之人）""Love me, love my dog（爱屋及乌）"等隐喻性表述。与此相反，在中华文化及民族情感中，与"狗"有关的词语和隐喻表达式往往含有贬损喻义，例如"狗腿子""狐朋狗友""狗眼看人低"等隐喻性表述。这就是隐喻性语言中存在的跨文化差异性。

此外，在借助隐喻认知机制理解和推测单词引申意义的过程中，需要注意文化因素的作用和影响。由于受文化因素的制约，相似甚至相同的隐喻表达在不同文化中可能会有不同内涵。比如颜色词"green（绿色）"，在英语文化中的隐喻意义通常是"缺乏经验的；幼稚的"，所以英语中有"a green hand（生手）""green as grass（幼稚；无经验）"等表达方式。但在汉语文化中，"绿色"就没有这样的隐喻意义。所以，教师应该结合具体词汇教学过程培养学生的跨文化意识。

隐喻性语言的跨文化差异性源自英汉两个民族对同一喻体所持有的不同价值观与文化心理，所以此类隐喻表达式应该成为英语隐喻教学的重点。如果无法跨越这一步，就有可能无法确切释解这类隐喻表达式，有时甚至会做出相反的喻义释解。在这方面，一个比较有代表性的例子是"dragon"和"龙"。"龙"在中华文化中象征权威与至尊无上，所以成为帝王的象征。而"dragon"在英语中是一种能吐火的凶残怪物，是恶魔撒旦的化身，经常用来喻指"凶暴之徒"。所以，有人建议将汉语的"龙"音译为"Long"，将英语的"dragon"音译为"拽根"，这主要是从喻体中存在的跨文化差异角度考虑的。

在进行隐喻性词汇的跨文化教学时，教师可以视不同情况灵活采用不同的教学方法。（1）对于那些喻体差别不是特别明显、喻义比较好理解的隐喻性语言表达，教师可以借助与其相对应的汉语隐喻性语言表达导入英语文化。比如英语中的"meet one's Waterloo（遭遇滑铁卢；遭受惨败）"可以借助汉语的"走麦城"来导入和释解；"a lion in the way（挡道的狮子）"可以借助汉语的"拦路虎"来导入和释解。这种教学方法不仅有助于学生充分认识隐喻在英语文化教学中的作用，还有助于促进学生在英语学习过程中的母语语言和文化的正迁移。（2）对于那些喻体差别较大、喻义不好理解的隐喻性语言表达，教师可以视为文化导入的重点和难点。例如，在我们中国人心目中，蝴蝶被视为美丽、忠贞的象征，所以才有"化蝶"的美丽传说；但在英语文化中，"butterfly（蝴蝶）"却象征着轻浮，有明显的贬义。类似这样的隐喻性语言表达，教师应给学生做重点讲解，引导学生做详尽分析。

了解与把握隐喻性词汇和隐喻性语言的跨文化差异，不仅有助于提高学生运用英语的正确性与得体性，而且有助于培养学生的隐喻能力，增强学生的跨文化交际能力。

第三节　词汇教学中隐喻能力培养方法与途径

隐喻普遍存在于英语词汇系统中，隐喻的认知功能是词汇意义之间的认知纽带。按照认知语义学理论，无论是一词多义现象，还是不同意义之间关联，均涉及从具体到抽象的隐喻性映射，这是一个具有普遍性的词汇意义原则。通过隐喻性映射这个桥梁，可以基于已知和熟悉的隐喻认知域推测出未知认知域意义或概念，这一过程可以用于分析隐喻性词汇。从认知本质上讲，词汇隐喻意义的理解过程就是一个认知推理过程。

本节讨论如何在英语词汇教学中培养学生的隐喻能力，主要涉及英语词汇教学的基本原则、英语词汇教学中隐喻能力的培养方法与途径等内容。

一、英语词汇教学的基本原则

本小节讨论英语词汇教学的基本原则，主要包括英语词汇教学音形义相结合的原则、结合句型情景的原则、结合隐喻认知的原则、结合文化背景的原则、学以致用的原则、回顾与拓展的原则等基本原则。

（一）音、形、义相结合的原则

人类的任何自然语言，其词汇都是音、形、义相结合的统一体，英语也不例外。英语词汇的音、形、义是相互联系的，其排列组合有一定的理据性，这也是认知语言学的一个基本观点。从这一角度说，英语词汇教学本身就是音形义三个方面的综合性教学，即同时教授词汇的发音、外部形态及所表达的含义。

通常情况下，英语词汇的发音既包括读音和重音等固有的内在特征，也包括语调、节奏、连读、音变等在较大语列中出现的超音段语音特征。因此，英语词汇发音不仅要重视单词独立于语境时的单个单词的准确发音，而且还要重视词汇在具体语境中和较大语篇与语流中出现的超音段语音特征。

英语词汇形式方面的教学主要指词汇结构、形态及其一般变化规律的教学。与法语、德语和西班牙语等主要欧洲语言相比，英语词汇的曲折变化相当少，但与汉语这样典型的分析性语言相比，英语词汇的曲折变化还是比较多。所以，英语词汇外在形式和形态的变化及其规律，依然是英语词汇教学的重点和难点之一。

英语词义教学通常比词汇的发音教学和外部形式教学更加复杂，这一方面是因为英语词汇大多是多义词，有些词汇的不同义项之间的关联不太容易辨识和判断；另一方面是因为英汉两种语言之间的绝对对等词比较少。另外，传统的词汇教学方式也给英语词义学习增加了难度。

总之，音、形、义是词汇构成的三要素。在具体词汇教学中，教师应该引导学生对英语词汇的音、形、义进行归类和归纳，找出并抓住英语词汇在音、形、义方面的主要特征和规律，在词汇学习和词汇记忆过程中，把一个单词的音、形、义作为一个有机统一体来处理。此外，在具体词汇教学过程中，涉及一词多义、文化负载词等与隐喻有关联的词汇现象时，教师要引导学生运用隐喻认知机制进行词汇学习和词汇记忆，在提高学生词汇学习效率和记忆效率的同时，培养学生的隐喻意识与隐喻能力。

（二）结合句型情景的原则

句型指根据句子结构及句法成分配置格局划分出来的句子类型，狭义的句型通常指以某个单词为核心形成的搭配结构和使用方法。

传统的词汇教学通常分为以下几个步骤：①教师带领学生朗读生词表中的单词，或者先请几位学生朗读生词表中的单词，然后教师带读，这一步骤主要解决单词的发音问题；②解释单词的拼写和语法范畴，这一步骤主要解决单词的外部形式问题；③讲解单词的意义及其用法，这一步骤主要应对词义问题；④进行句型操练和造句练习，这一步骤主要解决词汇的运用问题。从某种意义上说，上述词汇教学步骤有层次有系统，由简到繁，层层推进，而且音、形、义均有所涉及和覆盖，照理讲应该非常好的教学和学习效果。但实际上学生依据这种程序习得的词汇，到了真实交际环境中还是无法正确使用，导致错误不断，使用英语的自信心严重受挫。脱离语境而进行词汇教学是重要原因之一。在脱离语境的情况下进行词汇教学，很多时候既不利于学生充分理解与确切掌握所学习的词汇，还极易使学生感觉词汇学习枯燥无味，学习收效不大，从而背负很大的心理压力。

真实英语交际通常以句子为交际单位，即便偶尔说一个单词，那也是独词句。单词是构成句子的具体组件，单词一旦组合进句子，由于受具体语境的影响，其读音和意义有时会与单独存在时有比较大的差异，而这些不同的语音特征和意义变化只有在句子与具体语境相结合时才能体现出来。

有鉴于此，建议英语词汇教学以单词为基础，以句型为单位，结合句型使用的语境来进行。所以，创设真实语境或者接近真实的语境，也是英语词汇教学的一项任务。这样既能使学生习得单词的本义和引申义，也能使学生借助语境体会词汇的语用意义，达到准确理解词义和得体应用词汇的目标。

（三）结合隐喻认知的原则

英语词汇与隐喻的关联非常密切，尤其是实词、介词和文化负载词。英语词汇的隐喻特征既体现在词汇意义的引申与扩展方面，也体现在构词方面，同时还体现在词汇运用方面。能够理解并推测词汇的引申义和比喻义是一种重要的语言技能，而在这种技能的培养过程中，隐喻发挥着重要作用。

隐喻是基于已知去认知未知的认知桥梁。就英语词汇教学和英语词汇学习而言，隐喻是基于已知词义认知未知词义，进而认知未知词义的认知桥梁。首先，从词汇搭配上辨识隐喻性词义的引申和拓展。其次，找出两个不同事物即两个不同认知域的相似之处或者显著共同点。最后，把两个不同认知域的相似之处或者显著共同点从始源域映射到目标域，也就是把喻体的显著共同点转移到本体之上，重新解释这一相似之处或者显著共同点在另一个认知域中的含义。借助隐喻理解和推测词义引申与关联的过程，本质上就是揭示词汇义项内在联系的过程。

在英语词汇教学过程中，教师应该有意识地培养学生通过隐喻理解、推测和记忆单词引申意义和比喻意义的能力。教师不仅要重视分析和讲解生词、长词与难词，还要以分析常用隐喻性词汇为基础，引导学生发现、识别和挖掘英语日常用语、谚语俗语及成语典故等隐喻性词汇和隐喻性语言表达所蕴含的比喻意义，进而归纳总结出辨识、理解隐喻性词汇和隐喻性语言表达的方法与策略，让学生熟悉和掌握，提升学生运用隐喻理论习得英语词汇的意识和能力。

利用概念认知机制进行英语词汇教学是一种比较可行的方法，对于学生认知和学习英语词汇，尤其是认知和学习英语多义词和文化负载词的效果非常显著。教师可以将概念隐喻及其在词义扩展中的认知机制引入词汇教学，引导学生掌握隐喻性词汇的识记技巧，掌握词汇义项之间的引申机制与内在联系，并通过学习和记忆这类词汇，激发学生的隐喻意识，培养学生的分析能力、推理能力和隐喻能力。

（四）结合文化背景的原则

语言是文化的载体，各种语言都有自己独特的文化负载词，很多词汇都有文化内涵。在英语和汉语两种语言中，绝对同义词即词汇意义完全相同的词汇是没有的；即便是概念意义相同的词汇，其引申义、比喻义或文化内涵也有着方方面面的不同。比如前述提到的"dog（狗）"和"green（绿色）"等词汇，在英汉两种语言中的文化内涵有很大差异，其引申义、比喻义、文化内涵和情感色彩也有很大的不同。

由于文化的差异，即便是一个在英汉两种语言中概念意义和字面意义相同或相近的词汇，在用法和意义内涵上也有较大的差异。例如英语的"intellectual"一词，其概念意义与汉语的"知识分子"基本相同，但在意义涵盖方面有所区别。英语文化背景下的"intellectual"通常只包括大学教授等具有较高学术造诣和学术地位的人，意义涵盖范围比较小；而汉语的"知识分子"意义涵盖范围则比较大，具有较高的科学文化水平、主要从事脑力劳动的人都可以称为"知识分子"，不仅指科技工作者和各级各类教师，还包括医生、编辑和文艺工作者等，甚至在有些偏远地区，有些中学教师都被当地老百姓看作是"知识分子"。

因此，在进行词汇教学时，尤其是在讲授文化负载词时，教师需坚持结合文化背景进行教学这一原则，帮助学生确切理解词汇的文化内涵，培养学生跨文化交际能力。

（五）学以致用的原则

无论是知识还是技能，学习的目的就是将来能够应用，英语词汇学习更是如此。学习词汇的目的在于提高英语整体水平，为日后在工作中使用英语进行交际和国际交流打下语言基础。所以，英语词汇教学应该自始至终遵循和坚持学以致用的原则。

教师在进行词汇教学时，应该注重创设词汇的应用语境，让学生在语境和情景中习得词汇，并在语境和使用中把握词汇的确切内涵。另外，学生在使用和交际中学习词汇，更有助于掌握词汇的动态用法，也有助于长期记忆词汇。

教师在坚持学以致用原则进行词汇操练、鼓励学生运用词汇时应注意以下几个事项：①组织符合学生英语水平的课堂交际活动，使学生在课堂交际活动中大胆、灵活地运用所学词汇，进而在应用中掌握词汇；②依据艾滨浩斯遗忘规律（Ebbinghaus Forgetting Law），增加所学词汇在课堂交际活动中的复现率，以便强化学生的词汇记忆效果；③掌控好词汇教学与词汇操练的难度和强度，确保词汇教学与词汇学习的质量；④适合于隐喻认知教学的词汇，要不失时机地引入隐喻性词汇教学方法；⑤鼓励学生开动脑筋，大胆尝试，摸索与建立适合自己的词汇学习与记忆方法。

（六）回顾与拓展的原则

温故而知新，融汇而贯通，说的就是回顾与拓展的作用。在英语词汇教学中，回顾与拓展也有其独特作用和功能。

教师在教授英语新词汇时，要引导学生以比较熟悉的已学词汇作为基础和铺垫，利用已有词汇知识来识解和记忆新词汇，温故而知新，同时也可以达到复习和巩固已学词汇的目的。以教授"contradict"（矛盾；反驳）这一英语新单词为例。教师可以先通过学生比较熟悉的"dictionary"（字典）一词，讲解词根"dict"（=say 说）的含义，然后以这一词根为基础，启发学生回忆已经学过的、含有这一词根的同根词，如"dictation"（听写）、"indicate"（表示；暗示）等，此后再进一步学习"contradiction"（矛盾；反驳）、"dictate"（口授；口述）和"predict"（预言）等同根新词。这样既可以达到温故而知新的目的，也可以达到举一反三、融会贯通的目的，可谓一举多得。

此外，教师还要注意英语多义词的词义延伸与拓展，帮助学生对词汇进行更加全面更加深入的理解。但词汇拓展要适度适量，所做的拓展须在学生现有的认知能力和接受能力范围之内，以免过度增加学生的学习负担和记忆负担。

二、英语词汇教学中隐喻能力的培养策略

词汇是语言最基础的构造单位。俗话说"巧妇难为无米之炊"，对于语言交际而言，词汇和语法就是"米"。具有一定的词汇量，是任何语言交际的前提条件之一。要想使用英语进行比较流畅的交际，就必须有一定的词汇量作为基础和支撑。倘若词汇量不足，英语的听、说、读、写、译各项能力都会受到限制，更不用说进行无障碍的流畅交流了。

传统的英语词汇课堂教学，通常以教材课文的生词表为蓝本进行，教师依照生词表列出的单词、音标、词性及其与课文相对应的义项，对词汇进行逐一讲解，或者选择其中的重要词汇和常用词汇进行讲解与学习，时间充裕时结合句型进行词汇应用练习。这种词汇教学方式应对单义词汇比较有效，应对多义词、文化负载词和隐喻性词汇或者隐喻性词义时效果不佳。因为在这种词汇教学模式下，学生对所学词汇意义的理解缺乏认知关联，无法把英语多义词及其各个不同义项关联起来，学习和记忆多义词及其不同义项比较困难。即便能够暂时记住多义词及其几个义项，要灵活使用这些单词也并非易事，而且长时记忆效果也不理想。

隐喻具有认知特性和认知机制。如果词汇教学结合隐喻认知机制进行，会有利于学生掌握词汇的意义内涵及其认知关联，有利于学生了解和理清词汇意义网络的内部联系，有利于学生理解、记忆与更加贴切地运用英语词汇，也有利于在英语词汇教学中培养学生的隐喻能力。

本小节讨论如何在英语词汇教学中培养学生的隐喻能力，主要培养策略包括教授辨识隐喻与理解隐喻的方法与步骤、遵循"始源域→映射→目标域"的隐喻释解顺序、了解英汉隐喻文化的内涵差异、培养隐喻推断能力、通过词汇理解培养隐喻能力、通过多义词教学培养隐喻能力以及通过习语教学培养隐喻能力等。

（一）教授辨识隐喻与理解隐喻的方法与步骤

辨识与理解词汇层面的隐喻是隐喻能力的一个重要方面，能够辨识、推测并理解隐喻性词汇的比喻义是一项重要的语言技能。

辨识理解词汇层面的隐喻，是理解词汇层面隐喻的前提。教师在实施隐喻性词汇教学时，首先要引导学生学习、训练与掌握词汇层面的隐喻的辨识方法和步骤。一般来说，辨识词汇层面的隐喻主要依靠两个认知域之间的矛盾性，或者超常搭配性。以英语多义词"foot(脚)"为例。学生在掌握"foot"的基本含义"the lower part of the human body"（脚）后，再理解"the foot of the mountain"（山脚）这一隐喻义就比较容易。教师先引导学生从词汇搭配上辨识两个认知域之间的矛盾性和超常搭配：根据经验可知，"mountain"（山）是没有"foot(脚)"的，那么"the foot of the mountain"就是隐喻性词义。再如在"Time is money"（时间就是金钱）这一隐喻表达式中，"time(时间)"和"money"（金钱）是性质不同的两个实体，亦即分属两个不同的认知域，表面上看是互不相干的两个概念，它们通常不能搭配使用；放在一起就属于超常搭配。那么"Time is money"就具有隐喻义。

辨识出隐喻后，接下来就是理解隐喻的问题。理解隐喻主要涉及几个步骤：（1）首先找出两个不同事物即两个不同认知域之间的相似之处或者显著共同点；（2）通过跨域映射，把这一或这些相似之处或者显著共同点从始源域映射到目标域；（3）依据映射比对重新解释映射而来的相似之处或者显著共同点在目标域中的含义。比如，判断出"the foot of the mountain"是隐喻性用法后，可以引导学生寻找"foot"和"the foot of the mountain"之间的相似之处或者显著共同点，这就是"the foot of the mountain"的位置和人的"foot"的位置相似，都"位于最下端"；然后把"位于最下端"这个相似之处从始源域"foot"映射到目标域"the foot of the mountain"中，并据此重新解释这一相似之处在目标域"the foot of the mountain"中的含义，便得出"山脚"这一比喻义。再如"Time is money"（时间就是金钱）这一表达式，一旦确定其为隐喻，就可以寻找"time"和"money"这两个认知域之间的相似之处或者显著共同点，也就是"宝贵"；然后把"宝贵"这一相似之处从始源域"money"映射到目标域"time"中，"time"被赋予"时间宝贵"这一隐喻义。

理解隐喻并通过映射认知另一个认知域涉及一个认知推理过程，需要有一个完整的"比较 - 推理"过程，即首先须找出始源域和目标域这两个看似互不相干的事物之间的相似性，然后按照映射规律和隐喻认知机制做出一系列的推理。两个不同认知域之间的相似性是构成隐喻的基础与前提，也是隐喻认知推理的基础，而映射是认知推理的媒介与桥梁。比如，在学习"Love is a journey"（爱是旅途）这一隐喻表达式时，学生需要找出"love"（爱）与"journey"（旅途）这两个认知域之间的相似性，并经过映射才能理解这一隐喻表达式的确切含义。

隐喻是基于已知去认知未知的桥梁。就英语词汇教学和英语词汇学习而言，隐喻是基于已知词义认知未知词义，进而习得未知词义的桥梁。因此，在英语词汇教学过程中，教师应该有意识地引导学生辨识与理解词汇层面的隐喻，通过隐喻认知理解、推测和记忆单词的引申意义和比喻意义，并在学习过程中逐步培养隐喻能力。

（二）遵循"始源域→映射→目标域"的隐喻释解顺序

隐喻必须由两个成分构成：一是始源域，即用来对比的概念；二是目标域，即所描绘的对象。始源域和目标域须属于两个不同的概念体系，并且须有质的差别，同时二者须有某种相似之处。

始源域和目标域这两个不同认知域之间具有方向性的互动称为映射，也就是说，始源域和目标域之间的相似性可以从始源域系统地移植到目标域之中。映射具有单向性的特点，即通常由始源域向目标域映射。比如在"Life is a journey."（生命是一次旅行）这一概念隐喻中，始源域"journey"的一些典型特征可以映射到目标域"life"之上，而不能反向映射。映射还具有系统性的特点，即始源域和目标域之间的相似性可以从始源域系统地移植到目标域之中。再以"Life is a journey."（生命是一次旅行）这一概念隐喻为例。始源域"journey"所具有的显著特征，如旅行者、旅行的开始、旅途过程、旅行结束等有关旅行的各种状况，均可以系统性地映射到目标域"life"之上。

依据隐喻的结构和映射规律，教师在进行隐喻教学时，应遵循"始源域→映射→目标域"的隐喻释解顺序。体现在具体教学过程中，首先是发现和识别隐喻性用法，此后找出两个不同事物即始源域和目标域这两个不同认知域之间的相似之处或者显著共同点，然后根据映射原则，把始源域和目标域的相似之处或者显著共同点从始源域映射到目标域，最后根据这一相似之处或者显著共同点在目标域中的含义，对其比喻义做出确切解释。具体释解顺序和步骤如下：

第一个步骤：识别隐喻性用法。首先，教师可以引导学生根据语义矛盾性来发现和识别隐喻性用法。语义矛盾性是隐喻的本质特征之一，矛盾性指语言表达式的字面意思在逻辑上与语境相矛盾。隐喻是将两个不同类别的概念或事物等同起来，用一个事物来比喻和认知另一个事物，这就形成了逻辑矛盾与语义冲突。比如在"Life is a glass of wine"（生活是一杯酒）这一隐喻表达式中，"life"和"wine"原本分属两个不同范畴，现在将两者等同并置后，逻辑上就出现矛盾，语义上也出现冲突。再如"time"（时间）和"money"（金钱）貌似毫不相干，在逻辑和语义上均没有关联，将它们并置在一起，就会出现语义矛盾。如果遇到这一类型语言表达式，就可以基本断定这是隐喻性用法。

第二个步骤：找出始源域和目标域之间的显著共同点。一旦判定语言表达式属于隐喻性用法，接下来就要分析哪是始源域，哪是目标域，以及这两个认知域之间有何显著共同点，为下一步的映射做准备。推定始源域和目标域之间共有的典型特征时，需要借助语境和经验。比如在"Time is money."（时间就是金钱）这一隐喻表达式中，先引导学生识别出"money"（金钱）是始源域，"time"（时间）是目标域。然后引导学生找出"money"和"time"这两个认知域之间的显著共同点。依据语境和经验，不难发现这两个认知域之间的显著共同点就是"宝贵"。这一显著共同点是构成隐喻和进行映射的基础和前提。

第三个步骤：跨域映射。教师引导学生根据映射原则，把始源域"money"和目标域"time"之间的显著共同点"宝贵"，从始源域"money"映射或者移植到目标域"time"之中。

第四个步骤：释解隐喻义。把"宝贵"这一显著共同点由始源域"money"映射到目标域"time"之中后，引导学生根据目标域"time"的特点、语境以及表达习惯，重新解释"宝贵"这一显著共同点在目标域"time"中的比喻义,即"时间宝贵"。

以上教学步骤遵循了"始源域→映射→目标域"这一隐喻释解顺序。

再以词汇"crane"为例。假如学生在教学材料中遇到"The cranes are foraging for small fish and shrimps on the shore."(鹤群正在岸边觅食小鱼虾。)这样一个句子,教师可以引导学生按以上步骤对其中的"crane"进行释解。

首先,根据语义矛盾性发现和识别隐喻性用法。"crane"的概念意义为"a large machine with a long metal arm used to lift heavy things"(起重机;吊车),但"The cranes are foraging for small fish and shrimps on on the shore."一句中的"crane"表达的显然不是其概念意义;也就是说,如果将该句中的"crane"解释为"起重机",显然不合适,这就出现了语义矛盾。由此判断,此处的"crane"很可能是隐喻用法。

其次,引导学生找出"crane"两个义项之间的认知域,即其本义"起重机"为始源域,出现在该句中的新义项为目标域。根据语境判断,这应该是一种在岸边滩涂中(on the shore)觅食小鱼小虾(forage for small fish and shrimps)的涉禽。作为始源域,起重机有类似于长脖子的高高的金属杆子,那么这种涉禽也应该具有类似显著特征,长着长脖子长腿。

再次,引导学生进行跨域映射。即将"长脖子长腿"这一显著相似特征从始源域"起重机"映射或者移植到目标域"涉禽"之中。

最后,根据语境和经验来释解隐喻义。"长脖子长腿"这一显著共同点映射到目标域"涉禽"之中后,根据在岸边滩涂中觅食小鱼小虾这一习惯和"长脖子长腿"这一外在形象,很容易判断出来这种涉禽就是"鹤"。

以上词汇教学的步骤,也是遵循了"始源域→映射→目标域"这一隐喻释解顺序。

(三)了解英汉隐喻的文化内涵差异

语言是文化的载体,所以不同语言在词汇、句法和语篇等层面上会体现出不同的文化意义。然而,隐喻作为人类共有的认知手段,在一定程度上体现着人类思维的共性,因此不同文化背景中的语言使用者均能够通过认知机制理解隐喻性语言表达。隐喻的思维共性与认知共性,为不同文化背景的语言使用者进行交际交流提供了思维基础、认知基础与心理基础。

不同语言中的隐喻既有共性,也具有差异性,最明显的差异性体现在文化内涵方面。英语和汉语两种语言都有以动物喻人这样的概念隐喻,但由于对动物认知的文化背景不同,英语和汉语对同一种动物的认知情感和映射比喻义会有所不同,反映在隐喻表达上,就是相同的动物始源域在两种语言中的隐喻意义有所差异,有时甚至会截然相反。比如"狗(dog)"在英语文化中是人类忠实朋友的象征,因此当用于隐喻时,往往能使人联想起"忠诚"等喻义;而"狗"在汉语文化中往往是"坏人坏事"的象征,所以汉语中包含"狗"的隐喻表达式很多时候都带有强烈的贬损意义。再如"喜鹊"在汉语文化中通常是"福运"的象征,所以汉语有"喜鹊枝头叫,好事当头到"这样的民谚;但"magpie(喜鹊)"在英语文化中的比喻义通常是"爱唠叨的人;爱收藏破烂的人",带有比较明显的贬损情感色彩。这就是不同语言的隐喻所体现出的文化内涵差异,或者称为跨文化差异性。

了解文化有助于了解隐喻的文化内涵。从认知的视角来看,了解英语民族的思维方式是了解英语文化和词汇文化内涵的一把钥匙,因为一个民族的思维方式与其物质文化、客观环境和文化传统有着密切关联。比如英语中有"Salt water and absence wash away love"（离久情疏）这一谚语，如果不熟悉该谚语背后的文化内涵，很难透彻理解其比喻义，因为我国学生虽然对"salt water"（海水）并不陌生，但对将其与"absence"并列而且能够"wash away love"这样的搭配和比喻比较陌生。但如果了解英国文化，这一隐喻性谚语就比较好理解了。众所周知，英国是个四面环海的岛国，古时候通信和交通极其落后，人一旦漂洋过海到达他地，就不知道何年何月才能再次相见。一旦了解到该谚语所涉及的这些地理位置和文化背景，这一谚语的隐喻意义既容易理解，也容易记忆。

从另一个角度来讲，文化知识薄弱或者文化意识不强有可能成为隐喻性词汇理解和隐喻性词汇义项习得的障碍。所以在词汇教学的过程中，教师要正确引导学生学会积累词汇层面的文化内涵知识。教师在借助隐喻理论进行词汇教学时，应该随时介绍英语词汇所涉及的文化内涵，尤其是中英差异较大的文化内涵。这样既可以引导学生在更深的层次上理解英语词汇的文化内涵，还可以通过比较英汉两种语言的文化内涵差异，使学生了解英语和汉语在隐喻认知以及隐喻文化内涵方面的异同，从根本和实质上理解英语词汇的隐喻意义。

（四）培养隐喻推断能力

隐喻能力包括隐喻辨认能力、隐喻推断能力以及隐喻运用能力，隐喻推断能力是隐喻能力的一个重要组成部分。一般来说，隐喻理解须经历两个步骤：一是辨识隐喻；二是推断隐喻意义。由此看来，隐喻推断也是隐喻理解一个不可缺少的步骤。

从词汇教学角度来说，理解隐喻的过程就是了解词汇概念意义与比喻义之间内在联系的过程。这个过程需要以词汇概念意义为基础，通过隐喻认知机制，寻找两个认知域之间的相同或相似点，然后把该相同或相似点映射到目标域上。隐喻的这一理解过程，需要认知机制与推测能力。

推断隐喻意义通常从两方面入手：一是利用语境；二是推断始源域与目标域之间共有的典型特征。具体来说，当听话人确认某一语言表达式是隐喻用法后，通常会依据当时的具体语境，判断隐喻表达式中始源域与目标域之间共有的典型特征，进而判断始源域中的哪一个或哪几个典型特征被映射到目标域中，从而推断出目标域的新含义。这是推断隐喻意义的基本方法和基本过程。

以词汇"fox"和隐喻表达式"He is a fox."为例。"fox"的概念意义为"a wild animal of the dog family, with reddish-brown fur, a pointed face and a thick heavy tail"（狐狸），但在"He is a fox."一句中，"fox"表达的显然不是其概念意义，不是指野外的一种动物。根据目标域"he"的生物身份，始源域"fox"显然是在用来比喻一个人，或者在用"fox"来说明"he"的性格特点。根据经验和规约，狐狸和人亦即始源域与目标域之间共有的典型特征为"狡猾"，将"狡猾"这一共有的典型特征映射到目标域"he"之中后，即可推断出比喻义为"狡猾的人"。这样，隐喻表达式"He is a fox"（他是只狐狸）的比喻义就非常清楚了：He is as sly as a fox.（他是一个像狐狸那样狡猾的人）。

因此，教师在英语词汇教学过程中，应重视培养学生的隐喻推测能力。教师在培养学生隐喻推测能力时，需要注意以下几点：①发现隐喻中的始源域和目标域，这两个认知域体现在语言表述上，往往是两个看似不能搭配使用的事物。如"Time is money"（时间就是金钱）这一隐喻表达式中，两个认知域"time"和"money"从概念意义上看分属两个不同认知域，属于互不相关的两种事物和两个概念。②推断两个不同事物即两个认知域之间最突出的相同或者相似之处，亦即显著相似性。在上述隐喻表达式中，"money"和"time"的共同特点是"有价值；宝贵"。③将两个认知域之间的显著相似性转移到目标域，用"有价值；宝贵"这一显著相似性重新解释目标域"time"，于是便可以推断出"时间宝贵"这样的比喻义。

隐喻推断能力的提升，有助于学生通过已经掌握的词汇和义项，去学习和认知未知的词汇和义项。除了对生词的讲解与应用训练，教师在词汇教学过程中还须引导学生对词汇进行隐喻式分析，培养学生理解和推断隐喻的能力。隐喻式的词汇教学不仅有利于学生通过隐喻理据掌握词汇的引申意义，有利于培养学生的认知能力和隐喻能力，还有利于激发学生学习英语词汇的兴趣与积极主动性，提高词汇习得效率。从长远来看，这种隐喻能力和认知能力的培养与提高比单纯的词汇积累更有可持续发展意义。

（五）通过词汇理解培养隐喻能力

在进行词汇教学时，教师在利用传统教学方法讲解词汇的同时，须适时运用隐喻原理和隐喻机制，引导学生从隐喻视角理解词汇意义，推测出词汇的引申意义和比喻意义。借助词汇理解培养隐喻能力一般采用引导学生从隐喻视角理解词汇意义、引导学生从隐喻视角推测词汇的引申意义或比喻义等方式进行。

首先，教师要引导学生从隐喻视角理解词汇意义。在讲解英语生词及其义项时，教师可以通过隐喻认知机制，引导学生先找出两个义项之间的突出相同点或相似点，然后将突出相同点或相似点映射到另一个义项之中，进而推测出词汇新义项的比喻意义。以单词"principal"为例，教师在讲解这个单词时，可以先从该词的构词与词源讲起。"principal"含有"prin"（第一）和"cip"（抓）两个构件，意为"作为第一要务来抓"，所以不难理解该词有"首长""负责人"和"首领"等含义。以此为基础，可以推断"principal"一词的引申义和比喻义。如果语境是学校，经过联想不难推测出，学校的首长就是"校长"；如果语境是经济领域，"principal"便有"本金"和"资本"的含义；如果语境是法律界，"principal"就被赋予"主犯""首犯"的含义；如果引申到演艺界，"principal"便获得"主要演员""主角"的义项；如果再进一步转换词类，将"principal"用作形容词，其含义和做名词时也有密切相关，意为"最重要的""主要的"等。由此可见，通过隐喻认知来推断和理解词汇的比喻意义和引申意义，可以有效加强学生对词汇的具象感，使词汇词义之间的关联具有理据，这特别有益于学生学习、记忆与运用英语词汇。借助隐喻机制充分理解所学词汇之后，由于各个义项之间具有隐喻理据性，所以学生记忆这些词汇更加快捷更加牢固，使用起来也会更加准确。

其次，教师应该引导学生从隐喻视角推测词汇的引申意义或比喻意义。像"The crowd floated through the street."（人群从大街上漂浮而过）、"He hungers for love"（渴望爱情）、"a chapter in history"（历史的一个篇章）和"a storm of applause"（暴风雨般的掌声）这样的隐喻表达式，英语中比比皆是。上述表达式中的主体词汇，其含义已经超出其概念意义即字面意义，所以学生如果在学习词汇时仅死记硬背脱离语境的孤立义项，遇到与上述类似的隐喻性表达，很难快速理解和把握其真正意义内涵。因此，教师在教授隐喻性词汇或表达式时，应该引导学生借助概念隐喻的映射认知机制，识别、推断和理解其比喻义。比如在"The crowd floated through the street"一句中，可以借助隐喻映射这一原理，把"float"这一在液体上漂浮的属性，映射到"street"这个场景中，这样就比较容易推测和理解这句话的真正内涵：人群就像漂浮在水面上的物体一样，快速通过大街，亦即"人头攒动，穿流如梭"。在"He hungers for love"一句中，由于我们的概念系统中有"Love is food"这一概念隐喻，一旦通过引导和点拨，学生就会把平时用在饮食领域的词汇"hunger"的动作与特点映射到"love"之上，从而比较容易推测和理解这句话的真正含义：像渴望享用美食那样渴望获得爱情。

教师还可以借助隐喻理论帮助学生理解副词的隐喻性用法。英语的一些副词，尤其是方位副词，经常用于隐喻性表达，借助副词所表达的具体方向、具体位置和具体状态来隐喻性地表达人的精神状态或身体健康情况。以英语反义副词"up"（上；向上）和"down"（下；向下）为例。在我们的亲身体验中，人精神状态良好和身体状态良好时，身体通常处于"up"的姿势，所以当方位副词"up"特征映射到人的精神状态和身体状态这一不同认知域时，就有了"健康""快乐""高兴"等积极比喻义；如"I'm feeling up today."（我今天感觉很好）。与之相反，在我们的亲身体验中，人在罹患疾病和健康状况较差时，身体通常处于"down"的姿势，这一特征与人精神状态糟糕时具有高度相似，所以当方位副词"down"的特征映射到精神状态和身体状态这一不同认知域时，就有了"悲哀""沮丧""情绪低落"等比喻义，如"The bad cold broke me down."（重感冒把我击垮了）。而"up"和"down"上述比喻义，均源自"Happy is up.sad is down."（快乐是上，悲伤是下）这一概念隐喻。

（六）通过多义词教学培养隐喻能力

隐喻普遍存在于英语词汇系统中，隐喻的认知功能是词汇意义之间的认知纽带。多义词是利用词汇教学培养学生隐喻能力的一个好帮手和好抓手。

多义词或一词多义是人类自然的固有属性，任何语言都有大量的多义词。通常来说，多义词首先有一个核心意义，然后以这个核心意义为轴，向外围辐射、扩展出一些引申意义，因此多义词的多个义项之间有认知理据，在意义上是密切关联的。多义词的这个核心意义通常源自人类的自身体验和对熟悉事物的感知与经验，其他义项的意义均通过这个核心意义进行映射而来。从这个意义上来说，多义词的这个核心意义发挥着始源域的作用；因此，隐喻可以视为多义词的多个义项之间的联结与引申机制。多义词的各个义项之间的内在联系可以利用隐喻认知的映射原理加以解释、学习与理解，而利用隐喻映射原理来解释、学习与理解多义词的各个义项的过程，就是培养学生隐喻能力的过程。

以英语多义词"foot"为例。学生在掌握"foot"的概念意义"the lower part of the human body"（脚）后，教师可以引导学生根据"脚位于身体最下面"的特征，充分发挥相似联想的能力，借助概念隐喻映射原理，将"位于身体最下面"这一特征映射到其他认知域，比如"mountain"和"table"；这样就能够比较容易理解"foot of the mountain"（山脚）和"foot of the table"（桌腿）等类似隐喻性表达。然后从脚的基本尺寸与长度出发进行映射，可以得出"英寸"这一基本长度单位，如"He is only five feet tall."（他只有五米高）。如果从脚的功能出发进行映射，可以比较轻易地推测出"set foot in"（进入）、"a foot in the door"（迈向目标的第一步）和"a foot in both camps"（脚踩两只船的人）等类似隐喻性表达的意义。经过上述隐喻映射与认知推断，学生即能将"foot"的几个义项联系起来，构成一个有机结合的语义网络，这给学生理解和记忆词汇提供了方法与理据。

在利用隐喻理论教授多义词时，教师在学生掌握了多义词的概念意义后，要充分发挥学生相似性联想和隐喻推测的能力，引导学生利用隐喻认知挖掘词汇的比喻义，并通过隐喻映射将多义词的概念意义及比喻义相关联，以期了解和掌握词义引申与拓展的途径与方式。例如，"bank"这个多义词有"河岸"与"银行"两个看似毫不相干的义项，但这两个义项可以通过隐喻映射得以联结：堤岸的功能是储存"water"（水），银行的功能是存"money"（钱），这样"储蓄"这一功能通过映射把"河岸"与"银行"这两个义项联系起来。"储蓄"这一功能还可以进行进一步映射，喻指"库"，如"memory bank（内存库）"和"blood bank（血库）"等。

英语介词绝大多数是多义词，意义丰富，用法多变，是我国学生学习英语的重点和难点。教师可以借助空间隐喻理论及其映射原理讲解介词的多个义项之间的关联，帮助学生充分理解和准确运用介词。以"at""on"和"in"这三个英语中最常用的介词为例。它们既可以表示空间概念，即点、线/面、体/域，如"at the bus stop"（在公共汽车站）、"on the sea"（在海上）、"in China"（在中国）等；又可以表示时间概念："at"通常用来表示时间中的一点或者比较短暂的一段时间，如"at that time"（当时；在那时）；"on"通常用来表示某个特定的一天，如"on May Day"（在五一节）；"in"则通常用来表示比较长的一段时间，如"in 2019"（在2019年）。假如在教学中遇到"an expert at English""an expert on English"以及"an expert in English"这样的语言表述时，教师就引导学生将介词的概念一一映射到新的认知域即新的语言表达式上来，然后根据语境以及经验推断出其新含义。经过映射后，"an expert at English"指精通英语某一特定专业或者特定技术方面的"英语专家"，"an expert on English"指精通英语相关知识的"英语专家"，而"an expert in English"则指精通整个英语领域知识的"英语专家"。

同一单词的多个义项不是相互孤立的，而是相互联系的，而联结这些义项的主要手段就是隐喻。按照认知语义学理论，无论是一词多义现象，还是不同意义之间关联，均涉及从具体到抽象的隐喻性映射，这是一个具有普遍性的词汇意义原则。通过隐喻性映射这个桥梁，可以基于已知和熟悉的认知域来推测未知认知域的意义或概念。

多义词是英语词汇教学的重中之重。教师可以利用隐喻认知机制来引导学生分析和理解词义引申与拓展，引导学生对多义词的各个义项进行隐喻溯源，然后借助隐喻映射把多义词的各个义项联系起来。这种教学方法不仅能够使学生更好地了解各个义项之间的认知和隐喻性关联，进而快速有效地记住同一单词的不同义项，做到活学活用英语词汇，而且使词汇学习不再那么枯燥无味，有助于激发学生的学习兴趣，活跃课堂气氛，同时有助于培养学生的隐喻思维能力和隐喻认知能力。

（七）通过习语培养隐喻能力

习语是语言中约定俗成的习惯用法，是具有稳固结构和整体意义的短语或者句子。习语是语言的精华，带有浓厚的民族色彩和鲜明的文化内涵。习语通常音律优美、言简意赅、形象生动，给人一种美的享受。任何语言均包含大量的习语，英语也是如此。

英语习语通常具有特定的语言形式，其蕴含的意义往往不能从组成习语的词汇叠加中推测出来。从广义上讲，英语习语通常包括成语、俗语和谚语等；从狭义上讲，英语习语通常指有特定形式和特定含义的固定搭配词组或者短语。

要想学好用好英语，掌握一定数量的习语是必备条件之一。但由于习语在结构、意义内涵与文化内涵方面的特殊性，教师感觉习语教学比较棘手，学生对习语学习也望而却步，总感觉习语是英语学习的一个难题。

按照传统语法的界定，英语习语是约定俗成的习惯用法，无论形式还是意义，都是一个不可分割的整体，习语意义无法从构成习语词汇的字面意思中推测出来。英语习语有两个主要特征，即结构稳定性与语义整体性。前者指构成习语的各个组成成分不能改变形式，不能用其他同义词替代，也不能改变各个组成成分在习语中的位置与分布。后者指习语的各个组成成分在某种程度上已经失去其原有的独立意义，习语具有一个整体意义，而该意义并不是其组成成分的原有意义的简单叠加。有鉴于此，学生学习习语时，只能将其作为习惯用法或者固定搭配来理解和记忆。

美国心理语言学家吉布斯（Gibbs）对习语的可分析性做过比较深入的研究，并把习语分为不可分析性习语、可正常分析的习语和不可正常分析的习语三类。（Gibbs & Steen,1999）

不可分析性习语指"kick the bucket"（死掉）这类习语，其特点是习语的各组成成分均无明确指称，或者说是空白语义，语言使用者找不到这里的"bucket"到底喻指什么，所以很难找到该习语的语义理据。从教学和学习的角度来看，这类习语的字面意思和引申意义都很难解释清楚。可能正是因为理据不足和不便于理解，这类习语在英语习语中所占比例并不大。

可正常分析的习语指"as strong as a horse"（像马一样强壮）这类习语，其特点是比喻既比较直接又比较形象，习语的整体意义与各个组成成分的字面意义叠加基本一致，理据性较强，一般不会产生误解或歧义。虽然由于文化差异的缘故，英汉用来喻指"强壮"的始源域即喻体并不完全一致，因为汉语经常用"牛"来喻指"强壮"，但其差别不至于影响对该习语整体含义的理解。英语中可正常分析的习语为数较多。

不可正常分析的习语指"spit fire"（愤怒）这类习语，其特点是习语的含义无法直接从字面意义上获取，须以字面意思为基础，借助隐喻认知才能领会其确切含义。具体到"spit fire"这个习语，其确切的整体含义无法从字面意思上推测出来，只能在"spit"与"fire"这两个组成成分字面意思的基础上，借助"ANGER IS Fire（愤怒是火）"这个概念隐喻，通过映射理解其确切的整体含义。英语中不可正常分析的习语为数不少。

吉布斯（Gibbs）的研究表明，习语结构及其意义是语言的表层现象，理解习语的深层机制是蕴含在语言使用者概念系统中的概念隐喻。隐喻认知机制有助于分析和理解习语的语义理据以及习语整体语义的内在联系。（Gibbs & Steen,1999）因此，建议将隐喻认知机制引入习语教学与学习过程，以便提升教学效果和学习效果。

如前所述，英语习语是有语义理据的，主要分析手段就是隐喻认知机制，隐喻映射可以为习语的理解提供语义理据。隐喻主要涉及始源域和目标域两个不同认知域，语言使用者通常以比较具体和比较熟悉的始源域为参照，通过映射认识和理解比较抽象和比较陌生的目标域。

  以含有"fire"的习语"spit fire""set fire to"和"burn the candle at the both ends"为例。在讲解上述习语时，教师可以首先引导学生将"fire"视为始源域，然后在"fire"及其可能的目标域如感情、能量、愤怒等之间建立映射关系，此后再引导学生借助语境和经验推断"fire"在习语中的比喻义。这样就不难理解，"He is spitting fire."喻指"他怒火中烧"，"The paintings set fire to the composer's imagination."喻指"这些画作激发了作曲家的想象力"，而"He was burning the candle at the both ends."则喻指"他正在过度耗费精力"。由此可见，正是隐喻把比较熟悉、比较具体的始源域（如上述例子中的 fire）与比较陌生、比较抽象的目标域（如上述例子中的 anger、imagination 和 energy）联结起来，并通过映射把始源域的相似特征投射到目标域上，使得"spit fire""set fire to"和"burn the candle at the both ends"这些习语学习起来更加容易，既容易理解，又容易记忆。

  综上所述，许多不好理解的习语，借助概念隐喻以及两个不同概念域之间的相似性，使得习语的理解有了理据，理解起来难度小了许多。所以，教师在进行英语习语教学时，可以借助隐喻认知机制解释习语的含义，引导学生通过始源域与目标域之间的映射对应关系掌握习语的一般意义，并以此为基础启发学生关于始源域的经验与知识，学习和掌握源自同一概念隐喻的其他习语或隐喻性表达，通过隐喻理论和隐喻认知机制掌握更多的习语和惯用表达法。

  总之，隐喻在英语词汇教学中有着极为重要的作用。借助概念隐喻理论，再加上隐喻认知分析，学生就可以理解英语词汇的各个义项及其内部关联，从而全面系统地认知该词，并凭借这样的隐喻机制高效记忆英语词汇。概念隐喻理论在理解与掌握一词多义、文化负载词、习语以及新造词等方面都有很大的帮助作用。此外，运用隐喻理论进行词汇教学，还有助于调动学生学习英语词汇的积极性。因此，将传统的词汇教学方法与隐喻词汇教学结合起来，培养学生词汇层面的隐喻能力，对学生词汇能力的提高至关重要。

第五章　英语听力教学中隐喻能力培养方法与途径

作为大学英语教学的重要组成部分，英语听力既是教学重点，又是教学难点。尽管广大师生在英语听力上投入大量时间与精力，但教学效果和学习效果均不尽如人意。除了学生基础、教学模式、教学方法、学习策略等方面有待改进之外，缺乏隐喻能力培养与训练也是主要原因之一。

本章首先阐述英语听力教学现状和隐喻在英语听力中的作用，然后重点探讨在英语听力教学中培养学生隐喻能力的方法与途径。

第一节　英语听力教学现状

培养学生的听力能力和口语能力是英语教学的两个重要目标。但众所周知，英语听力是中国学生的一块儿心病。与阅读能力相比，英语听力能力较差是一个普遍现象。究其原因，是文字符号变成声音符号后，两套符号的呈现方式截然不同；加之英语话语有其区别于汉语话语的独特语音特点，比如连读、失去爆破和同化等，平时阅读时非常简单的词汇或短语，变成声音信号后仿佛成了天书。本节主要探讨如何在英语听力教学中培养学生的隐喻能力，主要内容包括英语听力教学的作用与现状、英语听力教学中隐喻能力的培养策略。

了解英语听力教学与听力学习的现状，是制定实施新的听力教学模式或者调整改进现有听力教学模式的基础与前提。就目前情况来看，我国大学英语听力教学取得了较好的教学效果，但仍存在诸多亟待改进的问题。接下来从学生、教师和教学环境三个角度，梳理一下大学英语听力教学的现状，重点梳理英语听力教学现状中存在的突出问题。

一、学生现状

首先，学生的语音基础比较薄弱，尤其是听音辨音能力不足。学生听力理解能力的强弱，在很大程度上取决于对英语语音信息的听辨、处理与理解，尤其是在很大程度上取决于听音辨音能力。如果学生的语音基础和听音辨音能力薄弱，会在很大程度上影响听力理解和听力水平的提升。学生的语音基础和听音辨音能力薄弱具体体现在以下几个方面：①语音知识比较欠缺。语音知识的欠缺导致在听力过程中不能辨别连读、重读、弱读等语音现象，不能准确分清长短音、单元音与双元音，不能准确听辨出发音方法与发音部位不同的辅音等。②听音辨音能力比较弱。遇到连读、弱读、同化以及失去爆破等连贯语流中的超音位语音现象，无法正确切分音节和听辨词汇。③词汇量明显不足。很多学生即使到了大学阶段，所掌握的词汇量仍然十分有限，加之缺乏对词汇的灵活运用能力，听力中出现的生词成为听力理解的一大障碍。④语法知识比较欠缺。即使到了大学阶段，很多学生的语法知识依然不足，加之不能灵活理解和运用语法规则，从而在听力过程中对句子的语态、时态和倒装等特殊结构的把握能力不足，导致出现理解错误。上述问题直接导致学生听力语感较差，不能从听力材料中准确、及时地获取所需的语言信息。

其次，学生对有关语境知识和背景知识有所欠缺。众所周知，语言同文化密切相关，存在着不可分割的关系。丰富的语境知识和背景知识对英语学习和英语理解大有帮助，对英语听力尤为如此。因为在跨文化交际和听力理解过程中，很难一字不漏地听得清清楚楚、明明白白，而丰富的语境知识和背景知识有助于弥补缺失的语言信息。听力材料包含着比较丰富的文化信息，如果缺乏相应的文化背景知识作为支撑，势必会影响听力效果，甚至会产生误解。

再次，学生处理和释解隐喻性语言信息的能力较差。听力材料中通常包含着比较丰富的隐喻性语言，如果学生不具有隐喻基本知识，不了解隐喻的工作原理和认知机制，在稍纵即逝的语音信号中很容易忽略并错失隐喻性语言表述，从而丧失从隐喻认知层面理解听力内容深层含义的机会。从语篇层面来说，错失隐喻性语言有可能导致语篇的逻辑和思路时断时续，对语篇内容的理解也是支离破碎的，很难形成一个有机的整体。

另外，学生对听力教学缺乏足够兴趣。兴趣是最好的老师，但是有不少学生对听力提不起兴趣，甚至比较厌烦，这在很大程度上与学生付出努力却得不到相应回报有关。传统听力教学比较注重听力训练的强度，一遍一遍地复听，一遍一遍地讲解，但听力训练和听力讲解过于关注听力材料中的词汇记忆与语法讲解，或者侧重讲解听力技巧或答题技巧，致使听力教学的方法和内容都比较枯燥乏味，学生没有机会开动脑筋，课堂气氛也比较沉闷，这直接削弱了学生对听力教学的期待和兴趣。此外，在传统英语听力教学中，许多教师仍然沿用先听材料、后对答案的机械训练方法，既让学生感觉单调乏味，又让学生感觉在听力学习中收效甚微，从而在心理上产生抵触情绪。这种抵触心理直接影响学生在听力学习中的积极主动性，其听力水平的提高受到极大影响。

最后，学生对听力心理负担过重。在英语听力教学过程中，很大一部分学生都存在焦虑度高与心理负担过重的现象。由于学生在绝大多数情况下接触的都是文字信号的英语材料，所以对声音信号的听力材料会有一种畏惧心理和畏难心理。心理负担过重会影响学习进步，而听力成绩不好又会造成自卑心理，对听力学习与进步缺乏自信，从而形成恶性循环。特别是当经过一段时间努力却没有取得预期的成绩和进步时，受挫感会更加强烈。如果学生长期在这种压抑、焦虑和畏惧的心理状态下进行听力学习，不仅不利于听力水平的提升，对英语整体水平的提高也有明显的阻碍作用。

二、教师现状

首先，英语听力的教学理念不够明确。明确、正确的教学理念对保证教学质量和学习收效有着决定性作用。相当一部分教师对英语听力的本质了解不够充分，把握不住英语听力教学的基本规律，虽然对教学大纲的相关规定研究比较透彻，但缺乏实现听力教学目标的有效教学手段。加之大学英语四六级和英语专业四八级考试的导向作用，使得英语听力教学过程以及教学收效的功利性比较明显。这具体表现在以下几个方面：①应试式教学。听力教学的重心在提高学生考试成绩上，教学主要为考试服务；因此，听力教学通常过于强调考试技巧的传授与训练。这种教学模式在提高学生考试成绩方面确实有比较明显的效果，也能够在一定程度上提高学生的听力技能；但从长远来看，这种功利性的听力教学理念不利于学生提高英语综合能力，也不利于学生英语学习的可持续发展。②教学理念比较单一，比较片面。不少英语听力教师将听力教学限定在单一的听力知识和听力技能范围内，与其他英语技能联系不够紧密，尤其是与口语交际联系不够紧密。这种做法不利于英语综合应用能力的整体提升。③听力教学与文化教学脱节比较严重。许多英语听力教师在教学过程中对听力材料中的文化因素没有给予足够的重视，使得语言与文化在教学中脱节比较严重，影响学生对听力语料进行深层次的理解与解读。

其次，缺乏针对隐喻性语言信息的教学与训练。听力材料中包含比较丰富的隐喻性语言，教师应该结合听力语料讲解隐喻基本知识，引导学生学习和训练隐喻的工作原理和认知机制，在稍纵即逝的语音信号中抓住隐喻性语言表述的含义，从而从隐喻认知层面理解听力内容的深层内涵。学生一旦具备了隐喻能力和语篇意识，即便有些语音片段没有听辨清楚，甚至在录音停止以后，也能借助隐喻能力、语篇意识和逻辑关系理解听力语篇的主旨大意。

最后，对学生的有效指导不足。在应试教育这一大背景下，英语听力教学大多是应试导向，主要围绕考试题型以及答题技巧组织教学过程。这种应试导向教学往往关注与考试相关的内容，从而忽视语言本身的习得规律。即便学生学会了一些答题技巧，但由于思路过窄，办法不多，听力过程中遇到问题难以按照听力习得规律进行解决。比如，学生一旦在听力语篇中遇到听辨不清的音段、生词、隐喻表达式或者相关的背景知识，就会形成难以逾越的障碍，从而阻断听力思路和逻辑关系。这不仅影响听力理解的效果与质量，而且会使学生产生挫败感，从而对听力学习失去信心与兴趣。还有一种看似有效指导、实则弊大于利的指导方法，即一部分英语教师通常在播放录音之前对学生进行过多的引导，不仅将听力材料中的重点与难点给学生指出来，而且连听力材料的主旨大意以及逻辑关系也提前透露出来。这种方法看似有助于清除学生在听力过程中的一些障碍，但与真实的英语交际程序严重不符。真实的英语交际是语音和意义同步传输的，听话人也是语音和意义同步接受和理解的。所以，应试教育和应试教学是导致英语听说高分低能的主要原因之一。

三、教学环境现状

首先，听力教材更新换代较慢。教材是教学的指导性材料与教学内容依托，在教学中有着十分重要的地位与作用。高质量的听力教材不仅是学生接触真实英语交际的重要渠道，学习英语知识、英语文化和交际规则的重要依托，而且对学生英语思维的培养也大有裨益。就目前情况来看，英语听力教材存在着可教性较差、编排体系不够科学、重语言轻思维等问题。还有些教材内容陈旧，与时代发展的步伐有距离，没有做到与时俱进，无法充分体现英语听力的应用性和时代性。不少听力材料由简化或改写阅读材料而成，书面语味道浓重，缺乏口语表达的特点。这些教材问题对听力教学和学生听力水平的提高有着不利影响。

其次，听力教学时间不够充裕。听力能力的提高需要大量的课堂指导、学习和训练作为保障。由于我国学生的自主学习能力总体较差，加之很多学生课外不重视自主进行听力练习，甚至没有自主进行听力练习的意识，所以课堂教学成了提升学生听力能力的主要手段。然而，我国大学非英语专业的听力教学课时有限，导致学生的听力学习时间有限。

再次，听力教学资源不够充足。在扩招这一大背景的导向下，英语学习人数急剧上升，听力教学资源很难得到快速解决，成为制约英语听力教学的瓶颈之一。听力教学资源不足具体体现在以下两个方面：①部分高校教师资源配备不足。大学英语教师的数量总体落后于大学生扩招的速度，因此一些地区出现教师资源短缺的问题。在现实环境要求下，一些教师不得不承担繁重的英语教学任务，加之大学英语教师同时还要完成诸如论文指导、学术科研、自我教育等其他任务，无形中占用很多时间与精力，从而影响教师对听力教学的全身心投入，尤其是在听力教学研究以及听力教学方法改进方面。②部分高校听力设备配备不足。部分高校由于语音教室有限，只好消减听力课时，将听力课拆分成单双周进行。在课时如此紧张的情况下，教师很难完成教学大纲所规定的教学任务，听力教学也很难达到教学大纲所规定的教学目标。在如此有限的教学和学习时间内，学生很难得到充足的听力实践训练，就连少数原本听力基础较好的学生也只能原地踏步甚至出现退步现象。

最后，听力环境有待改善。客观环境对英语听力教学效果有着不容忽视的影响。目前为数不少的高校存在着听力设备陈旧与老化的问题，在听力教学过程中有些听力设备经常会因为信号不畅或机械故障等原因而产生较大噪声，甚至声音信号时断时续。还有一些听力教室隔音功能较差，在听力教学过程中受外界噪声的干扰比较严重。这些客观因素直接影响学生听力学习的注意力以及情绪状态，转而影响听力教学和听力学习的效果。

第二节　隐喻在英语听力中的作用

听力教学在英语教学中占有非常重要的地位，尤其是在目前强调英语作为跨文化交际工具、强调培养学生英语应用能力和交际能力的教学阶段。另外，听力能力在英语听、说、读、写、译等单项能力中也占有非常重要的地位，发挥着非常重要的作用。其地位和作用主要体现在构建英语知识体系、巩固语音知识和提高英语应用能力等方面。

首先，英语听力教学有助于学生构建英语知识体系。在持续的听力教学和学习活动中，学生逐渐积累起英语语音知识与英语语音语感。这些最新掌握的语音知识与原有知识叠加在一起，深化了学生对语音知识、语音规则、语言材料以及语言信息的理解，从而帮助学生构建与完善英语语音知识体系和英语语言知识体系。因此，听力教学过程是学生学习和构建新知识的过程，听力教学活动是实现学生知识构建的有效手段。

其次，听力教学活动在巩固与提升学生英语语音知识和语音技能方面具有不可替代的重要作用，有助于学生巩固和内化语音知识与语音技能，有助于学生提高英语听音、辨音的敏感性，有助于学生模仿与学习纯正的英语语音语调。在听力理解的过程中，学生进行复杂的语音信息处理，听取和辨别所听到的语言信息，对听取信息进行思考、分析和判断，然后完成听力理解任务。这一系列听力活动非常有助于学生巩固与扩展英语语音知识，训练与提升英语语音技能。

最后，英语听力教学有助于学生提高英语应用能力，尤其是听说能力。帮助学生提升英语综合应用能力是英语教学的根本目标之一，而对于提升英语听说能力而言，听力教学是一种比较有效的教学与学习手段。听是非常重要、不可或缺的有声语言输入媒介与输入方式。学生通过有效分析、加工与理解所听到的语音信息，可以提升对英语语音信息的辨别与理解能力，而听力能力的提升，可以促进英语综合应用能力不断得到提升，尤其是英语口语能力的提升。

第三节 英语听力教学中隐喻能力培养方法与途径

本节讨论如何在英语听力教学中培养学生的隐喻能力，主要包括夯实听音辨音基本技能、借助辨识始源域培养隐喻能力、借助意象图式培养隐喻能力、借助词汇理解培养隐喻能力、借助语篇理解培养隐喻能力、借助文化知识理解培养隐喻能力等培养策略。

一、夯实听音辨音基本技能

声音符号和书写符号是同一语言的两种截然不同的表征系统。从某种程度上来说，语言的声音符号系统和书写符号系统是可以相互独立存在的。比如文盲不认识语言的书写符号系统，但这并不影响其说话；而哑巴不会开口说话，但这并不影响其运用语言的书写符号系统进行阅读或者写作。搞清了这一点，就会明白一个貌似复杂其实非常容易理解的外语学习常见现象：有些怎么也听不懂的英语词汇或者句子，一旦写出来，就感觉简单至极。这主要是因为我国大学生太多时候是通过书写符号系统学习英语的，对其声音符号系统比较陌生，因此一旦文字信号变成声音信号呈现出来，很简单的词句都有可能成为听力理解的障碍。因此，无论是英语听力，还是英语口语，只要涉及英语声音符号的输入和输出，就要求学生必须具备英语语音的基本知识和听音辨音的基本技能。

就英语听力而言，大学生通常存在以下两个主要问题：一是英语语音知识比较贫乏，不了解英语语流的基本语音规律，很多难度并不大的语料听起来云里雾里，不知所云；二是听音辨音能力比较弱，致使非常简单的词句出现听音辨音失误，从而造成对整句、整段甚至整篇话语的理解出现偏差。

针对以上两个主要问题，教师应该有的放矢，进行有针对性的听力教学。针对英语语音知识比较贫乏这一现象，教师应该结合听力材料给学生详细介绍英语语音知识，尤其是有关连读、重读、弱读、变音、基本语调等常用英语语音知识，并通过大量系统训练，强化学生的英语声音符号意识和敏感性。一般来说，教师在听力教学过程中，可以结合听力素材的特点以及教学进程，着重给学生介绍失去爆破与不完全爆破、连读、音变、词语的弱读式、节奏、句子重音、语音语调的一般规律等英语语音基本知识。

（一）失去爆破与不完全爆破

1、失去爆破

英语爆破辅音指发音器官在口腔中形成阻碍，然后气流冲破阻碍而发出的气流比较强劲的辅音。其发音方式类似爆炸物的爆破，发音气流的除阻突然而又强烈，所以通常称为爆破辅音。英语中共有 [p]、[b]、[t]、[d]、[k] 和 [g] 六个爆破辅音。当这六个爆破辅音中的任何两个音素相邻时，前一个爆破辅音基本不发音，发音器官在口腔中形成阻碍，但气流不必冲破阻碍爆破成音，而只是稍做停顿，随即发下一个爆破辅音。换言之，要做好发这个爆破辅音的准备，但不发出音来。这样的发音过程就是"失去爆破"。如（注：括号中为失去爆破的爆破辅音）：

Si(t) down, please!（请坐。）

Goo(d) bye!（再见！）

Gla(d) to see you.（见到你很高兴。）

He has a ba(d) col(d) today.（他今天得了重感冒。）

She too(k) goo(d) care of the children.（她悉心照料孩子们。）

As(k) Bob to si(t) behind me.（让鲍勃坐在我身后。）

2、不完全爆破

当爆破辅音与爆破辅音以外的其他辅音相邻时，前面的爆破辅音不完全爆破，即形成气流阻碍，做出发音姿势，稍作停顿后发音轻弱，接着过渡到下一个辅音。不完全爆破主要发生在以下辅音组合（注：括号中为不完全爆破辅音）：

（1）爆破音 + 摩擦音 [s]、[z]、[ʃ]、[ʒ]、[θ]、[ð]、[f]、[v]

Kee(p) silent, please.（请保持安静。）

We hear(d) Davi(d) sing las(t) night.（昨晚我们听到戴维在唱歌。）

Have you rea(d) the book abou(t) Chinese culture?（你读过那本关于中国文化的书吗？）

（2）爆破音 + 破擦音 [tʃ]、[dʒ]、[tr]、[dr]

Grea(t) changes have taken place in jo(b) chances.（就业机会发生了巨变。）

The thir(d) chair is broken.（第三把椅子坏了。）

（3）爆破音 + 鼻辅音 [m]、[n]

Goo(d) morning.（早上好。）

Ba(d) news has come a(t) last.（最终传来坏消息。）

（二）连读

在语速较快的连贯话语或者以较快速度朗读英语材料时，同一个意群中相邻的两个词汇，如果前者以辅音音素结尾，后者以元音音素开头，通常将相邻的辅音和元音首尾相接，自然而然地接起来拼读和发音，从而构成一个临时音节，这种现象就是连读。连读音节一般不重读，只需自然而然地一带而过，其间不能增音吞音，也不能读得太重太拙。比如大家比较熟悉的"not at all"这个短语，连读时听起来就像是一个比较长的单词 [not~at~all]（注：~ 表示连读）。英语的连读主要包括以下类型：

1、"辅音 + 元音"型连读

在同一个意群里相邻的两个单词，如果前一个单词以辅音结尾，后一个单词以元音开头，在快速的连贯语流中通常将辅音与元音首尾相接，连起来一起拼读或者说出，中间没有停顿。如：

Put~it~on, please.（请把它放下。）

I'm~an~English teacher.（我是一位英语教师。）

It~is~an~old book.（这是一本旧书。）

Let him have~a look~at~it.（让他看一看。）

She called~you half~an~hour~ago.（她半小时前给你打过电话。）

2、"元音 + 元音"型连读

在同一个意群里相邻的两个单词，如果前一个单词以元音结尾，后一个单词以元音开头，这两个音通常要自然而且不间断地连在一起发音，中间没有停顿。如：

He~is very friendly to me.（他对我很友好。）

She wants to study~English.（她想学习英语。）

How~and why did you come here?（你怎么来的？为什么来这里？）

She can't carry~it.（她扛不动它。）

（三）音变

音变指为了保持口语的流畅性与连贯性，有些音素相邻时会相互影响，从而使发音发生变化。音变主要包括变音、增音和省音等语音现象。

1."辅音 + 半元音"型变音

在同一个意群里相邻的两个单词，如果前一个单词以辅音 [t] 结尾，后一个单词以半元音 [j] 开头，那么这两个邻音须读作 [tʃ]。如（注：~ 表示音变）：

Nice to meet~you.（见到你很高兴。）

You came yesterday,didn't~you?（你昨天来的，是吗？）

You have done the job,haven't~you?（你已经完成了任务，对吗？）

在同一个意群里相邻的两个单词，如果前一个单词以辅音 [d] 结尾，后一个单词以半元音 [j] 开头，那么这两个邻音须读作 [dʒ]。如（注：~ 表示音变）：

Did~you get there late again?（你去那里又迟到了吗？）

Would~you like a cup of tea?（您想喝杯茶吗？）

Could~you help me, please?（您能帮帮我吗？）

2. "r/re+ 元音"型增音

在同一个意群里相邻的两个单词，如果前一个单词以不发音的"-r"或者"-re"结尾，而后一个单词以元音开头，这时为了保持话语的连贯与流畅，前一个单词的"r"或"re"不但要发 [r] 音，而且要与后一个单词的词首元音一起连读。如（注：括号表示增音，~ 表示连读）：

I looked fo(r)~it he(re)~and there.（我到处找它。）

The(re)~is a football unde(r)~it.（它下面有一个足球。）

He(re)~is a letter for you.（这里有你一封信。）

The(re)~are fou(r)~eggs in the box.（盒子里有四枚鸡蛋。）

Whe(re)~are your brothe(r)~and sister?（你弟弟和妹妹在哪里？）

We can hea(r)~it from fa(r)~away.（我们从很远的地方都能听到。）

3.[h] 型省音

在同一个意群里相邻的两个单词，如果前一个单词以辅音结尾，后一个单词以 [h] 开头，为了保持话语的连贯与流畅，通常将后一个单词的首音 [h] 省略，因为 [h] 的发音会耗费过多气流。这样一来，前一个单词的词尾辅音和省略 [h] 音后的词首元音就可以连读了。如（注：括号表示省音，~表示连读）：

Tom love~(h)er very much.（汤姆非常喜欢她。）
She has asked~(h)im a question.（她问了他一个问题。）
Please go to~(h)er ffice to ask~(h)er.（请到她的办公室问她。）

（四）词语的弱读式

在语速较快的连贯话语中，说话者为了清晰地表达意义，突出核心意义，同时也为了保持话语节奏，并非对每个单词都平均用力，发音强度和发音时长也不相同，这与单个单词的独立发音有很大不同。一般来说，英语单词重音是固定的，但出现在连贯话语中的单词可以重读，也可以弱读，这主要取决于说话人意欲突出表达哪些意义。

有些英语常用单词，其单独发音与在连贯话语中的弱读发音有很大不同。以单词"some"为例，该词在重读或单独出现时，发音为 [sʌm]，但在连贯话语中作为非重读单词出现时，其发音通常为 /səm/，此时的发音短促而模糊。一个单词在重读时和弱读时具有两种或两种以上的不同发音时，这些不同的发音形式称为重读式和弱读式。

英语单词中有重读式和弱读式的单词大约有 50 个，它们的弱读式通常出现在句子的非重读音节里，而且这些单词及其弱读式既常见又常用。从词性上看，这些单词大多是单音节的限定词、助动词、动词 be、介词和人称代词等。例如（注：→表示弱读式）：

some [sʌm]→[səm]→[sm]
have [hæv]→[həv]→[v]
were [wə:]→[wə]
must [mʌst]→[məst]→[mst]→[ms]
do [du:]→[du]→[d]
and [ænd]→[ənd]→[ən]→[n]
of [ɔv]→[əv]→[v]
them [ðem]→[ðəm]→[m]
we [wi:]→[wi]
can [kæn]→[kən]

（五）英语的节奏

如同音乐一样，英语的连贯话语有一定的节奏。英语的节奏是靠重读音节与弱读音节的组合来体现的，每个节奏通常会含有重读音节和弱读音节。在一个英语句子中，名词、动词、形容词和副词等实词一般须重读，而介词、冠词、代词等虚词一般须弱读。

英语口语的节奏基本体现在各个重读音节之间，其时距大体相同。重音和与它结合的若干弱读音节构成一个节奏群。一般来说，每个节奏群所分配的话语时间大致相同，两个重音之间的弱读音节越多，在每个弱读音节上花的时间便越少。因此，为了取得节奏效果，弱读少的节奏群语速稍慢，弱读多的节奏群语速则稍快。例如（注：/ 表示节奏群，用·表示弱读音节）：

Peter's younger sister / left the · bag at · home.（彼得的妹妹把包忘在家里。）
This is · the · / furniture.（这是家具。）

He is·a·/student.(他是一名学生。)

（六）句子重音

在语速较快的连贯话语中，句子中的每个单词并不是说得同样快同样响亮，而是有些单词说得又轻又快且较为含糊，有些单词则说得又重又慢且较为清晰。那些说得响亮而清晰的单词，就是句子重音所在。

英语句子重音的一般规律为：句中的实词，如名词、动词、形容词、副词、数词、代词等，需重读；句中的虚词，如冠词、连词、介词等，需弱读。

句子重音与单词重音不同。单词重音是单独念单词时的固有重音，单词重音是静态的、固定的；而句子重音是为了突出句子的核心意义，须根据意欲表达的意义核心来确定，所以句子重音是动态的、变化的。根据所要表达的核心意义，一个句子可以有不同的句子重音模式。例如：

Nate bought a red car yesterday.（内特昨天买了一辆红色的汽车。）

当重读"Nate"时，强调的是内特昨天买了一辆红色的汽车，而不是别人买车。当重读"red"时，强调的是内特买了一辆红色的汽车，而不是其他颜色。如果重读"yesterday"，强调的是内特是昨天买的车，而不是其他时间。如果重读"car"，则强调内特昨天买的是轿车，而不是其他类型的车辆。

一般来说，句子重音有两大功能：①体现句子的节奏感和韵律感；②突出重点，使听者更容易抓住和理解句子的中心意义或核心意义。

（七）英语语调的一般规律

说话人说话时可以根据所表达的意义改变音高，使音调呈现出上升或下降，这就是语调。音调升降的过程可以是急促的，也可以是缓慢的，还可以形成不同的组合。借助语调的变化，说话人可以更加准确地表达各种语义信息。

语调不同，句子传达的意思就有所不同。一句话的完整意思是由词汇意义和语调意义结合而成的。词汇意义是话语中所用词汇的意义，而语调意义是说话人运用语调所表达的态度或语气含义。一句话的语调最高点，一般落在句子重音上。抓住并听清句子的最高语调在何处，就可以捕捉到说话人意欲表达的核心意义。

英语主要有五种基本语调，即升调（↗）、降调（↘）、升降调（∧）、降升调（∨）和平调（→）。其中升调和降调是英语最基本最常用的两种语调。

1. 升调的基本用法与含义

升调通常用于一般疑问句、语气委婉客气的祈使句以及含有不肯定、疑问、安慰、不耐烦等感情色彩的陈述句等句式，基本含义是"不肯定"或者"未完结"。例如：

Shall I tell him to come and see you↗?（一般疑问句的正常语调）

You like her↗?（用于陈述疑问句，期待得到对方证实）

What have you got there↗?（用于特殊疑问句，语气亲切热情）

Oh. Come on↗.（用于感叹句，表示轻快、活泼、鼓励等意义）

She bought red↗, yellow↗, and green↘ rugs.（用于平行结构，表示列举或对比）

2.降调的基本用法与含义

降调通常用于陈述句、特殊疑问句、表示命令的祈使句、感叹句等句式，基本含义是"肯定"和"完结"。例如：

Swimming is my favorite sport ↘.（用于陈述句，表示肯定的意义）

What did you find there ↘?（特殊疑问句的正常语调）

Tell me all about it ↘.（用于祈使句，表示语气较强的命令）

Have you got the tickets ↘?（用于一般疑问句，表示期待得到肯定答复，或者表示说话人不耐烦或不高兴等情感态度）

How nice ↘!（用于感叹句，表示惊叹等强烈感情）

3.升降调的基本用法与含义

升降调通常用于选择疑问句、以状语或状语从句起始的句子以及表达记数时。例如：

Do you prefer coffee ↗ or juice ↘?（用于选择疑问句）

At eight o'clock in the morning ↗ the football match began ↘.（以状语起始的句子）

One ↗, two ↗, three ↗ and four ↘.（表示计数或者计点东西）

4.降升调的基本用法与含义

降升调通常用于反义疑问句、句末表示情感态度的附加语等。例如：

You took part in the party yesterday ↘,didn't you ↗?（用于反义疑问句）

It's going to rain ↘,I'm afraid ↗.（用于前面是陈述句，后面有一个表示不肯定或疑虑等情感态度的附加语）

针对听音辨音能力比较弱这一现象，教师应该结合听力材料，带领学生重点训练英语元音的长音与短音、单元音与双元音、重读与弱读等听音辨音能力，重点训练英语辅音的连读、弱读、同化、失去爆破以及音变等连贯语流中的超音位语音现象，并在反复训练中夯实英语语音知识，提升听音辨音基本技能。一般来说，练习英语听力和语音语调时，首先要弄清句子重音，并把句子解剖成几个意群，即意思密切相关的词组或短语，然后根据相关的节奏和语调用心听辨、揣摩和体会语句的确切含义。

总之，学生听力理解能力的强弱，在很大程度上取决于对英语语音信息的听辨、处理与理解，尤其是在很大程度上取决于听音辨音能力。学生具有较强的英语语音敏感性和较强的听音辨音能力，是培养隐喻能力的重要基础。

二、借助辨识始源域培养隐喻能力

从本质上来讲，概念隐喻是人类了解世界的一种认知工具，是一种普遍存在的思维方式和认知方式。任何语言都包含丰富的概念隐喻，或者以概念隐喻为手段来组织语言表达。英语听力是基础性课程，在大学英语教学中占有非常重要的地位。若想在英语听力教学中培养学生的隐喻能力，教师必须首先让学生充分认识隐喻的性质以及隐喻的普遍性。而第一个抓手或者有效手段就是引导学生正确快速地辨识隐喻及其始源域。

教师在进行听力教学的过程中须注意，相对于目标域而言，始源域即喻体更加容易识别与理解。当两个不同认知域产生隐喻关联时，通常是始源域与目标域之间的典型相似特征被映射到目标域之中，然后以这一典型相似特征为认知基础，对目标域的隐喻意义做出推断和理解。假如听力材料中出现"Time is money."（时间就是金钱）这一隐喻表达式，教师可以先引导学生识别出"money"（金钱）这一始源域，然后引导学生找出"money"和"time"这两个认知域之间的典型相似特征；依据语境和经验，不难发现这两个认知域之间的典型相似特征就是"宝贵"。接下来引导学生根据映射原理，把始源域"money"和目标域"time"之间的典型相似特征"宝贵"，从始源域"money"映射到目标域"time"之中，并依据这一典型相似特征重新解释"宝贵"在目标域"time"中的比喻义，即"时间宝贵"。

在隐喻辨识、隐喻映射和隐喻理解这一系列认知程序中，学生最熟悉、最容易掌握的就是辨识始源域，因为始源域是学生比较熟悉的内容，通常也是以学生比较熟悉的词汇来表述，因此在稍纵即逝的语音信号中，始源域最容易被学生捕捉到。捕捉到了始源域，隐喻理解就有了基础和前提。所以，如果在听力材料中遇到隐喻性语言，教师应该指导学生捕捉始源域信息，让学生熟悉并掌握捕捉始源域的语言理据和主要方法，为后续的隐喻映射和隐喻理解打下坚实基础。

有鉴于此，教师在英语听力教学过程中，要引导学生辨识、分析和理解隐喻，强化对隐喻性语句的始源域和目标域的辨识和解读，运用隐喻认知机制理解隐喻性语句的确切话语含义。如果学生能够在大脑中快速过滤所听到的英语语音信号，并且能够快速准确地捕捉并辨析隐喻性语句中的始源域和目标域，进而对隐喻性语句做出准确认知与释解，那么学生的英语听力能力和隐喻能力就能同步得到提升。

三、借助意象图式培养隐喻能力

早期的图式理论认为，图式是一个人已经获得的知识和经验在大脑中的集结，是大脑对过去知识或经验的反映，是记忆的一种存在方式，也是连接概念与感知对象的纽带。（Barlett,1932）

意象图式（image schema）于1987年由莱考夫（Lakoff）提出。莱考夫认为意象图式是介于感觉和理性之间的一个重要环节，它由认知主体与客观世界的互动体验中获得，并起着意象性抽象结构的功能。意象图式处于抽象层面，主要以类推方式建构人们的体验与经验，进而以隐喻方式建构抽象概念和非身体经验。换言之，意象图式基于人们的体验与经验而逐步形成，并在此基础上进行范畴化与概念化，从而获得意义。

在听力教学中，意象图式有助于学生启用已有知识与新信息发生关联，进而处理加工新信息，并在此基础上形成新的认知与新的理解。也就是说，意象图式可以激活背景知识和认知机制，帮助学生运用认知策略去处理听力输入信息。这不仅有利于学生发挥想象力与逻辑思维能力，也有利于学生培养听力技能、听力策略和隐喻能力。

具体来说，意象图式在听力理解中有以下几个重要作用：①为推断整篇话语的主旨信息提供概念框架。在听力理解过程中，学生持续将话语内容与知识图式交汇对比，并以意象图式为基础和参照，对所听取的信息进行推测、判断和理解。②为推导性阐释提供逻辑依据。学生在听力理解过程中，可以借助被听力材料激活的意象图式对上下文进行推理和预测，不仅可以推测出话语信息，还有可能推测出言外之意。③为排除歧义与误解提供基础。意象图式属于高度抽象的知识框架，具有概念性质和认知功能。一旦听力理解出现偏误,听者可以凭借被激活的意象图式得以发现和纠正。④有助于大脑有条不紊地在记忆中搜寻信息,并有助于对信息进行编辑与总结。

值得注意的是,学生对意象图式比较陌生,所以教师在利用意象图式进行听力教学之前或者在教学过程中,须向学生介绍意象图式的特点、类型、作用以及工作机制,并引导学生以自身体验来体会意象图式的作用。比如教师可以借助"Soon a plane came into view."(不久,一架飞机映入眼帘)和"He was deeply in remorse."(他深深陷入自责之中)这两个例句,给学生讲解"容器"图式(container schema)以及意象图式的基本知识和基本原理。另外,教师还要鼓励学生回顾与总结自己知识结构中业已存在的意象图式,并引导学生根据自己对客观世界的感知与体验来建构更多的新意象图式。学生具备和掌握的意象图式越多,他们听力理解的准确率就会越高,他们的听力水平和隐喻能力就会提升得越快。

四、借助词汇理解培养隐喻能力

与阅读能力相比,学生的英语听力能力普遍比较差,这主要是因为声音符号与文字符号相差巨大,加之英语连贯语流中有连读、失去爆破和同化等语音特点。另外,学生的语音知识比较欠缺,听音辨音能力比较弱,不能准确分清长短音、单元音与双元音,不能准确听辨出发音方法与发音部位不同的辅音,遇到连读、弱读、同化以及失去爆破等连贯语流中的超音位语音现象无法正确切分音节和听辨词汇,也是直接原因。

从词汇角度来讲,缺乏推断词汇隐喻意义和引申意义的能力,是导致学生英语听力能力普遍较差的一个重要的认知原因。尽管听力材料生词多,语速快,而且音变频繁,但是学生还是能够听辨出那些比较熟悉的常用词汇和短语。有经验且已经掌握适量听力策略的学生,以这些熟悉的词汇和短语为基础,依托上下文和逻辑关系,根据隐喻认知机制,通过隐喻性语言表述进行引申和推理,往往能够按图索骥,在很大程度上能够推测和理解其他没有听出来的词汇和表述。而这一引申和推理的过程,实际上就是培养学生隐喻能力的过程。

听力材料中通常包含着比较丰富的隐喻性语言,很多词汇也是在运用其隐喻义和引申义。如果学生不具有隐喻基本知识,不了解隐喻的工作原理和认知机制,处理和释解隐喻性语言信息的能力较差,在稍纵即逝的语音信号中很容易错失隐喻性语言表述,错失从隐喻认知层面理解听力内容深层含义的机会,从而极大影响听力理解的效率。

例如,学生从听力材料中听到这么一个句子"At the orientation meeting, every new student get a handout of dos and don'ts for them"。如果学生不知道"orientation meeting"是什么意思,教师可以引导学生通过以下几个办法来解决:一是利用语篇内容和上下文进行推断,从整篇听力材料所叙述的内容以及该句中的"every new student"即能推断出"orientation meeting"的大体意思;二是利用隐喻认知机制,以"orientation"的概念意义即本义为基础,推断其在该短语中的隐喻义。"orientation"的概念意义为"方向;目标",由此可以引申出"定向"的意义,继而引申出"(任职等前的)培训"的意义,顺着这一映射线索不难推断出"new student"入学后正式上课前的培训会议"orientation meeting"就是"迎新会"。

有鉴于此,教师应该结合听力语料讲解隐喻基本知识,引导学生学习和训练隐喻的认知机制和工作原理,培养学生的隐喻能力,以便学生在稍纵即逝的语音信号中及时捕捉到词汇，并利用隐喻认知机制准确遴选词义，避免出现因为错失一词或者错听一词即错失整个句子意义或者错失整个语篇意义的现象。

五、借助语篇理解培养隐喻能力

由于英语听力播放的是声音信号，对于以学习书面语为主的中国大学生来说，同等难度的英语材料，理解有声语言的意义比理解文字语言的意义难度要大几个层级。加之学生语音知识比较欠缺，听音辨音能力比较弱，对英语连贯语流中的一系列语音特点和语音现象的适应能力较差，想听清楚听力材料中的每句话和每个单词几乎是不可能的，更不可能透彻理解每句话和每个单词的确切含义。换言之，在听力理解过程中，总会有些信息没有及时抓住或者因故错失。要想补全错失的那部分意义，隐喻认知机制和意象图式认知机制起着不可替代的重要作用。前面已经讨论了怎样利用意象图式培养隐喻能力，这里重点讨论怎样在听力语篇中利用隐喻认知机制培养学生的隐喻能力。

听力不仅仅是被动地听取声音信号，更是对所听取的声音信号进行积极主动的认知与推断。由于隐喻是一种思维和认知方式，几乎所有的英语听力语篇都含有隐喻表达。英语中的隐喻表达式在句子层面和语篇层面体现得更加明显，也更加集中。因此，概念隐喻理论以及隐喻认知机制在听力语篇中的作用和功能更加显著。

作为一种认知和思维方式，隐喻是构建和生成语篇的重要机制之一，在语篇发展过程中起着非常重要的衔接与连贯作用。因此，隐喻认知机制不仅能够帮助学生听辨英语词汇以及推断其确切含义，还能促进学生对听力篇章的深层理解，尤其是那些基于隐喻思维而撰写的篇章。以下面这个听力语篇为例：

Life is a train ride. We get on. We ride. We get off. We get back on and ride some more. There are accidents and there are delays. At certain stops there are surprises. Some of these will translate into great moments of joy; some will result in profound sorrow.

When we are born and we first board the train, we meet people whom we think will be with us for the entire journey. Those people are our parents! Sadly, this is far from the truth. Our parents are with us for as long as we absolutely need them. They, too, have journeys they must complete. We live on with the memories of their love, affection, friendship, guidance and their constant presence.

There are others who board the train and who eventually become very important to us, in turn. These people are our brothers, sisters, friends and acquaintances, whom we will learn to love, and cherish.

We're all on this train ride together. Above all, we should all try to strive to make the ride as pleasant and memorable as we can, right up until we each make the final stop and leave the train for the last time.

不难看出，上面这个听力语篇是基于"Life is a train ride."（人生是一次火车旅行）这个概念隐喻来谋局布篇的，整个语篇以这个概念隐喻为主线来组织。这个听力语篇中描述目标域"LIFE"的词汇和隐喻表达式，均是通过"Train ride"这个始源域映射而来的。因此，只要理解了"Train ride"的过程及其描述语言，并且激活了"Train ride"的意象图式知识和认知机制，这个听力语篇的主旨和逻辑脉络就会非常清楚，不容易错失或者丢失。但做到这一切需要有一个最关键的因素和前提，就是学生要有最基本的隐喻知识和隐喻能力，能够判断出来这是一个基于概念隐喻的听力语篇，然后借助隐喻映射和认知机制来理解听力语篇。

由此可见，如果不能充分识别与理解听力语篇中的概念隐喻和隐喻性语言，就会影响理解与把握语篇的整体布局、逻辑脉络、上下文的衔接与连贯，从而影响对语篇深层内涵乃至对整个听力语篇的理解。从语篇层面来说，错失隐喻性语言有可能导致理解语篇的逻辑和思路时断时续，对语篇内容的理解也是支离破碎，很难形成一个有机的整体。抓住隐喻性语言表述的含义，有助于从隐喻认知层面理解听力内容的深层内涵，并且有助于有效避免因为错失一词或者错听一词即错失整个句子意义或者错失整个语篇意义的现象出现。从另一个角度来讲，学生一旦具备了隐喻能力和语篇意识，即便有些语音片段没有听辨清楚，甚至录音停止以后，也能借助隐喻能力、语篇意识和逻辑关系理解听力语篇的主旨大意。

因此，教师应该结合听力语料讲解隐喻基本知识，引导学生学习和训练隐喻的认知机制和工作原理，通过听力语篇培养学生的隐喻意识和隐喻能力，提高学生英语听力技能和听力水平。

六、借助文化知识理解培养隐喻能力

作为思维方式和认知方式，概念隐喻自然与文化密切相关。由于人们在认知层面的共性联想，概念隐喻具有普遍性。然而，有些隐喻有其独特的文化性，在不同文化中有不同的语言表现形式，或者隐喻义与内涵有所不同。

听力材料中有许多英汉相同或相似的隐喻表达，比如英汉都喜欢用"金钱"来喻比"时间"。之所以存在这种相似性，是因为中英文化均认为时间非常宝贵，时间和金钱都具有"宝贵"这一显著相似性。如果在听力教学过程中遇到这类英汉相同或相似的隐喻表达，教师在教授中英不同文化差异性的同时，也要告知学生中英文化之间的关联性，引导学生全面了解中英文化的异同，培养学生关联和转化中英文化的意识和能力，在提升英语听力能力的同时提升隐喻能力。

听力材料中也存在一些英汉差异较大的隐喻表达。比如汉语经常用"即将燃完的蜡烛"这一隐喻来描述一个老人的生命行将结束，比如"风烛残年"这一隐喻性表述。相比而言，英语通常用一年四季来喻指人的一生，用万物萧条的冬天喻指人的晚年，所以"the winter of an old man"（老人的冬天）通常喻指"迟暮老人"。如果在听力教学过程中遇到这类英汉差异较大的隐喻表达，教师应该为学生介绍一些有较大差异的中英文化现象，使之变为学生的文化知识积累。这样如果在听力中遇到相关的文化内容，学生就能够比较顺利地解读与理解。

由此可见，借助文化知识培养学生的隐喻能力是非常必要的。教师在听力教学过程中，应当引导学生了解中英文化的异同，并借此理解词语以及语篇所蕴含的丰富文化内涵，力争做到使学生的听力能力和隐喻能力同时得到提高。

第六章　英语口语教学中隐喻能力培养方法与途径

就目前的大学英语教学而言，培养学生的口语交际能力是核心目标之一。但令人遗憾的是，学生的英语口语能力在听、说、读、写、译几个主要英语语言技能中仍然是最薄弱的，英语口语仍然是学生的一大心病，"哑巴英语"现象仍然没有得到根本解决。追究个中原因，有学生语言基础的问题，有课程教学方法的问题，有考试导向的问题，也有忽视隐喻思维在口语中的作用的问题。

本章探讨如何将隐喻理论和隐喻思维导入英语口语教学与训练，如何通过英语口语教学培养学生的隐喻能力。首先概述英语口语教学现状以及隐喻在英语口语中的作用，然后从隐喻型口语教学的一般步骤、利用语音语调培养隐喻能力、利用遣词造句培养隐喻能力、利用话语建构培养隐喻能力等角度，探讨在英语口语教学中培养学生隐喻能力的方法与途径。

第一节　英语口语教学现状

在探讨如何提高学生的英语口语能力、如何在英语口语教学中培养学生的隐喻能力之前，了解英语口语教学现状以及隐喻在英语口语中的作用，是重要的基础与前提。

我国大学英语口语教学的现状不容乐观。根据笔者所做的学生访谈、学习日记及问卷调查等的调查结果，有高达56%的学生认为英语口语能力是自己的弱项，而且对进一步提高英语口语能力信心不足。学生的"哑巴英语"现象，说明当前的大学英语口语教学存在诸多亟待改进的问题。

从教学模式的角度看，传统的英语教学模式重视书面表达能力，相对忽视口语能力的培养。学生即便学会英语单词和句型，但由于胆怯、自信心不足、只知道单词的意思而不会灵活运用、怕出错等原因，不敢或者不会用英语表达自己的意思与思想，从而导致许多学生英语口语能力低下。

从学生的英语口语实践角度看，许多学生虽然能够勉强进行基本的英语交际，但往往只能运用一些最基本的词汇、句法结构和会话模式来进行日常生活会话，一旦遇到比较复杂的内容，一旦需要表达较为抽象的概念或思想，便很难用英语表达，于是放弃使用英语。

另外，许多学生的英语口语用词单一，表达不地道不连贯，思维中式化，中式英语比比皆是，而且口语表达缺乏多样性、形象性和创新性。由于传统英语口语教学的主要方法是模仿、训练和强化，让学生在假设的语境中通过模仿句型与相关语言表达来练习口语，致使学生在遇到一些真实交际语境时很难随机应变，很难灵活使用英语表达自己的思想。

导致许多学生英语口语能力不够理想的原因主要有以下几个：①学生的语音、词汇、语法、语用、文化等语言基础知识不足；②有效的口语训练不足；③学生说英语的自信心不足，对自己的口语能力评价较低，心里紧张，不敢在人前说英语；④会话策略不足，十分看重语言表达的准确性，努力想说"纯正地道"的英语，但由于思考时间过长，容易出现卡壳现象和尴尬的沉默；⑤课堂开口动力不足，惯于在课堂上充当被动接受的角色；⑥隐喻思维和隐喻能力不足，不能创造性地使用已掌握的词汇和表达方式。

综上所述，学生的英语口语能力不高，追究个中原因，有学生语言基础的问题，有课程教学方法的问题，有考试导向的问题，但忽视隐喻思维和隐喻能力在口语中的作用和功能，应该是根本性的问题之一。

第二节 隐喻在英语口语中的作用

口语教学在英语教学中占有非常重要的地位，因为口头交际是自然语言的第一交际媒介，尤其是在目前强调英语作为跨文化交际工具、强调培养学生英语应用能力和交际能力的教学阶段。作为语言中普遍存在的现象，作为思维手段和认知手段，隐喻在口语交际中占有非常重要的地位，具有非常重要的作用。

首先，隐喻有助于口语表达地道规范，呈现英语思维。隐喻是认知手段，也是一种认知活动。自然语言本身具有隐喻性，语言中富含隐喻思维和隐喻性表达。然而，传统英语口语教学通常遵循"刺激—反应—强化"的教学思路，让学生在一定假设语境中通过模仿句型、句式和相关用语机械地反复练习会话，致使学生在使用英语进行真正交际时生搬硬套所学语句，中式英语严重，所说英语既不规范也不地道。这种现象表明，师生在口语教学和训练中没有意识到思维方式转变的重要性。如果在英语口语教学过程中，教师依然按照汉语的思维方式去教，学生依然按照汉语的思维方式去学，那结果是学生很难做到用英语的思维方式去组织和表达英语会话。从本质上来讲，语言认知与语言思维均是隐喻性的，学习英语也是在学习英语的思维方式和认知方式。在英语口语教学中培养学生的隐喻思维和隐喻能力，不仅有助于学生养成用英语思维的习惯，从而做到用英语思维组织英语话语，用英语思维进行英语交际，而且有助于学生的口语交际用语更加规范，更加地道。

其次，隐喻有助于口语表达语句丰富，呈现多样性。许多学生的英语交际词汇贫乏，句式单一，语句不连贯，话语缺乏动态变化。这与英语口语教学中脱离真实语境的机械训练有很大关联，也与学生缺乏隐喻思维能力有很大关系。概念隐喻跨域映射的认知功能，有助于学生借助一种比较熟悉、比较简单的概念来表达另一种比较陌生、比较复杂的概念，使英语表达内容与表达方式更加丰富；同时有助于词汇获得隐喻性用法，使旧词获得新意，从而拓宽词语的表意能力，使英语词语表达呈现丰富性和多样性。

最后，隐喻有助于口语表达生动形象，具有创新性。许多学生的英语口语表达呆板生硬，机械照搬，词汇和语句不敢灵活运用，口语表达缺乏形象性和创新性。概念隐喻以及隐喻思维不仅有助于学生在英语口语交际中发挥认知能力和想象能力，用简单的语言表达复杂的概念和事物，用具体生动的语言表达抽象的概念和事物，而且有助于学生在英语口语交际中发挥创新能力，灵活运用词汇和语句，使口语表达生动形象新颖，具有形象性和创新性。

第三节　口语教学中隐喻能力培养方法与途径

学习英语旨在使用英语进行交际。不开口说话，就没有口头英语交际，也没有口头英语学习和训练，学出来的英语只能是"哑巴英语"。因此，英语口语能力既是英语学习的目标之一，也是英语学习的一种有效手段。

隐喻理论和认知机制有助于英语口语教学、学习和训练，而学生一旦具备了英语隐喻思维和隐喻能力，反过来又能促进其英语口语能力。因此，在英语口语教学中有意识地培养学生的隐喻思维和隐喻能力，对提高英语口语教学效果、提高英语口语学习效果和提高学生的英语口语能力都大有裨益。

接下来从隐喻型口语教学的一般步骤、利用语音语调培养隐喻能力、利用遣词造句培养隐喻能力、利用话语建构培养隐喻能力等角度，讨论在英语口语教学中培养学生隐喻能力的方法与策略。

一、隐喻型口语教学的一般步骤

以隐喻为依托或辅助的英语口语教学，可以分为以下三个步骤进行：第一个阶段将隐喻理论导入英语口语教学；第二个阶段学习和积累常用的隐喻性英语表达；第三个阶段集中练习口语输出。现将三个阶段的主要内容和做法分述如下。

第一个阶段，将隐喻理论导入英语口语教学。自中学阶段起，学生就已经习惯了"刺激—反应—强化"的英语口语教学模式，所以，将隐喻理论导入英语口语教学的第一项任务，就是向学生普及隐喻基础知识，包括隐喻的定义、特点、分类以及工作机制等。要让学生充分认识到，语言中遍布隐喻性表述，隐喻不仅是一种修辞手段，更是组织英语口语表达的思维方式和认知方式。其次，让学生充分了解隐喻的认知机制和思维方式，充分了解隐喻在英语口语交际中的作用。尤其是要让学生了解、熟悉并掌握跨域映射的工作原理。待学生具备了隐喻的基本知识，熟悉并掌握了隐喻认知机制的工作原理，即可在口语教学中实行隐喻型教学法。

第二个阶段，指导学生学习和积累常用英语隐喻性表达。教师在教学过程中应该有意识地指导学生关注语言和话语中的隐喻性表达，让学生亲身体会隐喻在英语口语交际中的作用，逐渐培养学生用英语隐喻思维进行英语表达的习惯，从而把零散的英语隐喻语言表达建构为比较完整的英语隐喻系统，为提升英语口语表达能力打下英语思维基础。除了口语教学外，教师还可以鼓励学生在阅读、听力、写作以及翻译教学和学习过程中学习和积累常用英语隐喻性表达。

第三个阶段，指导学生集中练习英语口语输出。有了第一阶段的隐喻基础知识学习和第二阶段的常用英语隐喻性表达积累，接下来教师就可以指导学生集中练习英语口语输出。无论是前期的学习隐喻基础知识，还是积累常用英语隐喻性表达，都是为了将隐喻思维应用于英语口语会话之中，因此第三个阶段的口语实践至关重要。教师可以指导学生根据不同话题和不同语境，采用已经掌握的概念隐喻拓展口语会话，或者建构新的概念隐喻来进行话语交流，以便使学生在运用隐喻性语言表达的过程中训练、形成和掌握英语隐喻性思维，在连贯、地道的口语表达中提升英语口语能力和隐喻能力。

二、利用语音语调培养隐喻能力

语音语调在口语中起着非常重要的表意作用。口语表达中的隐喻现象，不仅像书面语言一样发生在词汇、句子和语篇层面，而且发生在语音层面。英语口语的语音隐喻主要体现在句子重音、语调和语气等方面。

句子重音也叫逻辑重音。词汇、语法和结构均完全相同的一个英语句子，如果用不同的句子重音说出，其含义或者语义重心就有所不同。以"John bought a black car last week"（约翰上周买了一辆黑色轿车）为例。如果说话人把句子重音放在"John"上，强调的是"约翰"上周买了一辆黑色的轿车，而不是其他人；如果说话人把句子重音放在"black"上，强调的是约翰上周买了一辆"黑色"的轿车，而不是其他颜色的；如果说话人把句子重音放在"car"上，强调的是约翰上周买了一辆黑色的"轿车"，而不是其他类型的车；如果说话人把句子重音放在"last week"上，强调的是约翰买车的时间，是"上周"买的车，而不是其他时间。句子重音有表意作用，这一点教师一定要提醒学生注意，而且要指导学生学习和训练。

英语语调也具有非常重要的隐喻作用和表意作用。词汇、语法和结构均完全相同的一个英语句子，用不同语调说出，就会表达不同的深层意义内涵。再以"John bought a black car last week"为例。该句如果以降调说出，说话人就是在陈述一个事实，即"约翰上周买了一辆黑色轿车"；如果以升调说出该句，那就表明说话人对"John bought a black car last week"这件事持怀疑态度，此时相当于一个疑问句，而且疑问和反诘意味比一般疑问句更加强烈。另外，当疑问句用降调说出时，比如"Have you got the tickets ↘?"，通常表明说话人期待得到肯定答复，或者表达说话人不耐烦或不高兴等情感态度。英语语调的这种隐喻性，有助于说话人在保持句子结构不变的情况下，表达多重不同的语义。

与句子重音和语调一样，英语语气也具有非常重要的隐喻作用和表意作用。由于口语交际的语境信息比较丰富，加之为了礼貌或缓和语气等，英语口语交际中有很多间接言语行为。比如感觉房间里热，想让主人打开空调时，可以用陈述语气"It is very hot in the room"（房间里很热）来表示请求，这样比用祈使句"Please turn on the air conditioner（请打开空调）"更加礼貌。这种语气转换就属于人际隐喻中的语气隐喻。再如：

Husband: That's the phone.（有电话。）

Wife: I'm in the bathroom.（我在洗手间。）

Husband: Okay.（好吧。）

这对夫妻之间的简短对话由三个陈述句构成，但第一个陈述句明显是用陈述语气表达请求。"That's the phone"的真实含义是"有电话，请接一下"；所以妻子回应"I'm in the bathroom"，其实这是表示拒绝，真实含义是"我在洗手间呢，没法接电话"；这样才有了丈夫"Okay"的回应，意即"好吧，我来接"。

由上述可见，英语口语中的语音、语调、语气、情态等典型口语特征既有非常重要的表意作用，也有非常丰富的隐喻作用。因此，在英语口语教学中，教师应该加强学生在语音、语调、语气、情态等方面的训练，在帮助学生打好语音语调基础的同时，让学生充分理解和熟练掌握语音、语调、语气、情态等在口语交际中的隐喻内涵，从而更加地道、更加流畅地使用英语进行口头交际，培养和提升英语口语隐喻能力。

三、利用遣词造句培养隐喻能力

词汇在语言交际中的作用，怎么强调都不为过，口语交际尤为如此。词汇是语言最基本的建构材料，没有词汇，就没有语言交际；没有足够体量的词汇，就没有流畅、达意、全方位的语言交际。因此，对任何语言学习和语言交际而言，掌握一定数量的常用词汇，并以此为基础持续扩展词汇量，是一项必须而且持久的重要任务。另外，如果具有相当规模的词汇量，但没有掌握词汇的确切含义，也会因为词不达意或者引发误解等问题而导致语言交际不流畅甚至交际失败。隐喻理论以及隐喻能力有助于学习和掌握词汇意义和义项之间的认知关联，有助于学生理解和掌握词义发展的认知机制，有助于学生在扩展词汇量的同时，形成隐喻性思维方式，培养利用隐喻认知机制遣词造句的能力、语言表达能力与隐喻能力。所以，隐喻理论对于促进英语口语教学具有重要的可持续发展意义。

英语口语交际中蕴含着丰富的隐喻性词汇和隐喻性表达。词汇隐喻是意义范畴之间的映射，会话参与者通常用比较具体和比较清晰的概念来表达和理解比较抽象的概念，从而使会话更加生动形象。例如：

A: Tomorrow I have classes, but I'm going to go down to the travel agent and pick up your tickets at lunch time.（明天我上课，但午饭的点儿我去旅行社给你取票。）

B: I'll do that myself. Thank you the same.（我自己取吧，谢谢你。）

A: Don't be silly. It's part of my job. Besides, you've got bigger fish to fry.（别犯傻了，这是我工作份儿内的事儿。再说了，你还有更重要的事儿要做。）

显而易见，上述对话中的"you've got bigger fish to fry"是隐喻用法，其隐喻义是"you have more important things to do"。但与平铺直叙式的"you have more important things to do"相比，隐喻性表达"you've got bigger fish to fry"更加生动形象，丰富多彩。

隐喻在英语口语交际中还有一个重要作用，即有助于根据不同语境，运用常用词汇和基本句式表达新的意义。这样一来，英语口语交际不仅具有生动性、形象性和趣味性，还具有创造性。例如：

A: Bob knows many many words. He even knows so rare words.（鲍勃认识的单词真多，那么生僻的词儿他都知道。）

B: That's right. He is a walking dictionary.（那是，他就是一本活字典。）

上述对话中的"a walking dictionary"是一个隐喻性短语。B 用隐喻性表达回应 A 的评判性陈述，与"He indeed knows many words"相比，隐喻性表达"He is a walking dictionary"既生动形象，又避免了词汇的简单重复。

在英语口语教学过程中，利用遣词造句培养学生隐喻能力的方法主要有两种：一是隐喻性词句的输入，二是隐喻性词句的输出。输入是输出的基础和前提，因此教师在英语口语教学过程中应该输入大量隐喻性词句，尤其是经典隐喻性词句，帮助学生在分析、积累和掌握一定数量的隐喻性词句的基础上，在口语交际中模仿使用隐喻性词句，进而达到创造性运用隐喻性语言的目的。

四、利用话语建构培养隐喻能力

作为思维方式和认知方式，概念隐喻在英语口语中发挥着非常重要的作用，这些作用包括话语构建的思维组织、话语构建的谋局布篇以及话语的衔接与连贯等。

概念隐喻是构建和生成话语篇的重要思维和认知机制，很多英语话语篇是基于概念隐喻和运用隐喻思维而构建和生成的。利用概念隐喻来构建和生成话语时，通常以一个核心隐喻为主轴，然后随着话语发展衍生出一系列与其密切相关的派生隐喻表达式，使整个话语沿着核心隐喻这个中轴向前推进。这样，整个话语篇就会主题突出，逻辑分明，思路清晰，语义连贯，从而形成一个有机的话语整体。

例如，在"I can see the blues in her eyes"（我能看到她双眼充满忧伤）这一语句中，颜色词"blue"喻指"忧伤"这一情感；也就是说，这一语句是基于概念隐喻"color is emotion（颜色是情感）"生成的。如果谈论某人的情感状态，完全可以将"color is emotion"这一概念隐喻作为主轴，来构建和生成话语。比如：

I met Hans the other day.He was ill, and looking rather green. He said he was feeling blue lately.And I hope he's going to be in the pink soon.（前几天我遇见汉斯了。他得病了，脸色不好。他说最近心情不好。我希望他尽快恢复健康。）

上面这段话语围绕概念隐喻"color is emotion"而生成，其中的颜色词"green""blue"和"pink"分别喻指三种不同的情感状态。概念隐喻在其中既发挥着谋局布篇的主导作用，又使话语篇连贯自然，生动形象。话语中的这种隐喻用法，能够激发听话人对整个相关语境的想象，可以迅速引起听话人的认知共鸣，从而使话语理解和话语交际更加自然，更加流畅。

有鉴于此，建议教师在英语口语教学过程中，利用概念隐喻构建话语篇和生成话语篇的作用，引导和鼓励学生利用核心隐喻来构思话语篇的基本框架和主要内容，学习、训练和掌握篇章隐喻在推进话语篇发展中的衔接和连贯作用，在提升英语口语能力的同时，培养和提升隐喻能力。

第七章 英语阅读教学中隐喻能力培养方法与途径

阅读是学习知识最常见、最经济和最可靠的途径。英语作为全球第一通用语言，在国际交流和全球化进程中起着不可替代的交际工具作用。国际经济、文化和学术交流需要英语，获取国外先进科学技术需要英语，个体的国际化发展需要英语，向世界讲述中国故事、传播灿烂辉煌的中华文明和中国文化也需要英语。因此，阅读能力始终是英语教学的主要能力指标之一，是学生需要培养和掌握的重要英语基本技能。阅读教学在英语教学中的地位始终非常重要，无论是大学英语课程教学要求还是英语专业教学大纲，都把培养学生的阅读能力放在非常重要的位置。

本章首先梳理英语阅读教学现状，阐述隐喻在英语阅读中的作用，然后重点探讨如何在英语阅读教学中培养学生的隐喻能力。

第一节 英语阅读教学现状

探讨如何在英语阅读教学中培养学生的隐喻能力，需要了解英语阅读教学的现状，尤其是与培养学生的隐喻能力有关的阅读教学现状。本部分主要讨论大学英语阅读的作用与教学现状，主要包括阅读对语言能力和隐喻能力培养的重要性、阅读在语言能力和隐喻能力培养中的作用、英语阅读教学的现状等内容。

从总体上讲，与听、说、写、译等英语基本知识和基本技能教学相比，阅读教学比较成熟，其教学收效和学习收效也是比较好的。但这并不意味着当前的英语阅读教学已经完美无缺，至少从隐喻能力培养的角度看，当前的英语阅读教学还是存在一些不足之处。接下来从教材设置、课堂教学、学生知识贮备等方面，谈谈英语阅读教学的现状以及存在的不足。

一、教材设置

作为教学活动的基础、依托和媒介，教材在教学中有着不可替代的作用，阅读教学也是如此。

从总体上看，现行大学英语阅读教材无论在编排体系还是在内容选择方面，都有很高的质量，对培养学生的阅读能力和基础语言知识起着非常重要的作用，做出了巨大贡献。但从培养学生隐喻能力角度讲，仍有以下方面需要改进：①部分阅读教材以知识为中心，重视语言知识的传授与阅读技能的训练，但对提升学生英语应用能力有所忽略。②阅读材料描述的情景与真实的生活情景结合得不够密切，与真实生活语境相差较大，让学生有所学非所用之感。③部分阅读材料难度跳跃性较大，有些材料过于简单而缺乏挑战性，有些材料的语法和句子结构过于复杂，晦涩难懂。④体裁覆盖面比较窄，不利于学生广泛接触各种体裁和各种风格的英语材料。⑤阅读练习题型单一，输出型练习与综合能力训练型练习较少，有专门应对考试之嫌。⑥导读、课文注释以及课后练习基本没有涉及概念隐喻的讲解与训练，学生的隐喻能力培养没有引起阅读教学的重视。

如果一时难以找到更好的替代教材，教师可以发挥主观能动性，以自编教材或者补充阅读材料的方式，力争解决或应对好阅读教材中存在的上述问题。

二、课堂教学

英语阅读教学中师生互动或者生生互动不足，是一个比较普遍的问题。传统英语阅读教学大多遵循课前预习、课堂讲解和课后复习这三个主要步骤。上课之前要求学生预习阅读材料；教师在课堂教学时先概要介绍阅读材料的相关背景知识，然后讲解重要词汇、难句长句和语言要点难点，最后提问一些理解性问题，课后要求学生记忆阅读材料所涉及的词汇和短语等。如果有一定数量的师生互动，主要集中在课堂讲解阶段。

互动不充分或者缺乏互动的阅读教学模式往往存在以下几点不足：①不利于学生从整体上理解和把握阅读材料。教师通常挑选重点和难点进行解释，碎片化比较严重，跳跃性太强，学生很难从语篇层次上对阅读材料进行整体理解与把握。②不利于学生参与并亲身体验阅读教学过程。师生互动少，学生大多数时间只能被动听从教师讲解，教学过程以教师为主导，以阅读内容讲解与操练为中心，学生无法主动参与到阅读和理解过程中，无法表述自己的理解感受与观点。③不利于学生全面发展阅读技能。无论是阅读教学还是阅读练习，单纯地讲解与核对答案很难帮助学生全面发展阅读技能，尤其是不利于开发与发展逻辑推理能力和创新思维能力。④不利于激发学生的学习积极性。教学过程以教师为主导，学生是被动接受者，基本不参与阅读过程，所以大脑通常处于抑制状态，很难激活固有知识用于阅读理解，难以发挥学生的学习积极性和主动性。⑤阅读策略难以得到有效发展。阅读课堂教学缺乏师生互动和生生互动，通常会导致学生始终局限在自己的知识领域内，无法交流与分享班级同学的阅读理解感想、启发与不同方法，致使阅读策略比较贫乏。

三、学生知识贮备

学生基本知识贮备不足，也是阅读困难的主要原因之一。这里所说的基本知识，既包括语言知识，也包括与阅读有关的语言外知识。

语言知识贮备不足主要体现在以下两个方面：①英语基本知识贮备不足，主要体现在词汇量不大和语法知识比较欠缺。部分教师认为大学生在高中阶段已经掌握基本的英语语法知识和词汇知识，在阅读教学中比较注重背景知识介绍和阅读内容讲解，对词汇、语法和语用等语言学习有所忽视，造成学生英语语言水平的停滞或滑坡。另外，英语基本知识不足会导致阅读理解不畅，甚至会造成学生英语语言水平的停滞或滑坡。②英语篇章和文体基本知识贮备不足。英语和汉语在篇章组织、篇章结构和篇章布局方面有许多不同，比如汉语的语篇布局通常为"前因后果"的归纳式，先列举具体事例，最后总结点题；英语的语篇布局通常为"前果后因"的演绎式，往往开门见山，点出主题，然后列举具体事例佐证主题。如果不具备英语篇章和文体的基本知识，就很难判断阅读材料的体裁、结构以及行文逻辑，很难做到有的放矢地选用有效策略来理解阅读材料，很难取得较高的阅读效率。

与阅读有关的语言外知识贮备不足主要体现在以下两个方面：①相关背景知识贮备不足，尤其是英语文化背景知识。图式理论认为，已有背景知识是理解与吸收新知识的基础，背景知识是影响阅读理解的重要因素之一。学生在阅读过程中，须有足够的背景知识贮备，借以理解与吸收阅读材料中的新信息和新知识。然而，由于学生对英语文化、思维逻辑等背景知识学习和接触较少或者不够系统，很多学生对英语国家相关背景知识的贮备不够充分，所以在阅读过程中遇到英汉文化差异时，容易出现文化休克现象，影响学生对阅读内容做出符合英语语境的合理推测、判断与理解，更影响学生预测作者的写作意图与全文的主旨。②阅读方法和阅读策略方面存在不足。部分教师在进行阅读教学时，将教学重点放在讲解生词短语、语法规则和长难句上，对阅读策略和阅读技巧的传授有所忽略，从而造成许多学生以母语阅读模式来阅读理解英语篇章，无法形成英汉两种思维模式的互相转换，从而影响阅读理解的速度、效率与正确性。

学生基本知识贮备不足，导致阅读英语材料时出现种种困难。教师在阅读教学过程中应该既加强语言知识教学，也注重与阅读有关的语言外知识的教学，帮助学生丰富和提高英语基本知识贮备。当学生的英语基本知识贮备达到一定水平时，便能够以适合阅读英语篇章的方法、策略阅读和理解英语素材，这样英语阅读才能真正成为丰富知识、拓展视野和了解世界的语言工具。

第二节　隐喻在英语阅读中的作用

作为书面语言输入的主要途径与媒介，阅读与阅读理解对培养学生的隐喻能力和提升学生的语言能力均至关重要。本节主要讨论阅读对隐喻能力和语言能力培养的重要性、阅读在隐喻能力和语言能力培养中的作用两个问题。

一、阅读对隐喻能力和语言能力培养的重要性

英语阅读能力是英语语言能力的重要组成部分，是非常重要的应用能力之一。就实际应用而言，在国内社会经济发展需求和国际交流大环境下，英语阅读能力可以说是最常用、最重要的英语应用能力。所以，无论是大学英语课程教学要求还是英语专业教学大纲，一直都将培养学生的阅读能力作为主要培养目标之一。

依据阅读所要达成的目标，阅读可以分为强制性阅读与应用性阅读。强制性阅读通常指以指定教材为依托、有组织分阶段实施的系统阅读学习和训练，旨在通过阅读帮助学生积累词汇、语法等语言素材，形成正规和规范的书面语言能力。从学习和训练方式来看，强制性阅读通常通过课堂授课进行，阅读内容主要来自学生上课所使用的教材。而应用性阅读通常指没有指定教材作为依托、由学生自行选择阅读内容的阅读方式，用于应用性阅读的阅读材料通常来自报纸杂志和文学作品等，旨在帮助学生获取实用信息、扩展阅读内容和阅读范围等。从学习和训练方式来看，应用性阅读通常在课外时间进行，大多以自主学习的方式进行，教师应给予适时的指导。

强制性阅读与应用性阅读这两种阅读方式各有优劣：强制性阅读借助教材进行，既常规化、系统化和规范化，又有条理性和循序渐进性，有助于学生在教师指导下稳步提升英

语阅读能力，但美中不足是学生处于被动和被支配地位，教学内容和教学方式无法自行选择，长此以往就会感觉比较单调，比较枯燥。相比而言，应用性阅读具有强制性阅读不具备的一些优点，如可根据自身的需求与兴趣选择阅读内容，学生在阅读过程中具有积极主动性，但不足之处是这类阅读随意性较强，所以阅读材料的选择以及阅读方法在一定时段内需要教师加以指点。从阅读整体的角度辩证来看，强制性阅读与应用性阅读具有互补性，高效适用的阅读方式应该是强制性阅读与应用性阅读的有机融合。

就书面语言而言，提升语言能力的主要途径是进行大量阅读与理解。以英语精读、泛读等强制性阅读为主，辅以日常的应用性阅读，两者各司其职，相辅相成，融会贯通，从而促成书面语言能力的提升，为听说等口头语言能力的提高打下坚实的词汇、语法、语用以及语言知识基础。

如果将阅读视为一种学习手段，那么阅读对提升英语语言能力至关重要。英语语言能力的提升通常需要经历以下几个步骤：①书面语言的选择型输入；②书面语言的选择型输出；③有声语言的选择型输入；④有声语言的选择型输出；⑤书面语言与有声语言的同步数量型输入；⑥语言能力的最终形成。这是一个循环往复、螺旋式上升的过程，其中书面语言和有声语言的数量型输入是打下和夯实语言基础的关键环节，否则语言能力往往会停留在简单输入与输出的阶段，甚至会出现停滞或者磨蚀化，无法达到较高的语言能力阶段。上述步骤中的书面语言输入，主要指阅读性语言输入，所以阅读对英语语言能力的形成和提升至关重要。

此外，阅读与阅读理解作为书面语言输入的主要途径与媒介，对于培养学生的隐喻能力至关重要。阅读内容多为书面语篇，作为一种认知和思维方式，隐喻是构建和生成语篇的重要机制之一，许多语篇是以一个概念隐喻为主线来谋局布篇的，文中遍布的隐喻表达式均是通过这个概念隐喻映射而来的。与词汇和句子相比，英语语篇中的隐喻表达式更多，更集中，概念隐喻在语篇中的整体布局作用、逻辑关联作用、上下文的衔接与连贯作用更加明显，更加重要。如果不能充分识别与理解语篇中的概念隐喻和隐喻性语言，就会影响理解与把握语篇的整体布局、逻辑脉络、上下文的衔接与连贯，从而影响对语篇深层内涵乃至对整篇文章的理解。

二、阅读在隐喻能力和语言能力培养中的作用

阅读在语言能力培养中的作用体现在许多方面，以下从夯实语言基础、提升语言应用能力、强化语感、培养隐喻能力、开阔视野、培养积极情感等角度讨论阅读在培养学生语言能力过程中所起的作用。

（一）实语言基础

狭义的英语语言基础主要指词汇基础和语法基础。

对于语言交际而言，词汇就是为炊之米，拥有一定数量的词汇是语言能力的基本前提与保障。关于词汇对于语言交际的重要性，应用语言学家威尔金斯（Wilkins）曾经说过一句非常有名的话，"Without grammar very little can be conveyed; Without vocabulary nothing can be conveyed".（Wilkins,1972）纵观中国学生的英语学习，词汇量不足是一个普遍存在的问题。如果词汇量差得太多，不仅影响阅读理解，对听、说、写、译等其他英语技能也

有非常大的不利影响。

阅读教学还可以帮助学生巩固已学语法项目，学习新的语法规则，包括各种各样的常用句式句型以及特殊表达方式。阅读教学不仅能帮助学生掌握语法规则、句式句型与其他基本语言知识，还能帮助学生巩固与积累语言知识，为提高英语技能打下语言知识基础。

培养学生的听说能力是英语教学的重要目标之一。但听说能力的培养与阅读密不可分，因为阅读输入能给英语听说储备语言素材和知识储备，没有阅读积累的语言知识和语言技能，听说就有可能变成无源之水和无米之炊，至少是缺少奔流不断的活水。阅读输入贫乏或者阅读输入量不足会阻碍或限制习得英语基础知识和提升英语应用能力。

在阅读教学过程中，教师要引导学生发现、吸纳与累积常用词汇、常用短语、常用句型以及常用语言项目，并教授学生学习、理解和积累语言知识的方法与策略。

（二）提高语言应用能力

理解能力是阅读教学的重要目标与任务，也是英语阅读教学和训练的直接价值体现。对于任何语言交际和语言学习，理解能力都是非常重要的一个关键环节，因为准确理解是适切回应的前提和基础。此外，从各种各样的英语测试来看，阅读都是测试重点之一，而且所占分值比重较高，所以阅读能力也是学生英语应试能力的一个重要方面。阅读对于英语语言能力的形成非常重要，因为阅读不仅有助于学生提升英语语言组织能力，还有助于学生提升英语应用能力。比如听说这两项基本而又重要的英语技能，均与阅读密不可分，因为学生通过阅读可以积累词汇、语法、语用以及文化等基本知识，可以为听说准备和提供语言知识与素材，使听说成为有源之水。因此，无论从理论角度看，还是从实践证明看，阅读都是提升学生语言应用能力的一个重要而又关键的途径。

在进行阅读教学过程中，教师应该引导学生带着问题和审视眼光去详读或略读阅读材料，并且注意吸纳常用词汇、短语以及语法规则等语言素材，练好语言基本功，为提高阅读质量和提升理解能力做好基础性工作。与此同时，教师还要帮助学生训练和掌握常用的阅读方法与技巧，以便提升阅读能力、理解能力和鉴赏能力，进而培养英语语感，提升英语应用能力。

（三）强化语感

从心理学的角度看，语感属于理智感的情感范畴，通常指比较直接、比较迅速地感悟语言文字的能力，是对语言文字进行分析、理解、体会与吸收这一全过程的高度浓缩，是一个人语言能力和语言水平的重要组成部分。

作为人类交际的主要手段，语言是一个非常复杂的体系，其中充满各种各样的关联，包括语言与客观世界之间的关联（比如语言的指称意义）以及语言内部各要素之间的关联（比如语音、词汇、语法、修辞等），外语学习还包括母语与目标语之间的关联。人们对这些语言关联的感性反映构成一个感性复合体，人们学习语言或使用语言到一定阶段时，能够直接体验到这些关联，这就是语感。语感的最大用处和体现，就是使语言使用者在不必意识到语言的某些特定情况下就可以实际掌握和应用语言。由此看来，语感的培养和提高对于英语学习异常重要。

作为一种特殊的阅读方式，朗读在培养学生的语感过程中有着独特的作用。朗读可以把文字转化为有声语言，是一种创造性阅读活动。静止的文字符号，通过逐句透彻理解和正确的朗读，不仅能够体现出重读、弱读、连读、同化和语音语调等语音特征，还可以使语言变得生动、形象，富于节奏和音乐美，具有表现力和音乐性。此外，朗读符合人的心理规律，有助于增强对英语的亲和力，有助于学生养成听说英语的习惯，进而促进听说能力的提高。

（四）培养隐喻能力

英语阅读材料基本都是语篇。与词汇层面和句子层面相比，隐喻性语言在语篇这一层面更加丰富，更加明显，也更加集中。几乎所有英语语篇都含有隐喻表达，文学作品自不必说，就连精确严谨的科技英语语篇和经贸英语语篇，也含有为数不少的隐喻表达。由于隐喻是一种思维和认知方式，只要是涉及人类思维和认知的语篇，其里面就一定包含隐喻表达。

概念隐喻在语篇中的作用和功能非常显著。作为一种认知方式和思维方式，概念隐喻是构建和生成语篇的重要机制之一，在语篇发展过程中起着非常重要的衔接与连贯作用。因此，隐喻认知机制不仅能够帮助学生理解阅读材料中的词汇隐喻和句子隐喻并推断出其确切得比喻义，而且能促进学生对整个语篇的深层理解，尤其是有助于充分理解那些基于隐喻思维而撰写的篇章。

以题为"Life Is A Train Ride"的阅读材料为例。这篇文章基于"LIFE IS A TRAIN RIDE（人生是一次火车旅行）"这个概念隐喻来谋局布篇，而且整篇文章以这个概念隐喻为主线来组织语言表述。这样一来，整篇文章中描述目标域"LIFE"的词汇和隐喻表达式，均是通过"TRAIN RIDE"这个始源域映射而来。因此，只要理解了"TRAIN RIDE"的过程及其描述语言，并且激活了"TRAIN RIDE"的意象图式知识和认知机制，这篇文章的主旨和逻辑脉络就会非常清晰，不容易错失或者丢失。由此可见，如果能够充分识别与理解语篇中的概念隐喻和隐喻性语言，就能够理解与把握语篇的整体布局、逻辑脉络、上下文的衔接与连贯，从而影响对语篇深层内涵乃至对整篇文章的理解。

大量阅读、分析与理解隐喻性语篇，既是培养学生隐喻能力的过程，也是引导学生运用隐喻能力的过程。

（五）开阔视野

英语阅读教学的另一个重要作用，就是帮助学生开阔视野，尤其是国际视野。

随着经济全球化的深入发展，国际经济、科技等领域的竞争日趋激烈，国家越来越需要更多具有国际竞争力的拔尖创新人才。与此同时，各类高等院校根据国家经济社会发展需要，加强复合型、国际化外语人才的培养，以适应和满足国家与社会对于外语人才的多种需求。

英语阅读是开阔学生国际视野的主要途径之一。英语阅读材料包含着大量的英语国家的文化信息，诸如风土人情、民俗风俗、行为习惯、思维方式、价值观念、行为习惯、生活场景和日常故事等，堪称英语民族文化的万花筒，给学生了解英语国家文化、开阔国际视野提供了一个绝佳的平台。通过阅读这个平台，学生既可以训练和提升阅读能力，巩固、积累和掌握语法、句式和基本语言知识，又可以了解英语国家的丰富文化。这对学生丰富语言文化知识、开阔国际化视野、提升跨文化交际能力、提升语言素养和提高整体素质有着很大的帮助。

（六）培养积极情感

英语阅读教学还有一个深层次的作用，就是有助于学生培养积极向上的生活态度。

许多学生在学习英语的过程中时常表现出焦虑等情绪。焦虑是一种消极情绪，是由于个体受到不能达到目标或不能克服障碍的影响而形成的一种担忧和紧张情绪状态。焦虑情绪的原因主要有两个：一是当英语学习到了一定阶段，学习进步进入瓶颈期，感觉达到更高层次更高阶段的希望比较渺茫；二是缺乏正确的学习方法，缺乏对情绪与情感因素的自我调控和自我管理。焦虑等消极情绪对英语学习影响颇大，有时甚至会导致学生对学习英语丧失信心。

我国当代绝大多数大学生家庭生活条件较好，物质生活比较丰富，但从小娇生惯养，基本没有受过挫折磨炼或挫折教育，致使心理比较脆弱，抗压能力和抗挫折能力较弱，而英语学习偏偏又让他们遭遇不少挫折。比如费时费力费神学习英语这么多年，但自感英语水平不仅没有实质性提高，反而有逐步下降趋势，心里有深深的挫折感。由于对英语学习收获自我评估较低，成就感较低，学习过程中容易出现情绪波动，信心不足，学习积极性下降。这种心理状况对英语学习有很大消极影响。

为了应对上述情况，教师除了和辅导员配合，对学生进行专门心理疏导外，可以借助阅读教学给学生传输一些正能量，培养学生的积极情感因素。建议教师尝试以下几种方法：①挑选并利用蕴含着积极向上精神的励志类阅读素材，帮助学生形成积极的学习态度和生活态度，帮助学生建立正确的人生观、世界观和价值观。②挑选并利用难度适中的阅读材料，既保证学生能看得懂，又能帮助学生提高英语水平，同时提升学生学习英语的自信心。③挑选并利用时代性强、趣味性强的阅读材料，帮助学生缓解学习压力，在轻松愉快的心态下学习英语，而且有学以致用之感。④指导学生训练并掌握阅读策略与阅读技巧，培养学生自主阅读的习惯与能力，长期坚持阅读各种难度和各种体裁的英语材料，帮助学生在提高英语水平的同时，逐渐培养学习英语的兴趣和信心，培养积极情感。

总之，教师要想方设法指导学生阅读具有教育意义的英语材料，帮助学生逐渐养成良好的情感态度，形成积极的人生观和价值观，在英语学习中取得更大的进步。从另一个角度讲，培养学生良好的情感态度和积极向上的人生观和价值观，也是目前高等院校思政教育的一项任务和要求。

第三节　阅读教学中隐喻能力培养方法与途径

阅读教学是英语教学和英语学习非常重要的组成部分。阅读既有助于丰富学生的英语基本知识，提升学生的英语语言能力，比如学习单词、句型和语法规则等，还可以训练学生的语篇阅读能力、阅读策略，并能训练和提升学生的隐喻能力和认知能力。

接下来讨论如何在英语阅读教学中培养学生的隐喻能力，首先介绍隐喻型阅读教学的一般步骤，然后探讨培养学生隐喻能力的具体策略，包括通过词汇教学培养隐喻能力、通过句子教学培养隐喻能力和通过语篇教学培养隐喻能力等。

一、隐喻型阅读教学的一般步骤

阅读理解是一个牵涉多方面因素的心理过程，绝非只是领会阅读材料的字面意思那么简单。由于受各级各类考试的影响，大学英语阅读教学往往非常注重词汇、语法、句型等语言因素的教学以及答题技巧的训练，旨在使学生获得词汇、短语、句式等语言知识以及修辞、段落等语篇知识，以便在考试中取得理想成绩，但对培养学生的认知能力、逻辑思维能力、评判性阅读能力以及隐喻能力有所忽视。由此致使学生在阅读英语材料时，往往见树不见林，只能理解字面意思或部分信息；或者由于一叶障目，无法从整体上把握阅读材料的深层意义，更难以对阅读材料进行评析与鉴赏。

在英语阅读教学中引入隐喻教学法，将其和传统英语阅读教学法有机结合，在夯实学生词汇、语法、句型等语言基本功的同时，培养学生对阅读语篇的推理能力、评价能力、欣赏能力以及隐喻能力。

在开展隐喻型阅读教学之前，教师要向学生介绍隐喻的定义、分类、映射过程以及隐喻在英语语篇中的作用等隐喻基本知识，并进行适度的练习，让大家熟悉隐喻的认知机制及其工作原理，然后即可尝试将隐喻理论运用到阅读教学之中。以一首名为"Love Is A Rose(爱情是一朵玫瑰)"的英语小诗为例：

Some say love, it is a river that drowns the tender reed.

Some say love, it is a razor that leaves your soul to bleed.

Some say love, it is a hunger, an endless aching need.

I say love, it is a flower, and you it's only seed.

具体教学过程可以分为以下几个步骤进行：

第一步，识别隐喻。隐喻作为一种普遍的语言现象，有其明显的语言标记。可以借助隐喻的话语信号或标志、隐喻的语义或语用信号等来辨识隐喻。根据"目标域 IS 始源域"这一概念隐喻结构公式来判断，这首小诗的每一行都是隐喻，分别是"love is a river""love is a razor""love is a hunger"和"love is a flower"。

第二步，找出目标域与始源域之间的显著性共同特征。根据常识、背景知识与图式知识，引导学生找出目标域"love"与始源域"river""razor""hunger"和"flower"之间的显著性共同特征。

第三步，隐喻映射。引导学生将始源域"river""razor""hunger"和"flower"之间的显著性共同特征映射到目标域"love"上。

第四步，隐喻理解。理解隐喻意义主要从两方面入手：一是利用语境，二是推定始源域与目标域之间共有的典型特征。具体来说，当读者或者听话人确认某一语言表达式是隐喻用法后，通常会依据当时的具体语境，判断隐喻表达式中始源域与目标域之间共有的典型特征，进而判断始源域的哪个或哪些典型特征映射到目标域中，从而推断出目标域的新含义。通过映射分析和隐喻意义推断，可以很清楚地理解到，在对"love"的定义、感知和感受上，"I"和"some"有着诸多不同，而最大的不同是：在"I"的心目中，钟爱之人是催生爱情之花的"seed"，而不是给人带来苦痛或者不适之感的"river""razor"和"hunger"。

第五步，归纳总结。利用隐喻型教学法学习完一个阅读语篇后，教师须引导学生认真总结刚刚结束的隐喻语篇分析过程，归纳总结隐喻基础知识和隐喻分析过程，尤其要让学生总结分析隐喻性语篇的具体步骤和具体方法，在强化学生隐喻意识的同时，提升学生的隐喻能力。

第六步，拓展训练。在学生基本掌握了隐喻基础知识、隐喻分析程序和基本分析方法后，教师应该趁热打铁，补充一些隐喻性语篇分析练习，巩固与强化学生的隐喻意识和隐喻能力。拓展训练可以在课堂上进行，也可以作为课外作业布置给学生，然后在此后的课堂上统一检查和讲评拓展训练的效果。

另外，在进行隐喻型阅读教学的同时，教师还可以结合运用以下传统阅读教学方法来提高阅读教学的效果。①强化阅读输入。教师首先要引导学生精读精解课内阅读材料，然后辅导学生高频率地接触课外英语阅读材料，比如各种英语报纸、杂志和书籍等，还可以借助多媒体来丰富阅读材料，为学生提供拓展阅读。②培养良好阅读习惯。在英语阅读教学的过程中，教师要随时讲解阅读方法和阅读技巧，引导学生逐步养成良好的阅读习惯。③阅读与其他语言技能统筹兼顾，引导学生在提升阅读能力的同时，潜移默化地培养语感，逐步提升口语表达能力、听力能力和写作能力等。④精选课外读物，坚持阅读习惯。学好教材内容以后，教师可以帮助和引导学生精心选择适合自己阅读水平的课外阅读材料，将阅读训练和阅读习惯延伸到课外，通过阅读英语时文美文等精选素材，频繁接触地道纯正的英语表达方式，巩固和升华原有语言知识和阅读技能。

二、通过词汇教学培养隐喻能力

词汇教学是英语教学的重点和难点。对于语言交际而言，词汇就是为炊之米。具有较大的词汇量，是英语交际的前提条件之一。要想使用英语进行比较流畅的交际，就必须有一定的词汇量作为基础和支撑。

对大多数大学生而言，在英语阅读中遇到的最大问题是如何正确理解词汇的含义以及如何积累阅读所必需的词汇量。传统英语阅读教学虽然重视词汇学习，但教师往往逐个讲解生词的义项及其字面意义，学生课后机械记忆词汇。由于教学方式和学习方法比较枯燥，效果不佳，加之记忆单词的任务繁重，基础较好的学生还能记住单词的基本含义和字面意义，基础薄弱的学生连基本含义和字面意义也记忆不了多少，于是记忆英语词汇成了沉重的负担和看似不可能完成的任务。此外，由于不熟悉隐喻在词汇义项之间的认知关联作用，学生即便记住了数量可观的词汇，在实际应用中也出现错用、误用以及其他困难。学生之所以出现词汇学习低效和词汇记忆低效的现象，主要是因为没有在词汇形式、词汇意义以及词汇义项之间建立认知联系，没有找到词汇形成、发展以及演变的认知理据。而隐喻认知不仅有助于理解词汇意义，找到词汇义项之间的认知关联，而且有助于加深词汇记忆。因此，通过词汇教学培养学生的隐喻能力，学生再反过来利用隐喻能力理解、学习与扩展英语词汇，从而形成一个良性循环。这不仅对英语词汇教学、阅读教学和语篇教学非常有帮助，对提升学生的英语综合应用能力也颇有裨益。

一般来说，英语阅读教学过程中通过词汇教学培养学生的隐喻能力，其具体教学过程可以分为以下几个步骤进行：

第一步，识别隐喻性词汇。辨识词汇层面的隐喻是隐喻能力的一个重要方面，也是理解词汇层面隐喻的前提。教师在实施隐喻性词汇教学时，首先要引导学生学习、训练与掌握词汇层面的隐喻的辨识方法和步骤。一般来说，辨识词汇层面的隐喻主要依靠两个认知域之间的矛盾性，或者超常搭配性。以"the foot of the mountain（山脚）"这一隐喻表达式为例。教师先引导学生从词汇搭配上辨识两个认知域之间的矛盾性和超常搭配：根据经验可知，"mountain（山）"是没有"foot（脚）"的，放在一起就属于超常搭配，那么可以推断"the foot of the mountain"应该就是一个隐喻性表达。

第二步，找出目标域与始源域之间的显著性共同特征及其认知关联。再以"the foot of the mountain（山脚）"这一隐喻表达式为例。在判断出"the foot of the mountain"是隐喻性用法后，教师可以引导学生根据常识、背景知识与图式知识，找出目标域"the foot of the mountain"与始源域"foot（脚）"之间的显著性共同特征，这就是"the foot of the mountain"的位置和人的"foot"的位置相似，都"位于最下端"。

第三步，跨域映射显著性共同特征。引导学生将始源域"foot（脚）"与目标域"the foot of the mountain"之间的显著性共同特征映射到目标域上。

第四步，依据映射比对重新解释映射而来的显著性共同特征在目标域中的含义。将"位于最下端"这一显著性共同特征映射到目标域"the foot of the mountain"中并重新解释后，便可以得出"山脚"这一比喻义。

最后一步是熟悉、记忆、归纳和掌握词汇意义与用法，并且在举一反三的训练中巩固和提升隐喻能力，扩展词汇量，提高英语词汇学习和词汇运用的效率。

一般来说，在英语阅读教学过程中通过词汇教学培养学生的隐喻能力，应该将下列词汇类型作为教学重点：

1. 英语多义词。多义词或一词多义是人类语言的固有属性，任何语言都有大量的多义词。多义词通常先有一个核心意义，然后以这个核心意义为轴，向外围辐射、扩展出一些引申意义，因此多义词的多个义项之间有认知理据，在意义上是密切关联的。多义词的核心意义发挥着始源域的作用，因此，多义词的各个义项之间的内在联系可以利用隐喻认知的映射原理加以解释、学习与理解。而利用隐喻映射原理来解释、学习与理解多义词的各个义项的过程，就是培养学生隐喻能力的过程。

在利用隐喻理论教授多义词时，教师在学生掌握了多义词的核心意义即概念意义后，要引导学生发挥联想和推测能力，利用隐喻认知挖掘词汇的比喻义，并通过隐喻映射将多义词的核心意义与其比喻义相关联，并借此推断出隐喻义或引申义。以名词多义词"bank"为例，它有"河岸"与"银行"两个看似毫不相干的义项，但这两个义项可以通过隐喻映射得以联结：堤岸的功能是储存"water（水）"，银行的功能是储存"money（钱）"，这样"储存"这一显著性共同功能通过映射把"河岸"与"银行"这两个义项联系起来。

同一单词的多个义项不是相互孤立的，而是相互联系的，而联结这些义项的主要手段就是隐喻。通过隐喻性映射这个桥梁，可以基于已知的词汇核心意义推测出未知的隐喻义或者引申义。

2. 英语习语。要想学好用好英语，掌握一定数量的习语是其必备条件之一。英语习语通常具有特定语言形式，其蕴含的意义往往不能从组成习语的词汇意义的叠加中推测出来。英语习语通常包括成语、俗语、谚语以及有特定形式和特定含义的固定搭配词组。

英语习语的含义是有认知理据的，隐喻映射可以为习语的理解提供认知工具。隐喻主要涉及始源域和目标域两个不同认知域，语言使用者通常以比较具体和比较熟悉的始源域为参照，通过映射认识和理解比较抽象和比较陌生的目标域。以含有"fire"一词的习语"spit fire"和"set fire to"为例。在学习上述习语时，教师可以先引导学生将"fire"视为始源域，然后在"fire"及其可能的目标域如感情、愤怒等之间建立映射关系，此后引导学生借助语境和常识推断"fire"在习语中的比喻义。这样就不难理解，"He is spitting fire"喻指"他怒火中烧"，而"The paintings set fire to the composer's imagination"喻指"这些画作激发了作曲家的想象力"。由此可见，正是隐喻把比较熟悉、比较具体的始源域（如上述例子中的 fire）与比较陌生、比较抽象的目标域（如上述例子中的 anger 和 imagination）联结起来，并通过映射把始源域的相似特征投射到目标域上，使得习语"spit fire"和"set fire to"学习起来更加容易，既容易理解又容易记忆。

许多不好理解的习语，借助概念隐喻以及两个不同概念域之间的相似性，使得习语的理解有了理据，理解起来难度小了许多。所以，教师在进行英语习语教学时，可以借助隐喻认知机制解释习语的含义，引导学生通过始源域与目标域之间的映射掌握习语的意义。这样的教学、学习和认知过程，对学生学习英语习语、培养隐喻能力大有裨益。

3.文化负载词。语言是文化的载体，不同语言在词汇、句法和语篇等层面会呈现出不同的文化意义。不同语言中的隐喻既有共性，也有差异性，最明显的差异性体现在文化内涵方面。英语和汉语两种语言都有以动物喻人这样的概念隐喻，但由于对动物认知的文化背景不同，英语和汉语对同一种动物的认知情感和映射比喻义会有所不同，反映在隐喻表达上，就是相同的动物始源域在两种语言中的隐喻意义有所差异，有时甚至会截然相反。比如"喜鹊"在汉语文化中通常是"福运"的象征，而"magpie（喜鹊）"在英语文化中带有比较明显的贬损情感色彩。这就是不同语言的隐喻所体现出的文化内涵差异。学习文化负载词有助于了解隐喻的文化内涵。从认知的视角来看，了解英语民族的思维方式是了解英语文化和词汇文化内涵的一把钥匙。教师在借助隐喻理论进行词汇教学时，应该随时介绍英语词汇所涉及的文化内涵，尤其是中英差异较大的文化内涵。

总而言之，利用概念隐喻及其认知机制进行英语词汇教学是一种比较可行的方法，对于学生认知和学习英语词汇，尤其是认知、学习英语多义词和文化负载词的效果非常显著。隐喻性词汇教学的优势主要体现在以下几个方面：（1）有利于改善枯燥乏味的传统词汇教学模式，活跃课堂气氛，激发学生的学习兴趣和认知主动性；（2）丰富学生的词汇学习方法，增强词汇识记效果；（3）基于理据的记忆更加长久，更加牢固，更加有利于长期记忆；（4）词汇学习的理据性有助于激发学生的隐喻意识；（5）有利于训练和提升学生的隐喻能力。所以，在实际教学过程中应该加强隐喻性词汇教学。

三、通过句子教学培养隐喻能力

与词汇层面的隐喻相比，英语句子层面的隐喻更加明显，也更加容易判断，因为隐喻性句子的始源域和目标域都是显性的，一目了然。与词汇隐喻的辨识、共同特征映射和隐喻义推断相比，隐喻性句子的隐喻辨识、共同特征映射和隐喻义推断更加规律，可利用的语境信息和背景知识也更丰富。

教师在通过句子教学培养学生隐喻能力时，可以依据隐喻的结构和映射规律，遵循"始源域→映射→目标域→隐喻义"的隐喻释解顺序进行。具体到教学过程中，就是先识别隐喻性句子，之后找出始源域和目标域之间的显著共同点，然后根据映射原理，把始源域和目标域之间的显著共同点从始源域映射到目标域，最后根据这一显著共同点在目标域中的含义对其比喻义做出确切解释。具体教学顺序和步骤如下。

第一步：识别隐喻性句子，找出始源域和目标域。教师首先引导学生根据语义矛盾性来识别句子的隐喻性用法。语义矛盾性指语言表达式的字面意思在常识与逻辑上与语境相矛盾。比如在"He is an ox.（他是一头牛）"这个句子中，"He"指称人，"ox"指称动物，二者原本分属两个不同范畴，在逻辑和语义上均没有关联，将它们并置在一起，就出现了逻辑矛盾和语义冲突，依此可以断定这是一个隐喻性句子。然后依据概念隐喻"目标域 IS 始源域"的结构，就可以识别该隐喻性句子的目标域为"He"，始源域为"ox"。

第二步：找出目标域和始源域之间的显著共同点。确定隐喻性句子的目标域和始源域后，接下来引导学生分析判断始源域和目标域之间有何显著共同点，为下一步的跨域映射做准备。推定始源域和目标域之间共有的典型特征时，需要借助语境和经验。比如在"He is an ox.（他是一头牛）"这个隐喻性句子中，依据语境和经验，不难发现目标域"He"和始源域"ox"之间的显著共同点是"力大无比"。这一显著共同点是构成隐喻和进行映射的基础和前提。

第三步：跨域映射，将两个认知域之间的显著共同点映射到目标域。教师引导学生根据隐喻映射原理，把"力大无比"这一显著共同点从始源域"ox"映射或者移植到目标域"He"中。

第四步：释解隐喻义。把"力大无比"这一显著共同点映射到目标域"He"中后，引导学生根据目标域"He"的特点、语境以及表达习惯，重新解释"力大无比"这一显著共同点在目标域"He"中的比喻义，即"他是一个力大如牛的人"。

再以"There are many facts in the book for me to digest（书中有许多事实需要我去理解）"为例。按照常规，"fact"和"digest"是不能搭配使用的，但该句将它们搭配使用，就出现了逻辑矛盾和语义冲突，依此可以断定这是一个隐喻性句子。经过教师指导与点拨，学生可以发现该隐喻性句子是源自概念隐喻"IDEA IS FOOD"。因此，在"There are many facts in the book for me to digest"一句中，始源域为"digest"，目标域为"many facts"。接下来就是找出目标域和始源域之间的显著共同点，依据语境和经验，可以发现这两个认知域之间的显著共同点是"eat"。此后，教师可以引导学生根据隐喻映射原理，把"eat"这一显著共同点从始源域"digest"映射到目标域"many facts"中。然后引导学生根据目标域"many facts"的特点、语境以及表达习惯，重新解释"eat"这一显著共同点在目标域"many facts"中的比喻义："eat many facts"也就是"理解许多事实"。

教师利用隐喻认知机制引导学生分析和理解隐喻性句子的过程，就是培养学生隐喻意识、隐喻思维和隐喻能力的过程。这种教学方法不仅有助于提升学生理解隐喻性语言的能力，而且使英语学习不再那么枯燥无味，有助于激发学生的学习兴趣，活跃课堂气氛。

第八章　英语写作教学中隐喻能力培养方法与途径

英语写作是语言输出的一种重要形式，是英语语言知识和语言技能的综合运用，同时也是检验写作者英语语言基础、英语水平以及英语思维能力的一个重要标尺。作为英语学习和英语运用的一项重要技能，英语写作难度较大，层次较高，所以一直是英语教学和英语学习的难点和重点。许多学生英语写作水平不高，进步不快，隐喻能力欠缺或者隐喻能力不足应该是重要致因之一。

本章主要讨论如何在英语写作教学中培养学生的隐喻能力，主要涉及英语写作教学现状、隐喻在英语写作中的作用以及英语写作教学中隐喻能力的培养方法与途径等。

第一节　英语写作教学现状

无论是《大学英语课程教学要求》还是《高等学校英语专业英语教学大纲》，都给予了英语写作足够的重视，尤其是在近年强调英语的交际工具功能的大环境下。大学英语开设了读写课程，与听说课程相呼应，英语专业更是专门开设了英语写作课程。但总体看来，不管是大学英语的写作教学，还是英语专业的写作教学，效果都不尽如人意，学生的作文质量就是明证。如果产品质量不高，那一定是生产人员的生产方法或者生产程序出了问题。

长期以来，大学英语写作主要以考试为导向，为了让学生在考试中取得理想成绩，师生把大量精力耗费在学习与模仿英语作文的模板和框架，将英语写作课变成归纳各种各样的英语作文模板和演练课。而且始终强调词汇、语法的正确性与句子表达的准确性和流利性，以免作文被扣分太多。英语写作课所采用的主流写作教材讲解英语写作方法或者英语写作技巧时，大多从词汇选用开始，然后按照句子写作技巧、段落展开技巧、篇章结构技巧、修辞手段以及各类常用文体写作技巧的顺序进行。

实践证明，上述传统英语写作教学方式有其独特的优势，比如系统性较强、作文模板较易掌握、随学随用等。但其不足也比较明显，主要体现在以下几个方面：①在教材与教学方法的双重影响下，很多学生热衷于记忆和模仿作文模板，背诵经典句型，考试时或者写作业时生搬硬套作文模板和经典句型；②死记硬背和生搬硬套作文模板，实际上并不知道怎样根据现有题目谋局布篇，致使整篇文章结构松散，条理不清，前后段落以及文章首尾缺乏连贯性；③语言表达句式单一，缺乏形象性和多样性；④文体修辞贫乏，英语思维能力较差；⑤词汇贫乏，使用单一，搭配不当，表达不地道。由于上述问题的存在，英语写作始终是英语教学和英语学习的难点，也是学生英语水平进一步提高的瓶颈。

英语写作中出现的上述问题，其原因是多方面的；有教材的问题，有教师的问题，有教学方法的问题，也有学生英语基础和学习方法的问题。但毋庸置疑，学生英语思维和隐喻能力欠缺是一个重要根源。

第二节　隐喻在英语写作中的作用

隐喻在英语写作中可以发挥非常重要的作用，主要作用包括提升学生的谋局布篇能力、增强语篇的衔接与连贯、丰富语言表达以及提高语言表达地道性等。

一、提升谋局布篇能力

严格来讲，一篇作文或者一篇写作材料就是一个完整的语篇。隐喻不仅是构建语篇和生成语篇的重要认知机制，而且在语篇发展过程中起着非常重要的衔接与连贯作用。

无论是隐喻性题目还是非隐喻性题目，在审题和构思语篇结构时，都可以运用隐喻机制，可以以一个根喻或者基本隐喻为基础，以一个关键相似点作为核心，然后将事物相似点加以扩展，衍生出一系列对应关系，并环环相扣，层层深入，从而形成一个形式衔接、语义连贯、逻辑关联密切的语篇。在语篇发展过程中，隐喻作为一个主线反复重现，贯穿整个语篇的始终，构成一个既有衔接又有连贯的语篇。由此可见，将隐喻理论引入英语写作教学，有助于提升学生的谋局布篇能力。

二、增强语篇衔接与连贯

语篇的衔接（cohesion）主要指语篇各个组成部分在语言形式上的关联，常用的衔接手段有词汇衔接手段和语法衔接手段，而且都是显性的衔接手段。常用的词汇衔接手段包括同义词、反义词、上下义词和词汇搭配等，常用的语法衔接手段包括替代、照应、重复、省略和连接等。语篇的连贯（coherence）主要指意义上的连接与贯通，语篇连贯手段是隐性的，主要靠逻辑与思维来实现。

学生的很多写作习作结构松散，条理不清，段落之间缺乏语义连贯，句子之间缺乏衔接，文章首尾缺乏呼应，这些现象的出现与学生不会运用英语思维、隐喻能力比较低下有很大关联。

形式衔接和语义连贯俱佳的语篇，有助于读者推导和理解语篇段落、语句之间的意义关联和逻辑关联，从而重构与理解作者的写作目的和写作意图。篇章连贯是在意义和概念层次上实现的，而由于概念隐喻就是一种概念，所以隐喻具有增强语篇衔接与连贯的重要作用。一个语篇的衔接与连贯可以通过一个概念隐喻得以实现，也可以通过多个并行的隐喻来实现。

三、丰富语言表达

从语言表达的丰富性角度讲，学生在写作方面经常出现的问题是词汇单调，句式单一，修辞贫乏，由此造成所写的文章语言表达单一，缺少变化与多样性，缺乏形象性，缺乏想象力和创造力，英语思维能力较差。学生没有掌握、不会运用概念隐喻和隐喻性思维，是出现上述问题的主要原因之一。

隐喻性语言可以使语言表达更加生动，更加形象，不仅有助于语言表达方式的创新性和多样性，增强语言的新颖性，而且有助于培养学生的隐喻能力。例如就"life"这一主题展开写作时，可以用隐喻性语言描述或者揭示"life"的一些本质特征，如"Life is a journey, full of bitterness and happiness（人生是一段旅程，充满了苦与乐）""Life is a mirror, which can reflect the beauty and ugliness of the world（生活是一面镜子，能照出人世间的美与丑）""Life is a road, full of bumps and hollows（生活是一条路，也有坑坑洼洼）"等。由此可见，如果学生具有了隐喻思维和隐喻能力，英语写作中的很多问题就可以得到解决，至少可以得到某种程度的解决。

四、提高语言表达地道性

从语言表达的准确度来看，学生在写作方面经常出现的问题是中式英语比较严重，表达受汉语思维的影响比较明显，语言表达不够准确，不够地道。不会运用概念隐喻和隐喻性思维，是出现上述问题的主要原因之一。

传统模式下的英语写作教学过程中，师生将主要精力放在讲解和模仿作文模板，注重重点词汇、重点句型和重点语法项目的讲解与训练，以便确保语言形式不出错，考试时被少扣分，但很少强调英语表达的地道性，很少强调作文是否符合英语的思维方式与表达方式，这是导致学生作文中式英语泛滥的主要根源之一。比如，汉语说"泉眼"，英语却说"the mouth of a spring"；汉语说"手表"，英语却说"wrist watch"；汉语说"掌上明珠"，英语却说"apple of the eye"；汉语说"在眼皮底下"，英语却说"under the nose"；汉语说"小心台阶"，英语却说"mind your steps"等。上述这些语言表述足以体现英汉两种语言之间的隐喻性思维差异和隐喻性语言差异。

有鉴于此，熟悉和掌握英语隐喻系统，具有一定程度的英语隐喻思维和隐喻能力，就可以在很大程度上解决学生英语写作的中式英语，使语言表达更加地道，更加"英语"。

第三节 写作教学中隐喻能力培养方法与途径

隐喻、隐喻思维以及隐喻能力在英语写作中发挥着非常重要的作用，不仅有助于丰富语言表达和增强语篇的衔接与连贯，而且有助于提高英语表达的地道性，提升学生的谋局布篇能力。因此，将隐喻理论引入英语写作教学，加强学生隐喻能力培养，是提升学生英语写作能力的有效教学手段之一。

本节主要讨论如何在英语写作教学中培养学生的隐喻能力，主要包括通过遣词造句培养隐喻能力、通过句式表达培养隐喻能力、通过语篇衔接与连贯培养隐喻能力、通过篇章隐喻培养隐喻能力等策略。

一、通过遣词造句培养隐喻能力

在英语写作中，词汇是遣词造句的基础材料。因此，对词汇的认知、理解和使用在英语写作中占有非常重要的地位。受学习环境和传统教学模式的影响，学生基本上是机械记忆词汇的，因而对词汇内涵的认知和理解不够深刻，尤其是无法形成相互关联的词汇网络和词义网络。

借助隐喻认知理论来处理写作过程中的遣词造句，不仅有助于学习和运用英语词汇，使习作中的词语表述准确、鲜明而生动，还有助于培养学生的语言运用能力和隐喻能力。接下来从英语多义词和词语表达地道性两个角度，讨论通过遣词造句培养学生隐喻能力的方法。

英语多义词的多个义项之间具有认知理据，词汇本义大多通过隐喻来扩展其引申义和比喻义。教师在指导学生写作时，不仅要让学生学习和掌握词汇的基本意义，还要引导学生利用隐喻原理推测和理解词汇的引申义和比喻义，帮助学生建构全面、系统、相互关联的词汇网络和词义网络，从而使学生在写作中可以更加准确地遣词造句，更加多样化地选词表意。比如，以下这几个句子都是以"Life is a journey.(生命是一次旅行)"这一概念隐喻为基础派生出来的：

① You got a good start in life.(你的人生起步很好。)
② He is at a crossroad in his life.(他正处在人生的十字路口。)
③ She's gone through a lot in her life.(她一生经历了很多。)

由此可见，掌握了隐喻在词汇意义中的认知作用以及在遣词造句过程中的运用方法，学生遣词造句会更加准确，选词表意会更加丰富多彩。因此，教师要鼓励学生尝试使用词汇的引申义和比喻义，不断提高词语表达的多样性和生动性。

词语表达的地道性是英语写作需要解决的另一个主要问题。中式英语用词及表达是大学生英语写作中一个常见的顽疾，其主要原因是母语在语义、语用、概念以及思维方面的负迁移。换言之，中式英语用词及表达是学生用汉语概念系统套用英语表达形式而导致的意义和形式之间的不匹配。如果逐词逐句地帮助学生修改中式英语用词及表达，无异于零打碎敲、杯水车薪；如果利用隐喻理论理清英汉两种语言的隐喻系统差异，从隐喻认知角度系统性地纠正中式英语用词及表达，则会达到既治标又治本的效果，从根本上解决中式英语问题。

例如，当学生把"得出结论"写成"make a conclusion"时，他们头脑中映现的是汉语隐喻"结论是一件产品"；但在英语母语者心目中，此时映现的隐喻是"conclusion is a destination(结论是目的地)"，所以"得出结论"的纯正英语表达是"arrive at a conclusion"。了解到英汉这一隐喻差异后，学生可以依此类推，很容易理解"得出结论"的其他纯正的英语表达，如"come to a conclusion""get to a conclusion"和"reach a conclusion"等。

在写作教学中利用隐喻理论选词组句的过程，利用隐喻理论改正中式英语表达的过程，本身就是培养学生隐喻思维和隐喻能力的过程。

二、通过句式表达培养隐喻能力

在英语写作中，句子是表达一个完整意义的最小语言单位。如果说词汇是语篇的原子，那么句子就是语篇的分子。句子是语篇的语法基本单位和语义基本单位，因此，句子在写作中占有非常重要的地位。就句子层面而言，学生容易出现的问题包括句式单一、句子之间逻辑连贯性较差、生搬硬套背诵的所谓"经典句型"、句子语言直白单一，缺乏形象性、多样性和新颖性等。

借助隐喻认知理论来学习和训练写作过程中的句式表达，不仅有助于学生复习和巩固已有词汇、句型和句子结构，解决句式单一、句子之间逻辑连贯性较差的问题，还有助于学生增强句子语言表达的创新性、形象性、多样性和新颖性，并在这一学习和训练过程中提升隐喻思维和隐喻能力。

隐喻有助于提高句子语言表达的形象性与多样性，因为通过隐喻类比和认知映射可以将已知事物的显著特征映射到待写的人和事物之上，从而利用已有经验去描述未知认知域，这本身就涉及想象、推测和位移；反映到语言表达上，就是句子语言呈现出形象化和多样化的特点。从认知和思维的角度讲，将隐喻理论引入句子写作和语篇写作其实是一种飞跃，是学生冲破原有思维禁锢、从墨守成规到发挥想象力与创造力的本质性飞跃。

假如在习作中有"她非常气愤"这样的概念，而大多数学生用"She is very angry""She is in great anger""She is furious"等直白单一的英语表达时，教师可以启发学生以"ANGER IS Fire"这一概念隐喻为基础，根据自己的体验进行想象，然后将始源域"Fire"与目标域"ANGER"之间的显著性共同特征映射到"ANGER"上，学生就有可能写出以下隐喻性表达：

① She spits fire.（她怒火中烧。）
② Her anger smokes.（她怒不可遏。）
③ A flame of anger lights in her heart.（她怒火中烧。）

上述隐喻性句子的语言表达既形象又生动，学生学起来感兴趣，记忆起来也更加容易。更重要的是，在这样的学习和训练过程中，学生会不知不觉逐步培养起隐喻意识和隐喻能力。

三、通过语篇衔接与连贯培养隐喻能力

衔接与连贯可以说是语篇的生命线。没有衔接与连贯的语言材料不是一个有机的语篇，只是堆放在一起的一些杂乱无章的句子。从表层上看，衔接与连贯是语言形式和语言内容的问题；但从深层上看，衔接与连贯是一个思维问题，涉及逻辑和隐喻思维等。很多学生的习作结构松散，条理不清，句子之间缺乏衔接，段落之间缺乏连贯，文章首尾缺乏呼应，整个语篇缺乏统一性与连贯性。这些写作问题的出现，与学生缺乏隐喻思维和隐喻能力低下有很大关联。

形式衔接和语义连贯俱佳的语篇，就像一条路标明确的大道，指引读者理解语篇段落、语句之间的意义关联和逻辑关联，从而准确理解语篇意欲表达的意义与内涵。篇章连贯是在意义和概念层次上实现的，语篇衔接也与概念密切相关，而隐喻本身就是一种概念现象，所以隐喻具有增强语篇衔接与连贯的重要作用。在写作教学中利用隐喻理论提升学生语篇衔接与连贯能力的过程，实际上也是提升学生隐喻思维和隐喻能力的过程。

以一篇题为"Eating and Reading（饮食与阅读）"的语篇为例：

As a creature, I eat; as a man, I read. Although one action is to meet the primary need of my body and the other is to satisfy the intellectual need of my mind, they are in a way quite similar.

To keep ourselves alive, we need all kinds of nutrition. Eating is the most important way by which we can get protein, vitamin, sugar, fat, and some other nutrients. On the other hand, we eat not only because we have to do so but also because we enjoy doing so. So, for the sake of health, we have to eat some food even though we may not like it.

Similarly, to enrich our minds, we need information and knowledge, which can be obtained through reading. Reading is one of the most important ways of learning. Without reading our minds will become empty. Sometimes we take reading as a pastime. One's minds needs all kinds of nourishment, whether they are to one's liking or not.

Besides, there are other similarities between eating and reading. We should not eat too much without digesting and assimilating, nor should we read too much without understanding and remembering. While we are eating, we should leave out the rotten part of the food which will do harm to our health; and while we are reading, we should be able to reject the poisonous content in a book, if any, for it will poison our mind.

So, eat sensibly and read sensibly to give yourself a strong body and a healthy mind.

非常明显,"Eating and Reading"这一语篇是基于"READING IS EATING"这一概念隐喻来谋局布篇的。作者利用大家都非常熟悉的始源域"EATING"的显著特征来描述目标域"READING",整个语篇思路清晰,语义连贯,逻辑关联性强,而且一气呵成。概念隐喻"READING IS EATING"的内在逻辑关联性以及两个认知域之间显著共同特征的映射是该语篇意义连接与贯通的根本保证。

借助"READING IS EATING"这一概念隐喻来展开和发展语篇,也保证了语篇各个组成部分在语言形式上的衔接。首先,段首依次利用"To keep ourselves alive""Similarly""Besides""So"等词汇衔接手段,保证各段落之间衔接与过渡。其次,各段落的句子之间采用了替代、照应、重复、省略、连接等句法衔接手段以及同义词、反义词、对义词、上下义词等词汇衔接手段,使句子之间的形式衔接和意义连贯非常到位。整个语篇衔接连贯,布置匀整,结构严谨,一气呵成,浑然一体;而且语言表达生动形象,富有哲理,具有强烈的说服力和感染力。

教师在写作教学过程中,应该多加发现、多加利用这样衔接与连贯俱佳的语篇,指导学生学习、分析和模仿训练,在帮助学生提升写作能力的同时,培养和提升学生的隐喻能力。

四、通过篇章隐喻培养隐喻能力

作为一种认知方式和思维方式,隐喻不仅在语篇发展过程中起着重要的衔接与连贯作用,而且是构建和生成语篇的重要机制。很多英语文章是基于概念隐喻而撰写的。英语写作教学应该利用概念隐喻构建语篇和生成语篇的作用,引导学生利用篇章隐喻来谋局布篇,在提升写作能力的同时,培养和提升隐喻能力。

利用篇章隐喻来谋局布篇时,通常以一个根隐喻即核心隐喻为中心和主轴,将根隐喻及其隐喻思维贯穿语篇的始终。随着语篇的生成与发展,根隐喻衍生出并支配一系列与其密切相关的派生隐喻意象和表达式,使整个语篇以根隐喻为中轴向前演进与发展。这样,整个语篇就会主题突出,思路清晰,语义连贯,形式衔接,从而形成一个有机的整体。

以题为"On Journey(人在旅途)"的语篇为例,来看看概念隐喻在构建语篇和生成语篇中的作用以及篇章隐喻在培养学生隐喻能力中的作用。

On Journey

Life is a train journey. When we are born and we first board the train, we meet people whom we think will be with us for the entire journey. Those people are our parents.There are others who board the train and who eventually become very important to us, in turn. These people are our brothers, sisters, friends and acquaintances, whom we will learn to love, and cherish.

Some people on the train will leave an everlasting impression when they get off. Some will get on and get off the train so quickly, they will scarcely leave a sign that they ever travelled along with you or ever crossed your path. That's okay.Everyone's journey will be filled with hopes, dreams, challenges, setbacks and goodbyes.

We must strive to make the best of it.No matter what. We must constantly strive to understand our travel companions and look for the best in everyone.

We're all on this train journey together. Above all, we should all try to strive to make the ride as pleasant and memorable as we can, right up until we each make the final stop and leave the train for the last time.

All aboard! Safe journey!

不难看出，这篇文章是基于概念隐喻写成的，统领这个语篇的根隐喻就是"LIFE IS A TRAIN JOURNEY（人生是一次火车旅行）"。在这个根隐喻或者语篇隐喻中，"LIFE"是目标域，"TRAIN JOURNEY"是始源域。整个语篇以这个根隐喻为基础来谋局布篇，并以其为主线，推动语篇的生成和发展。

始源域"TRAIN JOURNEY"和目标域"LIFE"之间有许多共有典型特征，比如"TRAIN RIDE"的"上车、开车、旅途、旅伴、到站"等显著特点与目标域"LIFE"的"出生、开启人生、人生过程、亲朋好友、到达人生终点"等显著特点遥相呼应。将这些显著共同点从始源域"TRAIN JOURNEY"映射到目标域"LIFE"中，即可衍生出一系列隐喻表达式。由于根隐喻即篇章隐喻的支配、导引和控制作用，整个语篇构成一个隐喻链，形成一个隐喻场，从而使整个语篇主题突出，逻辑清晰，既有完美的形式衔接，又有流畅的语义连贯。

基于以上分析，建议教师在英语写作教学过程中引导和鼓励学生利用根隐喻即篇章隐喻来构思作文的主要内容和基本框架，学习、训练和掌握篇章隐喻并发挥其在推进语篇发展中的衔接和连贯作用，力争写出理想和满意的习作。

此外，利用隐喻进行英语写作教学，有助于激发学生的求知欲和探索欲，这不仅是培养学生隐喻能力的有效途径，也是培养学生创新思维与创新能力的有效途径。

第九章　英语翻译教学中隐喻能力培养方法与途径

翻译是在保证译句忠实和通顺的基础上，把一种语言信息转换为另一种语言信息的语言活动。"翻"主要指两种语言之间的转换，"译"主要指这两种语言之间的转换过程，二者构成通常意义上的翻译。

从运作程序的角度来看，翻译过程通常包含理解、转换和表达三个环节。理解指分析源语，准确掌握源语所表达的信息；转换指运用多种方法和翻译技巧，将源语所表达的信息转换成译入语的等值信息；表达指用译入语的语言系统准确转述源语所表达的意义。

翻译，无论是英汉翻译还是汉英翻译，都是语言输出和输入的一种重要形式，是英汉语言知识、翻译知识和翻译技能的综合运用，同时也是检验学生和译者的英汉语言素养、英汉语言基础、英汉语言水平、英汉跨文化交际能力、英汉思维能力以及英语隐喻能力的一个重要标尺。作为英语学习和英语运用的一项重要技能，翻译难度较大，层次较高，学习进步缓慢，所以一直是英语教学和英语学习的难点。

翻译不仅是两种语言形式之间的转换，更是一种带有创新性质的思维认知活动。很多学生翻译水平不高，进步缓慢，除了英汉语言素养不高、英汉语言基础比较薄弱等原因之外，隐喻能力欠缺或者不足也是一个重要原因。

本章主要探讨如何在英语翻译教学中培养学生的隐喻能力，主要讨论英语翻译教学现状、隐喻在翻译中的作用、翻译教学中隐喻能力培养的方法与途径等。

第一节　英语翻译教学现状

我国的大学英语翻译教学，尤其是英语专业的翻译教学，自从开设英语课程之日起就开始了，而且越来越受到重视。但经过一到两个学年的学习和训练后，很多学生自感翻译能力的提升没有达到预期。其中有学生语言基础和学习方法的问题，也有翻译教学模式和教学方法的问题。

传统的翻译教学模式与传统的英语教学模式相类似。在翻译教学理念上，比较注重词汇、句子或段落的翻译练习，以便提升学生的英汉互译能力，但更加注重的是传授翻译知识。在翻译教学内容上，教师注重讲授英汉两种语言在词汇、语法和表达习惯方面的异同，着重讲解词汇和句子的翻译方法和技巧。在翻译教学方法上，教师基本遵循"理解→表达"的两段式翻译程序，以句子层次为基础，反复练习某一翻译技巧。在翻译教学评价上，比较注重翻译的终端效果，亦即学生的译文，并就学生的译文从用词、语法和表达习惯上做出指点或者讲评。

从学习方法角度讲，传统的翻译教学模式让相当一部分学生下意识地认为翻译就是运用词汇和练习语法，弄懂了词汇和语法就可以做好翻译；而且认为句子就是翻译的最大语言单位，在翻译过程中遇到生词就查词典，并且生搬硬套词典释义，全然不顾语境、文化和思维等因素在翻译过程中的作用，致使译文晦涩难懂，离"忠实、通顺"的标准相差甚远。

传统的翻译教学模式在英汉语言对比方面颇有建树，在传授基本翻译原则、翻译程序和翻译方法等方面也功不可没，但没有充分发挥思维和认知在翻译过程中的作用，是其亟须弥补的最大不足之一。

第二节 隐喻在翻译中的作用

隐喻是一种重要的思维方式和认知方式。从认知和思维的角度看，翻译是一种涉及语言转换的思维活动和认知活动，所以与隐喻有许多相似之处。因此，隐喻在英语翻译教学中可以发挥重要作用，这些作用包括语言翻译与认知翻译相结合、顺应动态语境、开发创新思维与隐喻能力、跨文化翻译与跨思维翻译相结合等。

一、语言翻译与认知翻译相结合

翻译和隐喻一样，也是人类的思维活动，是译者在源语和译语之间进行语言、思维和文化转换的复杂的认知和思维过程。

传统的翻译教学模式比较注重词汇、句子及段落的翻译练习，重在传授翻译知识和培养学生的英汉互译能力，这有助于训练和夯实学生的英语语言基础，也有助于培养学生的翻译技能，但美中不足是没有充分发挥认知思维在翻译过程中的积极作用。

从整个翻译过程来看，无论是分析原文、转换语码还是重组译入语，每个步骤都涉及认知思维，尤其是隐喻性思维。因此，将隐喻认知引入传统的翻译教学模式，将语言层面的翻译与认知层面的翻译相结合，有助于翻译教学和翻译活动从单一的表层语言转换层面深入到多维的深层认知思维转换层面，使语言翻译与认知翻译相互结合，为提高译文质量打下坚实基础。此外，这种教学方法有助于学生在翻译过程中发挥主体性和创造性，有助于培养和提升学生的翻译能力和隐喻能力。

二、顺应动态语境

从翻译的角度来看，对源语隐喻和隐喻意义的理解以及源语隐喻和隐喻意义在译入语中的再现不仅涉及两种语言之间的转换，还受到不同语境因素的影响，这是一个具有差异性和创造性的动态翻译过程。动态语境对辨识隐喻和准确理解隐喻意义非常重要，隐喻意义的理解在很大程度上是基于选择、建构和顺应动态语境而实现的。

在翻译教学过程中，教师在引导学生分析和对比英汉两种语言在词法、句法和语用现象的同时，还要引导学生从翻译目的、作者意图以及译入语读者习惯等方面综合分析源语语篇，剖析隐喻所在语境的动态顺应过程，进而准确地理解隐喻意义。学生一旦具有动态语境意识，就能从整体上和动态中把握源语的词、句、篇和隐喻性语言表达，在提高译文质量的同时，提高与发展隐喻能力和翻译能力。

三、开发创新思维与隐喻能力

将隐喻理论融入翻译教学有助于开发学生的创新思维。翻译是一种以现实体验为基础的认知活动,译者作为认知主体,首先要理解源语所蕴含的字面意义、文化意义和隐喻意义,并用译入语将其准确转述出来。用译入语准确转述源语所描绘的现实世界与认知世界,这一过程本身就是创新思维的体现。

隐喻具有形象性、图像性和创新性,涉及两个认知域之间的跨域映射,而且在翻译理解和表达过程中还涉及跨文化差异性,这些特性都会促使学生发挥主观能动性和创新思维,以两种语言的概念体系为基础,从始源域和目标域的映射角度、从英汉两种语言的认知思维角度深入理解源语,并选择恰当的译入语转述源语含义。

将隐喻理论融入翻译教学有助于开发学生的隐喻能力。隐喻是一种思维方式和认知方式,源语含有隐喻表达,准确理解源语的隐喻表达并将其准确转述为符合译入语语言习惯和思维习惯的隐喻表达。这一过程本身既是开发创新思维与隐喻能力,也是运用创新思维与隐喻能力。

四、跨文化翻译与跨思维翻译相结合

英语翻译教学既是语言教学,也是文化教学。一方面,语言与文化相互依存,因为语言是文化的载体,承载着特定民族的文化传统和文化内涵,而文化赋予语言以文化内涵和历史底蕴,是语言的灵魂。另一方面,语言与文化相互制约,社会文化的发展通常会制约语言的音形义以及思维和认知模式等。

隐喻从本质上来讲是人类的思维和认知现象,而思维和认知又与文化密切相关。尤其重要的是,中英两种语言和两种文化有许多差异。如果不了解与表达方式相关的文化信息,贸然按照字面意思翻译,很可能会出现"文化休克"式的翻译。比如,当我们中国人受到夸奖和称赞时,经常回应"哪里,哪里"以示谦虚;如果译者不了解英语文化中回应夸奖和称赞的习惯,而直接将"哪里,哪里"译作"Where, where",那英语称赞者肯定会大惑不解,不知所云。从另一个角度来讲,如果翻译教学忽视跨文化翻译与跨思维翻译相结合,学生在翻译过程中缺失过多英语文化信息,其英语学习和翻译能力会受到很大制约,很难再跨上一个更高的台阶。

因此,要想在翻译教学中培养学生的隐喻意识和隐喻能力,有必要将跨文化翻译与跨思维翻译结合起来。

第三节 翻译教学中隐喻能力培养方法与途径

隐喻的辨识、理解与创设过程实质上是一个创造性思维活动过程,而隐喻思维能力是认知事物尤其是抽象事物的创造性思维能力。从翻译的角度来讲,隐喻能力实际上就是在英汉两种语言的转换过程中辨识、理解与创设隐喻的能力。

隐喻和隐喻理论在翻译教学中具有非常重要的认知和思维作用。在翻译教学中引入隐喻理论,不仅有助于将语言翻译与认知翻译相结合,进一步提高译文质量,而且有助于拓展学生的思维方式与认知方式,开发学生的创新思维与隐喻能力。

本节主要探讨如何在翻译教学中培养学生的隐喻能力，主要包括传授隐喻知识和培养隐喻意识、通过隐喻型教学模式培养隐喻能力、通过词句翻译培养隐喻能力、通过篇章翻译培养隐喻能力、通过文化翻译培养隐喻能力等策略与途径。

一、传授隐喻知识，培养隐喻意识

理论对实践具有重要的指导作用。在翻译教学中培养学生的隐喻能力，必须先让学生了解和熟知隐喻理论及其在翻译实践中的指导作用。

首先，教师要给学生讲授隐喻的相关理论，引导学生了解隐喻修辞格与概念隐喻的异同，让学生了解概念隐喻的定义、特征、类型以及工作机制等有关隐喻的系统知识，重点是让学生认识到隐喻的实质以及隐喻的作用。

其次，教师要引导学生了解和掌握隐喻在英汉互译中的认知功能与思维作用。译者的任务是用译入语重新建构所获取的源语意义与相关信息。隐喻是一种认知工具，而翻译本质上也是一种认知活动，是在认知源语的基础上在译入语中再现源语语言符号的指称与表征，尤其是隐喻及其内涵。在源语中解析和用译入语重构隐喻性语言表达的过程，本身就是一个创造性思维和认知的过程。从英汉互译的角度来讲，隐喻能力就是在英汉两种语言的转换过程中辨识、理解与重构隐喻的能力。

源语中普遍存在隐喻性语言，有些源语语篇甚至把概念隐喻用作谋局布篇的主线。如果隐喻意识不强，学生遇到隐喻时往往不能快速而准确地意识到那就是隐喻表达。因此，教师在翻译教学过程中，应该结合源语语篇，引导学生在翻译的分析、转换和重组过程中培养和训练隐喻思维，培养和开发隐喻意识。

教师可以选取隐喻性语言比较丰富、比较突出的源语材料作为翻译教学素材，教学过程中重点分析和评述源语材料的精彩隐喻和理解难度较大的隐喻，与学生共同讨论，交换思想，从而训练和培养学生的隐喻意识和隐喻思维能力。教师应认真批改学生的翻译习作，并针对学生在翻译隐喻时出现的共性问题在课堂上做详尽讲评，旨在让学生及时纠正问题，逐渐积累经验，在学习和训练中自然养成隐喻意识和隐喻思维。此外，教师还应指导学生收集、整理和积累英汉常见隐喻性语言表达，让学生在学习和训练隐喻性语言表达的翻译过程中，加深对隐喻的感性认识和理性认知，使学生逐渐养成隐喻意识和隐喻思维习惯。

总之，了解隐喻的基本知识以及隐喻的工作原理，有助于学生在翻译实践中逐渐培养起隐喻意识，在翻译过程中更加关注隐喻性语言，培养和提升翻译能力和隐喻能力。

二、通过隐喻型教学模式培养隐喻能力

隐喻型翻译教学模式指将传统翻译教学模式的优点与隐喻理论相结合、将翻译理论与隐喻认知机制相结合的一种新型翻译教学模式。隐喻认知机制可以将显著相同点从始源域映射到目标域，从而使译者能够借助比较熟悉或者比较具体的概念和事物来理解、体验和表述比较陌生或者比较抽象的概念和事物。

具体来说，就是在翻译教学过程中，以概念隐喻理论为依据，通过对词汇、句子和语篇层次的隐喻性分析，引导学生从认知语境、思维逻辑以及文化隐喻等方面对源语进行深层次的剖析与理解，然后将源语翻译成在认知语境、思维逻辑以及文化隐喻等方面与译入

语动态对等的译文，并在这一过程中对学生进行隐喻思维训练，培养与提升学生的隐喻能力。

隐喻型翻译教学模式是基于传统翻译教学模式的不足而提出的，是对传统翻译教学模式的改进与补充。隐喻型翻译教学模式既注重分析和翻译英汉语言的微观结构，又注重剖析语篇、认知、思维和文化等宏观层次，在微观层次与宏观层次密切结合的基础上，培养学生的英汉互译能力与隐喻能力。相比之下，传统翻译教学模式注重对比分析英汉两种语言在词法和句法等方面的异同，注重长难句的分析与翻译，但缺乏或者忽略翻译过程中的认知与思维。隐喻型翻译教学模式能在很大程度上弥补或避免传统翻译教学模式的这一重大不足。

翻译过程通常分为分析、转换和重组三个阶段。首先，译者须认真分析源语，透彻而全面地理解源语在各个语言层次和语义层次中的内涵，然后将分析与理解的源语内涵从源语转换至译入语，最后按照译入语的思维习惯和表达习惯将源语内涵重新建构并表述出来。从表面上看，分析、转换和重组这三个翻译阶段都是在语言层次上进行的，都是语言活动，而且最后的产品也是语言；但从深层次上来看，这三个翻译阶段都涉及思维和认知。

总之，隐喻型翻译教学模式既注重语言，又注重思维；既尊重学生的主体性与创造性，注重拓展学生的思维方式与认知方式，又有助于提升学生的翻译能力、隐喻能力和跨文化、跨思维交际能力，从而给翻译教学和翻译学习带来一系列积极变化。

三、通过词句翻译培养隐喻能力

概念隐喻基于经验相似性进行跨域映射。通过这种认知机制，人们可以基于比较熟悉和比较具体的概念和事物，去理解与体验比较陌生和比较抽象的概念和事物。从翻译的角度而言，隐喻这种借助已知认知未知、借助具体喻指抽象的特点和认知机制，有助于学生在翻译过程中加深对源语的理解，也有助于用自然地道的译入语将源语内涵表达出来。

英语隐喻在词句层面比较集中、比较丰富，也比较容易判断。由于隐喻性句子的始源域和目标域大都是显性的，又有一些可供使用的语境信息和背景知识，所以隐喻性句子的隐喻辨识、共同特征映射和隐喻义推断比较规律。

由于受语言、文化、思维和概念系统的影响，英汉两种语言的隐喻既有相似性，也有相异性。一般说来，相异性隐喻会给翻译带来困难或者障碍。认识到隐喻的这种相异性，并设法跨越这种相异性，是翻译成功的一个关键。因此，在翻译教学和训练过程中，教师应该将重点放在具有差异性的隐喻上，重点剖析那些反映英语文化特征或者英汉文化差异较大的隐喻性表达，引导学生基于译入语的表达习惯调整或者重构喻体形象。

一般说来，通过词句翻译培养学生的隐喻能力可以按照"识别源语隐喻→理解始源域→跨域映射→释解目标域喻义→转换为译入语隐喻→译入语语言表述"这样的隐喻翻译程序进行。上述翻译程序体现在具体的翻译过程中，首先是发现和识别词句的隐喻性用法，接着理解始源域在源语中的喻义，推断始源域和目标域之间的显著共同点，然后根据映射原则，把这一显著共同点从始源域映射到目标域，推断出目标域的喻义后，再将源语目标域的喻义转换至译入语，最后按照译入语的表达习惯调整或者重构喻体形象，并用译入语准确表述出来。

以句子"John can be relied on, for he eats no fish and plays the game."的翻译为例，演示一下上述翻译步骤。

第一个步骤：识别源语隐喻。教师可以引导学生根据语义矛盾性来发现和识别隐喻性用法。隐喻是将两个不同类别的概念或事物等同起来，用一个事物来比喻和认知另一个事物，这就形成逻辑矛盾与语义冲突。语义矛盾性是隐喻的本质特征之一，矛盾性指语言表达式的字面意思在逻辑上与语境相矛盾。在"John can be relied on, for he eats no fish and plays the game."这个句子中，"John can be relied on"和"he eats no fish and plays the game"放在一起，总感觉逻辑有问题，而且按照字面意义理解，意思也讲不通。这样，句子的逻辑就出现了矛盾，语义也出现了冲突。由此可以基本断定，这是一个隐喻性句子。

第二个步骤：理解始源域。该句中的"he eats no fish and plays the game"是用来说明"John can be relied on"，因此可以看作始源域。英国历史上宗教斗争非常激烈，旧教规定斋日（星期五）只许吃鱼；新教推翻旧教政府之后，斋日这一天新教徒拒绝吃鱼，以示对新教的忠诚。因此，"eat no fish"转而取得"忠诚"之意，而"play the game"转而取得"遵守规则"之意。

第三个步骤：跨域映射。根据映射原则，把"忠诚"和"遵守规则"这两个显著共同点从始源域"he eats no fish and plays the game"映射到目标域"John can be relied on"之中。

第四个步骤：释解目标域隐喻义。当"忠诚"和"遵守规则"这两个显著共同点映射到目标域"John can be relied on"之中后，根据目标域的特点和语境，重新解释"忠诚"和"遵守规则"这两个显著共同点在目标域中的比喻义，即"约翰既忠诚又遵守规则"，所以"可以信赖"。

第五个步骤：转换为译入语隐喻。对于隐喻性句子翻译而言，这一步非常关键。前面的几个步骤，从识别源语隐喻、理解始源域、跨域映射到释解目标域隐喻义，都是为了最后两个步骤，即转换为译入语隐喻和译入语语言表述。如果最后两个步骤做不好，句子翻译充其量只是个半成品，因为理解源语就是为了使译入语表达得既忠实又通顺。英汉两种语言的隐喻转换有许多方式，但最基本的原则就是尽量保留源语的隐喻形象；只有在由于语言表达习惯和文化差异过大而无法在译入语中再现源语的隐喻形象时，才迫不得已采用意译法。

第六个步骤：译入语语言表述。按照尽量保留源语的隐喻形象这一原则，"John can be relied on, for he eats no fish and plays the game."可以译为"约翰值得信赖，因为他忠实得斋日不吃荤，凡事都循规蹈矩"。这一译文对源语的隐喻形象做了一点同化变通，即将"fish（鱼）"泛化成其上义词"荤（meat）"；因为与"斋日不吃鱼"相比，"斋日不吃荤"更符合译入语读者的语言习惯和心理预期。如果翻译成"约翰值得信赖，因为他既忠诚又守规矩"，就是意译，虽然充分理解了源语的深刻文化内涵，但没有再现源语的隐喻形象。（许渊冲，1984）

从翻译方法的角度来讲，隐喻翻译可以采用直译法、意译法、借用法、异化法、归化法等。具体采用什么方法翻译隐喻，须根据源语和译入语的具体情况灵活选择。

有些隐喻按照字面翻译喻义自明，而且能保留源语的隐喻意象，可以采用直译法。比如，"A lie can travel half way around the world while the truth is putting on its shoes."可以直译为"真理还在穿鞋子，谎言已经跑遍半个世界"。采用直译法有两个益处：一是可以保留源语的隐喻意象与色彩，有些译入的隐喻可以用来丰富译入语的语言表达；二是在汉译英时采用直译法，可以把具有中国特色的隐喻意象和色彩在译入语中保留下来，有助于传播中国文化。

有些英语隐喻的喻体和汉语不仅在意象和形式上相同或者相似，而且具有相同或者相似的喻义，这种隐喻表达的翻译可以采用借用法。比如英语中的"meet Waterloo"可以直译为"遭遇滑铁卢"，也可以采用借用法译为"走麦城"；英语中的"as bitter as wormwood"可以转译为"苦若黄连"；英语的"A surgeon must have the heart of a mother and the hands of a lady."可以采用借用法译为"外科医生必须有慈母般的爱心和淑女般灵巧的双手"。此外，借用法也适用于喻体不同、喻义一致的英汉隐喻表达。

有些隐喻表达由于喻体（始源域）和喻义在英汉两种语言中差异巨大甚至截然相反，既不适用于直译法，也不适用于借用法。这种情况下只能选用意译法，牺牲源语的隐喻意象与风格，结合上下文进行语言内涵的翻译，以保持源语思想内容的完整性。比如在"He is a bear at maths."一句中，"bear"在英语中有时可指"有特殊才能的人"，但"熊"在汉语中通常喻指"没本事"和"窝囊"，喻体在英汉两种语言中的喻义截然相反，所以该句只能意译为"他是个数学天才"。

综上所述，通过词句层次的隐喻翻译，可以使翻译活动成为语言活动与认知活动的结合体，在翻译过程中既能关注语言表层形式的转换，又能关注语言形式背后的深层认知活动。这样的翻译教学、学习和训练方式，不仅有利于激发学生的学习兴趣与学习热情，有利于培养学生发现问题、分析问题和解决问题的能力，而且有利于学生在提高英汉互译能力的同时，培养和提升隐喻能力和创新思维。

四、通过篇章翻译培养隐喻能力

篇章是词汇和句子的上层语言单位，也是词汇和句子的综合运用。与词句相比，概念隐喻在篇章中的作用和功能更加显著、更加重要。作为一种思维方式和认知方式，隐喻不仅在篇章发展过程中起着重要的衔接与连贯作用，而且是构建和生成篇章的重要机制。

从认知角度来看，隐喻翻译是一个复杂的多元化思维和认知过程。隐喻翻译是一个从源语篇章到译入语篇章的映射过程，其间涉及语言、思维、认知、文化等因素。映射后重组的译入语既要保持源语的隐喻意义，又要保持源语的隐喻形象，使译入语读者能够全面、系统而完整地领略源语喻体的深邃寓意、交际意图和文化内涵，做到这一点的难度和挑战性都很大，必须经过大量有意识的学习和训练才有可能达到这一高度。

纽马克（Newmark）曾经指出，"隐喻翻译是一切语言翻译的缩影，因为隐喻翻译给译者呈现出多种选择方式：要么传递其意义，要么重塑其形象，要么对其进行修改，要么对其意义和形象进行完美的结合。而这一切又与语境因素和文化因素密不可分。"（Newmark,2001）纽马克这番话既勾勒出隐喻翻译的基本原则，也说明了隐喻翻译的复杂性。

很多英语篇章是以概念隐喻为基础、运用隐喻思维来谋局布篇和撰写的。利用篇章隐喻来谋局布篇时，通常以一个核心隐喻为主轴，随着语篇的发展衍生出一系列与其密切相关的派生隐喻表达式，使整个语篇在核心隐喻的支配和引导下向前推进与发展。在英语翻译教学中，教师可以引导和训练学生借助概念隐喻构建篇章和生成篇章的支配和引导作用，深入、系统而完整地理解源语篇章，并将源语篇章的意义与内涵用地道流畅的译入语再现出来。这一过程不仅有助于提高学生的翻译技能，也有助于提升学生的隐喻能力。

笔者以下面这个英语段落为例，讨论一下如何借助概念隐喻在篇章中的支配和引导作用来翻译隐喻性语言表述和培养隐喻能力。

Parents might say that they try to give their children an education so they will get a good start in life.If their children act out, they hope that they are just going through a stage and they will get over it.Parents hope that their children will have a long span and that they will go far in life. But they also know that their children, as all mortals, will reach the end of the road.

显而易见，该英语段落是以"LIFE IS A JOURNEY"这个概念隐喻为基础来撰写的。整个段落以"LIFE IS A JOURNEY"为主轴，通过跨域映射，将始源域"JOURNEY"与目标域"LIFE"之间的显著共同特征映射到目标域"LIFE"之中，并随着语篇的发展衍生出一系列与其密切相关的派生隐喻表达式，如"they will get a good start in life""they are just going through a stage""they will go far in life"和"their children...will reach the end of the road"。

在将该英语段落译成汉语的过程中，教师可以引导学生借助始源域"JOURNEY"与目标域"LIFE"之间的显著共同特征的跨域映射，首先将段落中的隐喻性表达逐次翻译成汉语，如将"they will get a good start in life"译为"他们将拥有一个良好的人生开端"，将"they are just going through a stage"译为"他们正在经历的只是人生的一个阶段"，将"they will go far in life"译为"他们将在人生之路上走得很远"，将"will reach the end of the road"译为"将走到路的尽头"。然后在这个隐喻思维框架之中，按照译入语的表达习惯和隐喻意象，将剩余语句译出，构成一个完整的译入语段落。也可以引导学生借助始源域"JOURNEY"与目标域"LIFE"之间的显著共同特征的跨域映射，在"LIFE IS A JOURNEY"这个隐喻思维框架之内，依据译入语的表达习惯和隐喻意象，按照源语段落的表述顺序，依此将整个段落译为目标语。

上述英语段落的汉语参考译文为：家长们也许会说，努力让孩子接受教育，是为了让孩子拥有一个良好的人生开端。如果孩子未能如愿，家长希望这只是孩子经历的一个人生阶段，将会安然度过。家长希望孩子健康长寿，前程远大。但他们也知道，孩子和芸芸众生一样，将来也会走到路的尽头。

就隐喻翻译的具体方法而言，彼得·纽马克（Peter Newmark）总结出以下几种方法：①直译，保留源语隐喻意象；②保留源语隐喻，加释义；③用译入语隐喻意象替代源语隐喻意象；④译为译入语明喻，加释义；⑤意译，将隐喻转为释义。（Newmark,2001）教师可以指导学生根据源语隐喻的基本情况以及源语隐喻与目的语隐喻表达习惯之间的对应情况，从中优选一种翻译方法，或者融合使用两种及以上翻译方法，以便最大限度地保留源语的隐喻特色，准确转述源语篇章的深层意义和内涵。

综上所述，隐喻、隐喻思维以及隐喻能力在篇章翻译中起着极为重要的作用。从理解源语的角度来看，掌握了篇章的核心隐喻，不仅能够比较容易地理解其他派生隐喻，而且能够理解与把握篇章的整体布局、逻辑脉络和上下文的衔接与连贯，进而比较透彻地理解整个篇章。从译入语表达的角度来看，抓住和理解了篇章中的核心隐喻以及隐喻性语言表达，有助于将源语的核心隐喻及其派生隐喻转换为译入语的隐喻性语言表达，确保译出源语篇章的深层意义和内涵，并保持译语通顺流畅。此外，借助隐喻进行翻译教学，不仅有助于激发学生的求知欲和探索欲，而且有助于培养学生的创新思维、创新能力和隐喻能力。

五、通过文化翻译培养隐喻能力

隐喻与文化有着密切关联，尤其是在跨文化交际语境中。语言是文化的载体，隐喻作为普遍存在的语言现象，自然也是文化的载体之一。因此，在翻译过程中通过翻译文化现象，尤其是涉及隐喻的文化现象，有助于培养学生的隐喻能力。

不同语言承载着不同民族的文化特点与文化内涵。英语和汉语分别作为英语文化和汉语文化的载体，由于地理环境、历史背景和风俗习惯等诸多方面的差异，英语文化和汉语文化的不同特征会沉淀在民族语言中，加之思维方式等方面的差异，致使英汉两种语言的概念体系及概念表达有许多不同之处。上述差异体现在隐喻性语言上，就是不同语言的隐喻性表达具有跨文化差异性。在文化差异性基础上产生的隐喻，往往会给译者增加认知障碍和翻译难度。

举例来说，英语的"a lion in our way"一般翻译成汉语的"拦路虎"，而不是"拦路狮"，是因为"老虎（tiger）"和"狮子（lion）"作为始源域时，在英汉两种文化中有着不同的喻义。在英语文化中"lion"是百兽之王，象征着"勇猛"，"tiger"在很多时候比喻"凶残"；而在我们汉语文化中，百兽之王是"老虎"，所以经常用老虎比喻"勇敢"。汉语的"亚洲四小龙"一般翻译成英语的"four little tigers in Asia"，其中的"龙"不译为"dragon"，也是因为隐喻的形象和喻义不同："龙"在汉语文化中是权威和尊严的象征，而"dragon"在英语文化中则是一种怪物，很多时候是魔鬼的象征。正因为如此，汉语中的"龙"才译作更容易为英语文化所接受和理解的喻体"tiger"。由此可见，跨文化意识是隐喻翻译的重要组成部分。

20世纪50年代，周恩来总理就灵活运用归化策略，使一貌似复杂的文化差异迎刃而解。当时周总理陪同外宾观看汉语舞台剧《梁山伯与祝英台》，翻译向外宾介绍剧情，说了半天外宾还是似懂非懂。周总理见状哈哈一笑，告诉客人这出戏就是"中国的罗密欧与朱丽叶"。这么一解释，外宾便心领神会了。

隐喻性语言的跨文化差异性源自英汉两个民族对同一喻体持有不同的价值观与文化心理，所以此类隐喻表达式应该成为英语翻译教学和英语翻译学习的重点。如果无法跨越这一步，就有可能无法确切释解这类隐喻表达式，有时甚至会做出相反的喻义释解。在体现跨文化性方面，文化负载词和典故更有代表性。英语和汉语两种语言中均有为数不少的文化负载词和典故，它们源自各自民族和文化的神话、民间传说、历史故事以及文学作品人物等，带有鲜明的民族文化烙印。比如汉语中的八仙过海、女娲补天、邯郸学步、三顾茅庐、逼上梁山等成语都属于这类隐喻性表达，有鲜明的中华民族文化烙印与文化内涵。与此相似，英语也富含隐喻性的文化负载词和隐喻性表达，比如源自希腊和罗马神话的"Achilles heel"（阿喀琉斯之踵；致命弱点）和"Pandora's box"（潘多拉魔盒；邪恶之源），源自历史的"meet one's Waterloo"（遭遇滑铁卢；惨遭失败）以及源自文学典故的"Don Juan"（风流浪荡子）等。有鉴于此，教师在翻译教学过程中应该引导学生了解英汉两种语言和两种文化之间的语言隐喻和概念隐喻的一致性和差异性，重点放在差异性上；重视和分析那些反映英语文化特征或者英汉文化差异较大的隐喻性表达，引导学生以译入语的表达习惯为基础调整喻体形象。

同语言迁移类似，隐喻也存在着迁移现象。隐喻迁移一般分为正迁移、负迁移和不定迁移三种情况。当汉语与英语的语言形式和概念相一致时，往往会发生隐喻正迁移；当汉语与英语两种语言的形式和概念不一致时，往往会发生隐喻负迁移；当汉语与英语两种语言的形式与概念存在部分重叠时，隐喻迁移可能发生，也可能不发生。在翻译英语隐喻性语言时，教师应该引导学生将其与汉语相比较，找出英汉之间的异同，促进隐喻正迁移，降低隐喻负迁移。对于那些喻体差别不是特别明显、喻义比较容易理解的隐喻性语言表达，教师可以启发学生在汉语中寻找与其相对应的汉语隐喻性表达，并且将其直接翻译成汉语的隐喻形象；比如英语中的"meet Waterloo"（遭遇滑铁卢）可以直接翻译成汉语的"走麦城"。对于那些喻体差别较大、喻义不好理解的隐喻性语言表达，教师可以启发学生从译入语中寻找表达该喻义的喻体形象，然后按照译入语的表达习惯将其翻译出来。比如英语中的"as bitter as wormwood"可以转译为"苦若黄连"，而不是直译为"苦若艾蒿"；"as cunning as a dead pig"可以转译为"像狐狸一样狡猾"，而不是直译为"像死猪一样狡猾"。

总而言之，在进行翻译教学时，教师既要注重教授翻译知识和翻译方法，也要注重文化差异对隐喻翻译的影响。通过文化翻译教学，通过对比、翻译英汉文化在语言和隐喻表达中的差异性，提高学生审读和理解源语的准确性和充分性，提高学生的译文质量和译文的可读性、可接受性与概念流利性；同时提高学生的跨文化翻译能力，增强跨文化隐喻意识和隐喻能力。此外，以这种方式进行英语翻译教学，还可以发挥学生的主观能动性和创新思维，活跃课堂气氛，可谓一举多得。

第十章　英语文化教学中隐喻能力培养方法与途径

语言是文化的载体，文化对语言有着非常重要的影响。作为隐喻基础的概念，大多源自带有文化性质的体验，隐喻是文化在语言中的一种集中体现。因此，培养隐喻能力，需要加强文化教学。

本章讨论隐喻能力培养与英语文化教学之间的关系，主要阐述隐喻与文化的关联性、隐喻在文化中的作用、英语文化教学中隐喻能力的培养策略与途径等内容。

第一节　隐喻与文化的关联性

隐喻既是语言的有机组成部分，又从一定程度上反映文化，所以隐喻是联结语言与文化的重要纽带之一。

体验哲学是认知语言学的理论基础之一，概念隐喻理论是以人类的心理经验与身体经验为基础的。隐喻是一种特定的心理映合，这种映合在隐喻使用者的头脑中获得心理表征，进而储存在隐喻使用者的心理词典中，这就是概念隐喻的心理基础。绝大多数的概念都源自人们的亲身体验与亲身经验，这些亲身体验与亲身经验的概念反过来又成了认知工具，帮助人们去认知新事物。而在这一系列的认知运作中，隐喻起着非常重要的中介作用。

隐喻本质上是一种认知现象，也是一种文化现象。隐喻能够反映思维、认知、心理、信念与行为方式等文化内容，人们对隐喻的理解涉及文化的很多层次与很多方面。隐喻表现为一种语言现象，同时又是一种认知现象和心理现象，而任何认知现象和心理现象都是文化内涵的深层次体现。另外，隐喻作为语言的普遍现象和重要组成部分，是积淀和传承文化的重要媒介。所以，隐喻具有文化性，它不仅是文化的组成部分，而且是联结语言与文化的一个纽带。

辩证地来看，隐喻作为人类语言中普遍存在的一种思维方式，具有跨民族和跨文化的共性；但作为一种文化现象和文化的呈现方式之一，隐喻又体现出不同民族与不同文化之间的差异。

首先，隐喻思维与隐喻认知具有跨民族和跨文化的共性。人们居住在同一个地球，身体结构一样，赖以生存的客观世界如日月星辰、山川河流、树木花草以及风雨雪雾等具有极大的相似性，人类对经验和体验的认知机制和识解机制也有相似性。所以，即便不同民族所使用的语言系统差异很大，但由于拥有相似的认知结构和认知机制，根植于不同语言和不同文化中的隐喻便具有一些共性，从而形成人类的"文化共核"。正是由于这种"文化共核"的存在，不同语言才有可能产生相似的隐喻概念，才有可能使不同语言使用者相互理解彼此语言和彼此的文化中的隐喻性语言。请看以下比较对应的英汉隐喻性表述：

① a thunder of applause（雷鸣般的掌声）

② in black and white（白纸黑字）

③ Walls have ears.（隔墙有耳）

④ be red with anger（气得脸通红）

其次，作为一种文化现象、认知方式和语言的组成部分，隐喻表达式及其比喻义具有民族性与文化性，体现着不同文化之间的差异。不同民族使用不同语言，对世界的认知也不完全相同，所以对同一概念的认识有可能产生各种不同程度的差异，这些差异可以通过隐喻体现出来。例如，在阿拉伯民族的生活环境中，水和骆驼是不可或缺之物，所以阿拉伯语往往用水来隐喻爱情，如"I kissed her,holding her neck on both sides of her head and drank deeply as a thirsty man drinks from the cool water of a pond."（我亲吻她，从头的两侧搂住她的脖子，深深地喝着/亲吻着，恰似一个口渴之人痛饮池塘里的凉水）；而英语民族和汉语民族常用玫瑰来喻指爱情。

因为文化背景、价值取向以及民族心理存在差异，同一喻体即始源域在不同文化中的隐喻意义也有所不同。比如英语和汉语都可以说"用心去爱"（love with the heart），但某些非洲语言却说"用肝去爱"（love with the liver）。再以英语的颜色词隐喻为例：和汉语一样，英语中虽然也有许多与白色有关的隐喻，但其含义却有很大差异。英语与白色有关的概念隐喻往往包含一层积极含义，如"the white collar"（白领）、"a white lie"（善意的谎言）等；而汉语与白色有关的概念隐喻往往包含一层贬义，如"白匪"（white bandit）、"白脸奸臣"（white-faced traitor）和"白色恐怖"（white terror）等。

有些文化性和民族性较强的隐喻性语言，对于非本民族的人来说比较陌生，理解起来有一定难度。鉴于隐喻性语言所体现出的文化差异性，教师在教授文化性和民族性较强的隐喻时，需要补充文化背景知识。20世纪80年代以来，隐喻研究从修辞手段到认知方式的转向，对隐喻所涉及的文化因素的关注是重要原因之一。隐喻作为对客观现实世界的一种语言表达方式和认知表达方式，反映了人们对现实世界的认识、认知与理解，给我们认识语言与文化之间的关系提供了新视角。

第二节　隐喻在文化中的作用

人类与其他动物的一个本质区别，就是能够通过语言媒介学习间接知识，取他人之所长，为自己之所用。隐喻源自人们的体验与经验，受特定文化影响，也反映特定文化现象。隐喻与文化之间的这种互动性，有助于人们认知世界，也有助于学生通过隐喻了解英语民族的人生观、价值观、思维方式和行为方式等文化现象和文化因素。

本节主要从隐喻基于文化、隐喻构成文化、隐喻传承文化、文化影响隐喻的产生与发展等角度，讨论隐喻在文化中的作用。

一、隐喻基于文化

作为语言中普遍存在的现象和认知中普遍存在的机制，隐喻具有文化特征和文化底蕴。隐喻性语言富含文化内容，与文化联系非常紧密。由于受不同文化因素的制约与影响，不同语言中的隐喻通常会出现喻体即始源域不同的情况，但作为一种普遍存在的思维方式和认知手段，不同文化和不同语言中的隐喻，其认知工作机制基本一致。

隐喻基于文化，源自文化，是文化的一个有机组成部分。就本质而言，概念隐喻产生于人们的体验与经验中，是人类的一种认知方式和思维方式；而无论人类的亲身体验，还是其认知方式和思维方式，都与一定的文化息息相关，都是以特定文化为基础而产生的。以英汉"发怒"隐喻表达式为例：

① You make my blood boil.（你让我大发雷霆）

② She got all steamed up.（她勃然大怒）

③ I've reached the boiling point.（我极度愤怒）

上述几个英语例子均源自同一个概念隐喻，即"ANGER IS HOT FLUID IN A CONTAINER"（愤怒使容器内的热液体）。而在我们汉语文化和语言表述中，"发怒"这一概念隐喻的始源域和中心意象通常是"肝火"，比如我们中国人常说"何必大动肝火""这人火气可真大"等。按照汉语传统文化，肝属木，木生火，人一旦肝火太盛就容易动怒，所以通常用"肝火"来喻指"发怒"。虽说始源域即喻体有差别，但英语和汉语两种语言所使用的隐喻模式基本一样，即"ANGER IS HEAT"（愤怒是热），只是由于文化差异的制约与影响，所采用的始源域不完全一致而已。

从另一个角度来看，人类的认知经验具有很多共性，人类赖以生存的客观世界也具有很多相似之处，加之许多社会文化背景也具有共性，这些共性给不同文化背景的语言使用者理解隐喻性语言提供了认知基础。如以下谚语：

① He who dances must pay the fiddler.（汉语隐喻含义：世上没有免费的午餐。英语隐喻含义：跳舞的人必须付钱给小提琴手）

② He who chases two bares catches neither.（汉语隐喻含义：鸡飞蛋打。英语隐喻含义：同时追两只野兔的人，一只也抓不着）

③ He who has a mind to beat a dog will easily find a stick.（汉语隐喻含义：欲加之罪，何患无辞。英语隐喻含义：想打狗的人很容易找到棍子）

④ The hook without bait catches no fish.（汉语隐喻含义：舍不得孩子套不住狼。英语隐喻含义：没有鱼饵的鱼钩抓不到鱼。

上述英语谚语中的隐喻性表达，尽管其始源域与汉语有差别，但其两个不同认知域在经验和认知等方面与汉语具有很大的相似性，所以我国学生理解起来难度不大。

由此可见，要想快速识别和透彻理解英语中的隐喻性表达，就要了解和掌握英语民族的思维模式和英语文化。从这个角度来看，文化也是隐喻的基础。比如英语和汉语均经常把"dog"（狗）用作始源域，但由于英语民族和汉语民族对"dog"（狗）的文化意义和情感态度有所不同，所以其喻义也有很大差异。英语民族通常把"dog"看作忠诚的朋友，所以"dog"在英语中通常用作褒义词，比如"a lucky dog"（幸运儿）和"a top dog"（重要人物）；有时为中性用法，比如"Every dog has its day"（凡人都有得意时）和"You can't teach an old dog new tricks"（老狗学不会新把戏）。而"狗"在汉语表述中却多含贬义，比如"走狗""狐朋狗友""丧家犬"等。当然，在有些英语表述中，"dog"也含有一层消极意义，比如"a dog in the manger"（占着茅坑不拉屎之人）和"live a dog's life"（生活得很凄惨）等。但总体来看，英语中"dog"转达贬义的概率远低于汉语中的"狗"。比如"die dog for someone"这一隐喻性短语，英语喻义为"为某人效犬马之劳"，而不是汉语的贬义表述"死心塌地为某人当走狗"。

总之，隐喻作为语言现象和思维方式，深深折射出与文化的密切关联。隐喻始源域与目标域的选择、匹配与映射既是概念模式和认知模式，又是文化模式。隐喻具有文化特性，不同文化有其独特的概念隐喻，文化是隐喻的基础。

二、隐喻构成文化

隐喻以文化为基础，也是文化的一个组成部分，可以表达和体现思维方式、认知方式、情感态度以及行为方式等文化内涵。概念隐喻基于人身体验，而人身体验、隐喻思维与文化密切相关。文化对人身体验与隐喻思维有制约和影响作用，而隐喻又通过思维与认知将有关内容反馈到文化之中。

认知方式和思维方式是特定文化的重要组成部分。隐喻具有概念性质，可用于组织概念表征，在许多抽象概念的表征中起重要作用。人类认知的一个基本特点是：借助已知的自身经历和体验，认知与这些经历和体验有相同之处的新概念和新事物，即借助熟悉的事物认知陌生的事物。隐喻在这一认知过程中起着非常重要的中介作用。

了解隐喻与思维和认知之间的关系，有助于理解隐喻和文化之间的这种"部分—整体"组构关系。概念隐喻的形成和理解有赖于文化经验，而隐喻性语言借助人们的认知功能，能够减轻语言使用者的思维负担与表述负担。从思维和认知角度来讲，概念隐喻是心理现实的内化，同时也是文化的一部分。所以通常认为，隐喻和思维构成的认知网络可以超越个体范畴而融入文化内涵之中。

三、隐喻传承文化

语言是文化的载体，文化以语言符号为媒介进行传递。作为语言的组成部分，隐喻具有文化传承功能。诸如思维方式、认知方式、情感态度和价值观等许多深层次的文化内容，均可以借助隐喻实现代际相传。正是因为有语言和隐喻作为媒介，人们才能了解、学习与掌握先民积累的经验、知识和文化。

隐喻的沉淀过程实质上就是文化的积累过程。人们可以从隐喻性语言中了解未曾亲身经历的事件或抽象概念，这是文化传承的一种形式，也是一个民族的语言文化的具体体现。请看以下例句：

① I've won the argument with him.（我赢得与他的辩论）

② He attacked every weak point in my argument.（他抨击了我论点中的每一个弱点）

③ I shot down all of his arguments.（我把他所有的论点都驳倒了）

④ His criticism is right on target.（他的批评一语中的）

⑤ You disagree. OK, shoot.（你不同意。好吧，请讲）

不难看出，上述例句中的隐喻性表达均源自"ARGUMENT IS WAR（辩论是战争）"这一概念隐喻。虽然多数人没有亲身经历过战争，但是通过媒体、电影、电视，大家对战争及其特征都非常熟悉，形成了关于战争的相对完整的概念。因此，当说话人或者作者以战争为始源域描述辩论时，听话人或者读者通过隐喻映射，可以很容易理解所描述的辩论情况。而在认知和理解这种隐喻性语言时，也就学习和传承了文化。

概念隐喻在人类语言学中被称为文化图式，这不仅反映出隐喻与文化的密切关联，也反映出隐喻在传承文化中的作用。

四、文化影响隐喻的产生与发展

作为文化的载体，语言的产生和发展深受文化的影响。作为语言的组成部分和普遍存在的语言与认知现象，隐喻的产生和发展同样深受文化的影响。

首先，文化影响着隐喻的产生，并在概念隐喻的形成和理解过程中起着非常重要的作用。概念隐喻深深植根于人们的亲身体验与经验中，而这种体验和经验本身就是一种比较复杂的社会与文化建构。这些反复经历的体验和经验促成体验格式塔或形象图式的产生，进而产生概念隐喻。人们的体验和经验，比如人体器官、生理现象等，在不同文化背景下可能会被赋予不同的文化内涵，即使在同一文化中，隐喻的具体体现也可能因为语境不同或者亚文化的差异而出现不同。此外，文化模式作为共享的文化图式，在释解隐喻所蕴含和表达的经验过程中起着重要作用。基于体验和经验的概念隐喻在很大程度上受到文化的影响与制约。

其次，文化对人的思维方式与行为方式等产生重要影响，因而也影响着隐喻的发展。比如，同概念隐喻"LIFE IS A JOURNEY"（人生是一次旅行）相比，"LIFE IS A DRAMA"（人生是一场戏剧）这个概念隐喻似乎更受年轻人的喜爱。究其原因，可能是年青一代的生活发生了很大变化，在他们看来人生更像戏剧，他们有时在日常生活中将真实的自我用面具和表演隐藏起来。传统概念隐喻"LIFE IS A JOURNEY"似乎已经不足以表达这种社会现象，所以发展为"LIFE IS A DRAMA"。

此外，隐喻随着文化理念的改变而发生改变，比如随着社会发展和文化发展，有些隐喻逐渐变成死隐喻，有些则比以往更具生命力。

第三节　文化教学中隐喻能力培养方法与途径

概念隐喻与文化密切相关，隐喻思维和隐喻认知具有文化性。传统隐喻理论强调隐喻的修辞属性，当代隐喻理论强调隐喻的思维属性和认知属性。作为一种修辞手段，隐喻是语言教学的一部分；而作为一种思维方式和认知方式，隐喻是文化教学的组成部分。隐喻产生于特定文化的特定经验，文化中的许多内容需要通过隐喻来表达与承载。因此，隐喻教学是文化教学的一个重要部分，借助英语文化教学可以培养学生的隐喻能力。

本节讨论如何在英语文化教学中培养学生的隐喻能力，主要包括将隐喻理论融入文化教学、结合隐喻理论阐释文化现象、通过文化教学培养隐喻思维、通过文化教学提升隐喻意识和隐喻能力、遵循循序渐进原则等方法与途径。

一、将隐喻理论融入文化教学

由于隐喻和隐喻性思维与文化密切相关，所以应该在英语文化教学中引入隐喻教学，将隐喻理论融入文化教学之中，在文化教学过程中培养学生的隐喻能力。

首先，教师在文化教学过程中，结合有关思维方式或者认知方式的内容，引导学生了解英汉两种语言在文化与隐喻认知机制方面的异同，尤其是不同之处。同时向学生普及隐喻理论及其研究成果，让学生认识到隐喻的普遍性以及隐喻与文化之间的关联。

其次，在介绍英语民族的生活方式、行为习惯、文化传统以及日常生活时，穿插着向学生介绍隐喻的基础知识以及隐喻基于体验和文化的特点，并通过详细解释隐喻性语言背后的认知理据，帮助学生理解隐喻的本质、功能以及认知机制等。

最后，教师可以选择一些隐喻比较集中的典型段落或文化语篇作为教学素材，将隐喻置于具体的文化语境中进行教学。这样，学生在学习英语文化的同时，也能够了解和学习隐喻在英语中的具体运用。

此外，教师还可以在英语国家文化、英汉语言对比、英美文学等课程中贯穿隐喻教学。这样既可以丰富教学方法，活跃课堂气氛，还有助于学生在教师引导下利用隐喻理论有效学习英语文化，并以此为基础培养隐喻思维与隐喻能力，并将隐喻能力运用到以后的词汇、句子和篇章等层次的英语学习中。

二、结合隐喻理论阐释文化现象

语言从本质上来说是隐喻性的，这一点已经基本得到语言学界，尤其是认知语言学的认可。以英语为母语的人在概念隐喻的浸润之中习得英语，这是一个潜移默化的自然过程。相比之下，中国大学生是在汉语文化环境和概念隐喻系统中学习英语，而且是把英语作为外语来学习，所以学习英语隐喻的过程就会比较困难。这一方面是因为英汉文化差异造成概念隐喻系统的某些差异；另一方面是因为在我国大学生的心理和概念图式中，汉语的概念隐喻系统根深蒂固。因此，要想提高学生的语言交际能力和隐喻能力，必须将隐喻理论和文化教学紧密联系起来，结合隐喻理论阐释英语文化现象。

就目前而言，大学英语的文化教学主要有两种教学模式。一是在精读、泛读、听力、口语等英语课堂上，教师在讲授语言现象时穿插讲解一些与教学内容相关的英语文化内容，并对相关文化内容进行补充与说明，这种教学模式的教学对象通常为非英语专业学生。二是开设英美概况、英语国家文化等专项文化课程，专门教授英语文化，这种教学模式的教学对象通常为英语专业学生。这两种教学模式各有利弊。第一种教学模式适用于不开设英美文化概况课程的情况，利处是依据教学内容讲授英语文化，结合语言材料学习英语文化，简明扼要，生动形象，有利于理解和掌握；弊端是文化知识比较零散，不够系统。第二种教学模式适用于开设了英美文化概况课程的情况，利处是学习内容集中，有助于学生系统了解和学习英语文化；弊端是机械罗列或者描述一些人文景观、文学艺术、历史事实等文化现象和文化事实，不利于理解英语文化深层次的内涵，尤其是思维和认知方面的深层内涵。就结合文化教学培养学生隐喻意识和隐喻能力而言，这两种做法都需要改进。而隐喻为文化教学提供了一个新的切入点，结合隐喻理论阐释文化现象不失为一种文化与隐喻相结合的有效的教学途径。

英语教学应该重视英语交际能力培养，这是广大英语师生以及英语教学研究者的共识。通常认为，交际能力主要由词汇能力、语法能力、社会语言能力以及谋篇能力等组成，其中的社会语言能力和文化有着密切关联。文化能力是语言交际能力的一个重要组成部分，隐喻作为文化现象与认知能力的表现形式，也是交际能力的重要组成部分。许多学生英语交际能力较差，英语使用的准确性和得体性不够理想，除了语言知识欠缺和语言能力不强之外，不了解、不掌握与英语有关的文化语境、交际规则和隐喻性语言，也是一个重要原因。从某种意义上来讲，学生对英语隐喻有较强的领悟力，有较强的隐喻意识和隐喻能力，更有助于培养与提升英语交际能力。

在英语文化教学过程中，教师应该用概念隐喻将离散的语言现象与文化现象组织起来呈现给学生，引导学生揭示各种语言现象和文化现象背后的隐喻理据，超越语言的字面意义寻求隐喻表达所蕴含的文化意义。在英语文化教学中结合隐喻理论阐释文化现象，有助于学生理解英语文化背景，了解英语文化对英语语言的影响，而学习文化反过来又可以促进英语语言学习。此外，将隐喻引入英语教学不仅能够弥补传统教学模式的不足，有利于发挥学生的主体作用，有利于活跃课堂气氛，而且能够在提升学生文化能力的同时，培养和提升学生的英语交际能力和隐喻能力。

三、通过文化教学培养隐喻思维

隐喻是一种思维方式和认知方式。因此，培养学生的隐喻意识和提升学生的隐喻能力，须加强学生隐喻思维的培养。

隐喻思维和民族文化息息相关，不同文化背景的语言所使用的隐喻体现不同的文化内涵和文化模式。隐喻主体在编码与解码隐喻信息时，会最大限度地依靠自己熟悉的知识和经验，即储存于长时记忆中的概念，而这些概念是以原型为表征的。教师可以引导学生透过隐喻认知与表达机制，发掘融入语言和文化现象之中的隐喻思维，进而培养学生的隐喻意识和隐喻思维。

此外，教师还需引导学生关注和理解隐喻在语言和文化中的普遍性以及在不同文化中的相似性与差异性。比如英汉两种语言和两种文化都有"TIME IS MONEY"（时间就是金钱）这样的相似概念隐喻，但也有"dragon"和"龙"这样的相异性概念隐喻。教学的重点应该放在英汉相异性概念隐喻上。例如让学生深刻理解"dragon"和"龙"的相异之处：汉语文化中的"龙"是权威和尊严的象征，是中华民族的图腾；而在英语文化中，"dragon"是怪物，具有"撒旦"、"魔鬼"等象征。正因为如此，我们汉语中的"亚洲四小龙"才译作英语的"four tigers of Asia"。由此可见，跨文化意识也是隐喻思维的重要组成部分。

能否使用英语思维进行英语交际，是衡量英语水平的一个重要标志，而隐喻思维就是英语思维的一个重要方面。学生的隐喻思维发展影响着其隐喻能力的发展，进而影响其对英语知识和英语技能的掌握。具备隐喻思维，有助于学生学习与掌握英语语言文化知识，有助于学生锻炼和提高英语思维能力，并准确理解英语隐喻。所以，教师在教学中应注重引导学生使用英语隐喻表达思想，培养英语隐喻思维。

四、通过文化教学提升隐喻意识和隐喻能力

隐喻意识通常指语言学习者察觉到隐喻形式和隐喻功能的程度以及对隐喻形式和隐喻功能的敏感程度。隐喻意识是培养隐喻能力的先决条件之一。如果没有隐喻意识，不能充分认识隐喻在语言中的作用，也不知道隐喻在语言学习和语言使用中的普遍性与重要性，

即便自己已经在使用隐喻，也未必能够意识到这一点。

隐喻意识有形式和内涵两个方面的含义。从隐喻意识的形式含义来看，隐喻意识指意识到隐喻在英语学习中的地位与作用，意识到隐喻不仅是修辞手段，而且具有构汇、构句和谋局布篇的功能。从隐喻意识的内涵来看，隐喻意识指意识到隐喻是一种普遍的思维方式与认知方式，承载着目标语使用者的思维习惯、认知习惯以及文化内涵，进而意识到隐喻意识和隐喻能力有助于学好、用好目的语，有助于流畅得体地运用目的语进行跨文化交际。

大学英语教学大纲明确把培养学生的跨文化交际能力作为教学的目标之一。从认知层面来说，学生要运用英语进行成功的跨文化交际，既需要语言知识与语言技能，也需要英语文化知识，同时还要具有比较敏感的隐喻意识和较强的隐喻能力，因为语言交际中充满隐喻思维和隐喻性表达。此外，具有隐喻意识和隐喻能力有助于比较深刻地了解英语民族的思维方式、行为习惯以及中英文化差异，以批判性眼光辩证地看待英语文化及其核心价值观。

培养学生的隐喻意识，目标是达到以下几个"认识到"：①认识到隐喻是人类语言表达和人类思维认知的普遍现象；②认识到蕴含在隐喻性语言之中的概念隐喻；③认识到隐喻的跨域映射及其认知机制；④认识到概念隐喻中存在的跨文化差异性。

就目前而言，学生总体上隐喻意识不强，这与课堂上缺乏有针对性的隐喻意识训练和隐喻意识培养有关。隐喻基于体验和经验而产生与发展，许多文化内容借助隐喻这一媒介来承载与表达。隐喻性表达式的始源域即喻体特征中蕴含着语言意义和深层次的文化意义，理解隐喻的关键是梳理始源域所体现出来的语言、文化与认知机制特征，以及将这些特征映射到目标域中的映射机制。正确理解和使用隐喻的前提，就是对隐喻进行一系列的概括、分类、推断等认知活动。

因此，教师在将隐喻导入英语文化教学的过程中，须注重培养学生的隐喻意识，进而提升学生的隐喻能力。这不仅有助于学生增强文化意识，提高英语应用能力，更有助于学生在言语交际中真正实现英语表达的"流利"（fluency）和"准确"（accuracy）。

五、遵循循序渐进原则

语言是文化的载体，许多文化内容是融入语言之中的。通过语言学习文化须因教学内容制宜，很难一蹴而就，也很难做到一篇课文或一册教材就能覆盖全部文化。因此，英语文化教学中隐喻能力的培养须遵循循序渐进原则，有层次、有步骤地进行。

遵循循序渐进原则意味着教师在教学过程中须做到由浅入深、由具体到抽象、由相同到差异，一步一个脚印，有层次、有步骤地在文化教学过程中培养学生的隐喻能力。尤其在穿插进行概念隐喻教学时，更要有层次、有步骤地进行。

一般说来，教师应该先通过学生比较熟悉的一些英汉基本对应的隐喻来教授概念隐喻及其认知机制，因为这类隐喻在英语和汉语中差别不大，学生易于学习、理解和记忆，有助于学生学习隐喻的基本知识和基本原理。然后以此为基础和跳板，过渡到英汉有别或截然不同的英语隐喻，争取在循序渐进中取得事半功倍的教学效果和学习效果。

教师还可以根据学生的英语语言水平、隐喻意识的强弱以及隐喻能力的高低，将英语文化教学分为初级、中级与高级三个不同阶段，然后视情况实行分阶段教学。初级阶段教学可以侧重于揭示与表层文化相关的文化背景与文化含义，通过隐喻性语言向学生介绍隐喻概念、隐喻类型、隐喻映射以及识别和理解隐喻的方法等基本信息。中级阶段教学可以侧重于引导学生了解英语文化与隐喻表达式之间的相互关系，引导学生了解、体会并进而掌握隐喻的认知运作机制。高级阶段教学可以侧重于体会与了解英语文化在人生观、世界观和价值观形成过程中的作用，同时引导学生分析隐喻性语言是怎样体现英语民族的思维方式、认知方式与其核心价值观的，以便提升学生的跨文化意识、跨文化素养、跨文化交际能力以及跨文化隐喻能力。当然，上述几个阶段也可以折中融合进行，而且须注意文化教学与隐喻教学的主次之分。

培养学生的隐喻意识和隐喻能力是一个长期积累的过程，也是每一个英语学习者必须经历的过程。在这个培养过程中，教师既要剖析与讲解英语中的隐喻性语言表达，更要引导学生学习和掌握隐喻认知机制，尤其是映射认知机制，引导学生分析、比较英汉两种语言和两种文化在使用隐喻时所呈现出来的民族、历史、经济、政治、地理、人文等方面的异同，从中体验和领略英语民族的思维方式、认知方式和历史文化；同时在深刻剖析和理解隐喻性语言的同时，培养与提升学生识别、理解与运用英语隐喻的意识和综合能力。

参考文献

[1] Bartlett, Frederic Charles. Remembering: A Study in Experiment and Social Psychology. Cambridge: Cambridge University Press, 1932.

[2] Black, Max. Models and Metaphors: Studies in Language and Philosophy. Ithacas: Cornell University Press, 1962.

[3] Boers, Frank. Metaphor Awareness and Vocabulary Retention. Applied Linguistics, 2000, 21(4):553-571.

[4] Cook, Vivian. Second Language Learning and Language Teaching. Beijing: Foreign Language Teaching and Research Press, 2000.

[5] Corder, Stephen Pit. Error Analysis and Interlanguage. Oxford University Press, 1985.

[6] Ellis, Rod. The Study of Second Language Acquisition. Oxford: Oxford University Press, 1994.

[7] Ellis, Rod. Second Language Acquisition. Oxford: Oxford University Press, 1997.

[8] Evans, Vyvyan & Melanie Green. Cognitive Linguistics: An Introduction. Edinburgh: Edinburgh University Press, 2006.

[9] Gibbs, Raymond & Gerard Steen (eds.). Metaphor in Cognitive Linguistics. Amsterdam: John Benjamins, 1999.

[10] Kovecses, Zoltan. Metaphors of Anger, Pride, and Love: A Lexical Approach to the Structure of Concepts. Amsterdam: John Benjamins, 1986.

[11] Kovecses, Zoltan. Metaphor and Emotion: Language, Culture, and Body in Human Feeling. Cambridge: Cambridge University Press, 2000.

[12] Krashen, Stephen. Principles and Practices in Second Language Acquisition. Oxford: Pergamon Press, 1982.

[13] Lakoff, George & Mark Johnson. Metaphors We Live by. Chicago: Chicago University Press, 1980.

[14] Lakoff, George. Women, Fire, and Dangerous Things: What Categories Reveal about the Mind. Chicago: The University of Chicago Press, 1987.

[15] Lakoff, George & Mark Johnson. Philosophy in the Flesh: The Embodied Mind and Its Challenge to Western Thought. New York: Basic Books, 1999.

[16] Littlemore, Jeannette. The Effect of Cultural Background on Metaphor Interpretation. Metaphor and Symbol, 18:273-288.

[17] Littlemore, Jeannette. Metaphoric Competence: A Language Learning Strength of Students with a Holistic Cognitive Style? TESOL Quarterly, 2001, 35(3):459-491.

[18] Newmark, Peter. A Textbook of Translation. Shanghai: Shanghai Foreign Language

Education Press, 2001.

[19] Newmark, Peter. Approaches to Translation. Shanghai: Shanghai Foreign Language Education Press, 2001.

[20] Ortony, Andrew (ed.). Metaphor and Thought (2nd ed.). Cambridge: Cambridge University Press, 1993.

[21] Rogers, Carl. Freedom to Learn for the 80's. Columbus: A. Bell and Howell, 1983.

[22] Taylor, John. Linguistic Categorization: Prototypes in Linguistic Theory (2nd ed.). Oxford: Oxford University Press, 1995.

[23] Turner, Mark. Reading Minds: The Study of English in the Age of Cognitive Science. Princeton: Princeton University Press, 1991.

[24] Ungerer, Friedrich & Hans-Jorg Schimid. An Introduction to Cognitive Linguistics. London: Longman,1996.

[25] Wilkins, David. Linguistics in Language Teaching. MA: MIT Press, 1972.

[26] 卜玉坤.认知视阈下科技英语喻义汉译研究[D].东北师范大学博士论文,2011.

[27] 蔡吉,钟淑梅.基于学科素养的英语教学[M].北京：知识产权出版社,2019.

[28] 蔡龙权.隐喻理论在二语习得中的应用[J].外国语,2003(6):38-45.

[29] 曹凯,秦红娟,周红英.英语教学艺术与思维创新研究[M].长春：吉林美术出版社,2017.

[30] 查建明,陈小曼.基于隐喻能力培养的大学英语听力教学刍议[J].安顺学院学报,2017(6):64-67.

[31] 陈海燕,汪立荣.隐喻意识培养与大学英语词汇教学[J].解放军外国语学院学报,2013(5):57-62.

[32] 陈朗.近十年国外隐喻能力实证研究主体脉络梳辨[J].外语界,2013(3):57-66.

[33] 陈朗.国内隐喻能力研究的现状厘析：一项基于核心期刊文献统计(1998—2015)的考察[J].外国语文,2016(3):35-45.

[34] 陈朗.国外隐喻能力研究综述：回眸与前瞻[J].外语研究,2016(4):22-26.

[35] 陈黎峰.金融报道中的隐喻及其翻译[J].上海翻译,2005(3):26-28.

[36] 陈旭.从人体隐喻看英汉思维的异同[D].黑龙江大学硕士论文,2008.

[37] 邓婧.英语教学与文化融合[M].长春：吉林美术出版社,2017.

[38] 邓雪梅,肖坤雪.英语专业学习者隐喻能力与接受性水平的相关性[J].广东外语外贸大学学报,2012(2):47-52.

[39] 丁丽红,韩强.当代大学英语教学的认知研究[M].北京：中国书籍出版社,2017.

[40] 董宏乐,徐健,梁育全.外语教学中的概念流利[J].外语教学与研究,2003(2):140-144.

[41] 杜惠玲.认知视角下的隐喻理论探索与英语教学应用研究[M].南京：东南大学出版社,2019.

[42] 杜晓文.英语学习动机及其与成绩的相关性[J].河北理工大学学报(社会科学版),2011(1):187-189.

[43] 段友国.再论隐喻的本质特征[J].长江大学学报(社科版),2014(12):70-71+152.

[44] 冯晓虎.隐喻:思维的基础,篇章的框架[M].北京:对外经济贸易大学出版社,2004.

[45] 高等学校外语专业教学指导委员会英语组.高等学校英语专业英语教学大纲.北京:外语教学与研究出版社,2000.

[46] 宫玉娟.大学英语教学模式改革创新研究[M].长春:吉林出版集团股份有限公司,2018.

[47] 龚玉苗.隐喻意识与外语词汇教学[J].外语界,2006(1):40-45.

[48] 贺善镛.外语教学法的发展趋势[J].外语与外语教学,1986(1):55-59.

[49] 侯奕松.隐喻研究与英语教学[M].北京:北京师范大学出版社,2011.

[50] 胡丹娟,蔡庆.概念隐喻理论在大学英语词汇教学中的应用[J].开封教育学院学报,2019(1):71-72.

[51] 胡志国.大学英语概念隐喻教学与跨文化交际能力培养研究[J].开封教育学院学报,2018(09):99-101.

[52] 胡壮麟.认知隐喻学[M].北京:北京大学出版社,2004.

[53] 黄红兰.英语专业学生外语隐喻能力实证研究.外语艺术教育研究,2009(4):49-52.

[54] 贾德江.论文化因素对英汉翻译的影响[J].外语教学,2000(2):56-60.

[55] 姜孟.英语专业学习者隐喻能力发展实证研究[J].国外外语教学,2006(4):27-34.

[56] 姜喜梅.论隐喻与英语教学[D].黑龙江大学硕士论文,2005.

[57] 教育部高等教育司.大学英语课程教学要求.上海:上海外语教育出版社,2007.

[58] 李冰芷.隐喻型阅读教学模式探析.贵州师范大学学报(社会科学版),2013(2):134-137.

[59] 李冬莲.隐喻理论在高职商务英语词汇教学中的应用[D].华中师范大学硕士论文,2008.

[60] 李福印,秦进平.隐喻与认知研究25年(1980—2004):成绩、问题与展望[J].中国外语,2007(4):17-22+28.

[61] 李国金.大学英语教学基础理论及改革探索[M].北京:北京理工大学出版社,2018.

[62] 李珩.大学生英语隐喻能力和隐喻意向的认知研究[J].解放军外国语学院学报,2020(6):115-123.

[63] 李红梅,张鸾,马秋凤.高校英语词汇教学与习得研究[M].武汉:武汉大学出版社,2016.

[64] 李庆丽.从哲学的角度看:隐喻与大学生英语阅读教学[J].吉林省教育学院学报,2018(11):63-65.

[65] 李荣华,郭锋,高亚妮.当代英语教学理论发展与实践研究[M].上海:上海交通大学出版社,2018.

[66] 李诗平.隐喻的结构类型与认知功能研究[J].外语与外语教学,2003(1):15-18.

[67] 李庭芗.英语教学法[M].北京:高等教育出版社,1983.

[68] 李昕.概念隐喻理论与英语写作教学[J].四川职业技术学院学报,2010(1):82-84.

[69] 莱考夫,约翰逊著,何文忠译.我们赖以生存的隐喻[M].杭州:浙江大学出版

社 ,2015.

[70] 连淑能 . 英译汉教程 [M]. 北京：高等教育出版社 ,2006.

[71] 梁思华 . 英语教学与信息技术深度融合 [M]. 北京：科学技术文献出版社 ,2018.

[72] 廖美珍 . 隐喻语篇组织功能研究：标题与正文之间的组织关系 [J]. 外语教学与研究 ,2007(3):177-183.

[73] 刘春娴 . 基于隐喻修辞意识培养的大学英语写作教学对策 [J]. 开封教育学院学报 ,2019(1):110-111.

[74] 刘彦仕 . 隐喻思维与翻译教学 [J]. 宜宾学院学报 ,2010(8):104-107.

[75] 刘振前 , 时小英 . 隐喻的文化认知本质与外语教学 [J]. 外语与外语教学 ,2002(2):17-20+34.

[76] 吕璀璀 , 孙爱玲 , 宋英杰 . 外语教学的主流发展趋势与启示 [J]. 教学与管理 ,2014(4):124-127.

[77] 苗兴伟 , 廖美珍 . 隐喻的语篇功能研究 [J]. 外语学刊 ,2007(6):51-56.

[78] 莫振银 . 现代外语教学法发展趋势评析 [J]. 山东省青年管理干部学院学报 ,2006(1):98-99.

[79] 莫振银 . 从外语教学最新发展论教师角色定位 [J]. 当代教育科学 ,2007(23): 封三 .

[80] 莫振银 . 论"学习者自主"教学模式的开展策略 [J]. 中国成人教育 ,2008(12):189-190.

[81] 皮亚杰著 , 王宪钿等译 . 发生认识论原理 [M]. 北京：商务印书馆 ,1995.

[82] 饶晓丽 . 英语教学与文化交流 [M]. 长春：吉林大学出版社 ,2016.

[83] 任绍曾 . 概念隐喻和语篇连贯 [J]. 外语教学与研究 ,2006(2):91-100.

[84] 任文林 , 张雪娜 , 郑伟红 . 新时期高校大学英语教学研究 [M]. 成都：电子科技大学出版社 ,2017.

[85] 邵晖 . 英语语篇中概念隐喻的衔接及连贯作用 [M]. 长春：吉林大学出版社 ,2017.

[86] 石磊 , 刘振前 . 隐喻能力研究：现状与问题 [J]. 外国语 ,2010(3):10-16.

[87] 宋步峰 . 隐喻认知与英语学习 [D]. 山东师范大学硕士论文 ,2003.

[88] 束定芳 , 庄智象 . 现代外语教学：理论、实践和方法 [M]. 上海：上海外语教育出版社 , 1996.

[89] 束定芳 . 隐喻学研究 [M]. 上海：上海外语教育出版社 ,2000.

[90] 束定芳 . 论隐喻的运作机制 [J]. 外语教学与研究 ,2002(2):98-106.

[91] 束定芳 . 认知语义学 [M]. 上海：上海外语教育出版社 ,2008.

[92] 苏立昌 . 英汉概念隐喻比较与外语教学 [M]. 天津：南开大学出版社 ,2016.

[93] 苏远连 . 英语专业高年级学生在教学条件下隐喻能力的发展：隐喻生涯假说阐释 [J]. 外语教学与研究 ,2012(2):207-219.

[94] 田苗 . 英语口语隐喻类型和功能分析 [J]. 外语学刊 ,2011(2):68-71.

[95] 王宝迪 . 隐喻与语言关系探析 : 以《沙恭达罗》为例 [J]. 河北科技师范学院学报 (社会科学版),2016(3):106-112.

[96] 王磊 . 高校英语教学转型发展研究 [M]. 长春：吉林人民出版社 ,2019.

[97] 王淑花, 李海英, 孙静波, 潘爱琳. 大学英语教学模式改革与发展研究 [M]. 北京：知识产权出版社, 2018.

[98] 王守元, 刘振前, 彩吟. 隐喻与文化教学 [J]. 外语教学, 2003(1):48-53.

[99] 王松鹤, 于广. 语篇的形和神：隐喻的语篇功能分析 [J]. 外语学刊, 2009(6): 125-128.

[100] 王委委. 隐喻意识在英语教学中的培养研究 [M]. 西安：世界图书出版公司, 2018.

[101] 王晓静. 基于认知策略理论的大学英语听力教学模式研究 [J]. 外语教学, 2016(2):65-68.

[102] 王岩. 折中主义的外语教学 [J]. 外语界, 2001(2):25-27+45.

[103] 王寅. 认知语言学 [M]. 上海：上海外语教育出版社, 2007.

[104] 王寅, 李弘. 语言能力、交际能力、隐喻能力"三合一"教学观：当代隐喻认知理论在外语教学中的应用 [J]. 四川外语学院学报, 2004(6):140-143.

[105] 王寅. 什么是认知语言学 [M]. 上海：上海外语教育出版社, 2011.

[106] 王忠林. 大学英语阅读教学的语法隐喻实践探析 [J]. 高教学刊, 2019(9):88-90.

[107] 魏雪超, 马腾, 刘东燕. 文化融合思维与英语教学研究 [M]. 北京：中国商务出版社, 2019.

[108] 魏耀章. 认知能力和语言水平对中国英语专业学生隐喻理解的影响 [J]. 外语界, 2012(1): 82-89.

[109] 魏耀章. 认知能力和语言水平在隐喻理解中的作用：以概念与语言形式重合度不同的隐喻句为例 [J]. 外语教学, 2013(3):36-40.

[110] 吴文. 英语教学生态模式研究 [D]. 西南大学博士论文, 2012.

[111] 许保芳, 于巧丽, 袁凤. 识隐喻能力与语言能力关系的理据分析 [J]. 外语研究, 2014(1):47-50.

[112] 许渊冲. 翻译的艺术 [M]. 北京：中国翻译出版公司, 1984.

[113] 徐彩华. 从概念隐喻的角度看隐喻翻译教学 [J]. 开封教育学院学报, 2014(3):59-60.

[114] 徐晶, 何力, 童美茹. 英语教学与文化视角 [M]. 北京：光明日报出版社, 2016.

[115] 许丽云, 刘枫, 尚利明. 大学英语教学的跨文化交际视角研究与创新发展 [M]. 北京：中国商务出版社, 2019.

[116] 徐艳艳. 概念隐喻理论与英语词汇教学研究 [D]. 黑龙江大学硕士论文, 2011.

[117] 徐知媛. 中国英语学习者隐喻理解研究 [D]. 浙江大学博士论文, 2013.

[118] 薛燕. 基于教学改革的大学英语教学实践 [M]. 延吉：延边大学出版社, 2018.

[119] 严世清. 隐喻能力与外语教学 [J]. 山东外语教学, 2001(2):60-64.

[120] 杨静. 现代语言学流派与英语教学探究 [M]. 北京：中国商业出版社, 2019.

[121] 杨连瑞, 宣菲菲. 二语写作中的母语隐喻迁移研究 [J]. 中国海洋大学学报 (社会科学版), 2012(3):110-115.

[122] 应惠兰, 何莲珍, 周颂波. 大学公共英语教学改革：以学生为中心的主题教学模式 [J]. 外语教学与研究, 1998(4):22-26.

[123] 张彩丽. 隐喻理论在对外汉语词汇教学中的应用 [D]. 新疆大学硕士论文, 2010.

[124] 张家政. 大学英语教学改革的文化哲学研究 [D]. 西南大学博士论文, 2010.

[125] 张立英, 徐勇. 从语料库看英汉隐喻模式的异同: 以爱情隐喻和理智隐喻为例 [J]. 解放军外国语学院学报, 2010(3):54-56+68.

[126] 张录文. 大学英语阅读教学中基于隐喻能力的思辨能力培养研究 [J]. 高教学刊, 2018 (20):152-153+156.

[127] 张敏, 王大平, 杨桂秋. 英语教学改革与创新研究 [M]. 北京: 九州出版社, 2017.

[128] 张铭. 当代大学英语教学理论与研究 [M]. 北京: 九州出版社, 2018.

[129] 张瑞娟, 曾蜡梅. 英语写作教学中隐喻思维能力的培养 [J]. 现代职业教育, 2019 (35):86-88.

[130] 张媛媛, 雷安乐, 王丹丹. 英语词汇教学与词汇学习研究 [M]. 北京: 中国商务出版社, 2018.

[131] 张治英. 外语教学法的优化选择与综合运用 [J]. 外语教学, 2000(1):76-79.

[132] 赵艳芳. 语言的隐喻认知结构: 《我们赖以生存的隐喻》评介 [J]. 外语教学与研究, 1995(3):67-72.

[133] 曾凡贵. 大学英语教学改革多元视角探索 [M]. 上海: 上海交通大学出版社, 2012.

[134] 周文岭, 刘扬. 高校英语专业学生隐喻能力浅谈 [J]. 淮海工学院学报(社会科学版), 2016(4):121-123.

[135] 周晓月. 隐喻在英语多义词教学中的应用 [J]. 淮海工学院学报(社会科学版), 2011(10):67-69.

[136] 朱锋颖. 中外隐喻理论及篇章隐喻解读 [M]. 长春: 吉林大学出版社, 2019.

[137] 朱丽. 多模态话语理论与英语教学研究 [M]. 石家庄: 河北人民出版社, 2019.

[138] 朱雪艳. 文化意识与英语教学 [M]. 上海: 上海交通大学出版社, 2017.

[139] http://www.vccoo.com. On Journey 人在旅途, 2016.

[140] http://www.worlduc.com. Packaging A Person, 2016.

[141] http://wenku.baidu.com 国外教学法流派 - 百度文库, 2012.

[142] http://wenku.baidu.com. 英语美文 - 百度文库, 2012.

[143] https://www.doc88.com. 语音基础 - 道客巴巴, 2020.